Hilde Spiel:
Glanz und Untergang
Wien 1866 bis 1938

Autorisierte Übersetzung aus dem Englischen von
Hanna Neves

Mit 53 Abbildungen

Deutscher
Taschenbuch
Verlag

dtv

Im Text ungekürzte Ausgabe
August 1994
Deutscher Taschenbuch Verlag GmbH & Co. KG, München

ISBN 3-218-00456-X
Umschlaggestaltung: Klaus Meyer
Umschlagabbildung: Historisches Museum der Stadt Wien
(Otto Wagner, Kirche am Steinhof – Foto: S. Wagner)
Umschlagfoto (Rückseite): Isolde Ohlbaum
Satz: IBV Satz- und Datentechnik, Berlin
Druck und Bindung: C. H. Beck'sche Buchdruckerei, Nördlingen
Printed in Germany · ISBN 3-423-30422-7

Das Buch

Hilde Spiel, berühmte Publizistin und Essayistin, beginnt ihre brillante Darstellung der Blütezeit des Wiener Geistes- und Kulturlebens mit der Niederlage von Königgrätz 1866 und beendet sie mit dem »Anschluß« Österreichs an das nationalsozialistische Deutschland 1938. Sie macht deutlich, daß diese außergewöhnlich fruchtbare Periode des Geistes im Vielvölkerstaat Österreich nur entstehen konnte aus der Begegnung der verschiedenen nationalen Kulturen und deren Verschmelzung. Wichtigster Faktor dabei war das jüdische Element, das, 1938 eliminiert, das Ende dieser kulturellen Hoch-Zeit bedeutete. Die Autorin bezieht in ihre Beschreibung dieser »goldenen Jahrzehnte« alle Bereiche des Kultur- und Geisteslebens mit ein: die Philosophie und die Psychologie, die Musik, die bildende Kunst und die Architektur und natürlich – und sehr ausführlich – die Literatur, das Theater und die Publizistik. Hilde Spiel, geborene Wienerin aus einer alten, angesehenen jüdischen Familie, ist wie niemand anderer prädestiniert, Biographin dieser Stadt und Chronistin dieser Zeit zu sein: Sie hat nicht nur Wien, sondern auch viele der Berühmtheiten gekannt und erlebt.

Die Autorin

Hilde Spiel, geboren 1911 in Wien, studierte Philosophie. 1936 emigrierte sie nach England. Sie lebte, verheiratet mit dem Publizisten Peter de Mendelssohn, als Journalistin und Korrespondentin in London. 1963 kehrte sie nach Wien zurück, wo sie 1990 starb. Sie veröffentlichte u. a.: ›Welt im Widerschein‹ (1960), ›Fanny von Arnstein oder Die Emanzipation‹ (1962), ›Die hellen und die finsteren Zeiten‹ (1989), ›Welche Welt ist meine Welt?‹ (1990).

Inhalt

Für Arif, Anna und Rebecca

Vorwort

In den letzten zwei Jahrzehnten haben sich zahlreiche europäische und amerikanische Gelehrte mit den geistigen, gesellschaftlichen und politischen Voraussetzungen einer der fruchtbarsten Perioden der neueren Kulturgeschichte befaßt – mit »Wien um 1900«. Als dieses Buch Anfang 1983 von seinem englischen Verleger angeregt wurde, hatte noch keine der großen Ausstellungen zur Dokumentation der Ära in Venedig, Wien, Paris und New York stattgefunden. Ebensowenig waren die mit ihnen einhergehenden Kataloge und Kommentare an die Öffentlichkeit gelangt. Obschon deren alsbald einsetzende Flut mich dazu hätte bewegen sollen, mein eigenes Vorhaben aufzugeben, ließ ich aus ganz bestimmten Gründen nicht von ihm ab. Mir schien, daß viele der nun vorliegenden Publikationen, so akribisch sie ihr Thema recherchiert, so profund sie es analysiert und so ideenreich sie es dargestellt hatten, allzu große Ansprüche an das Vermögen des Durchschnittslesers stellten, eine Menge komplizierter Fakten in wissenschaftlicher Ausdeutung aufzunehmen. In manchen Sammelbänden wiederum waren die von verschiedenen Autoren stammenden Beiträge nicht dazu angetan, ein geschlossenes und einheitliches Bild jener Kräfte zu vermitteln, denen die Blütezeit Wiens zu verdanken gewesen war. Überdies hatten, soviel mir bekannt war, nur wenige ihrer Interpreten den Vorzug, gleich mir in dieser Stadt geboren und aufgewachsen zu sein, als Mitglied einer Familie, die seit Generationen in Wien zu Hause gewesen war, aber auch nicht den der Freundschaft mit vielen der bedeutenden Menschen, die an den ausgehenden Jahren jener Epoche schöpferisch teilgenommen hatten. Ich hoffte, mich einer nützlichen Aufgabe zu unterziehen, indem ich versuchte, einen möglichst authentischen und zugleich leicht lesbaren Bericht über sie zu liefern; die Querverbindungen zwischen den Künsten, den philosophischen und psychologischen Richtungen und den ideologischen Strömungen der Zeit nachzuzeichnen; und schließlich, die fein abgestufte Hierarchie, die überaus verschiedenartigen Wesenshaltungen und die hervorragenden Leistungen der Schriftsteller, bildenden Künstler, Komponisten, Denker und Politiker ausschließlich oder teilweise jüdischer Herkunft darzustellen, ohne die jene Explosion von Talent sich nicht ereignet hätte. Wenn ich nicht nur deren Vorgeschichte, sondern auch deren Ausklang in der Ersten Republik Österreich beschrieb, sollte dadurch ein bis heute selten behandelter Abschnitt von Wiens kultureller Entwicklung aufgehellt werden.

An dieser Stelle möchte ich meiner Tochter Christine Shuttleworth für ihre wertvolle Hilfe bei der Abfassung des englischen Originaltextes und der Erstellung des Registers danken, aber auch vielen anderen, die mir Fakten zur Kenntnis brachten oder solche überprüften, darunter Sir Ernst Gombrich, Professor Hanns Jäger-Sunstenau, Professor Gerald Stourzh, Dozent Harald Leupold-Löwenthal, Dr. Rüdiger Engerth, Dr. Jutta Schutting, Elisabeth und Charles Kessler, Henriette von Overhoff und mein Sohn Anthony Felix de Mendelssohn.

Es wäre müßig, Epochen von hoher ästhetischer Verfeinerung und künstlerischer Schöpferkraft gesondert betrachten zu wollen. Wer ihren Aufstieg und Niedergang begreifen will, darf sich nicht damit begnügen, das soziale und politische Klima der Zeit zu schildern. Er muß auch tief in die Vergangenheit eintauchen und einen, obschon schwindenden Pfad in die Zukunft weisen. Wenn heute, wie es immer häufiger geschieht, der Versuch unternommen wird, die zwei magischen Wiener Jahrzehnte von 1898 bis 1918 zu beschreiben, mag der Leser sich zuweilen fragen, wie dieses scheinbar so unvermittelte Aufblühen von Talenten denn zustande gekommen sei – vornehmlich auf den Gebieten der Literatur und der Philosophie, die in den vorangegangenen Jahrhunderten unfruchtbar gewesen waren oder nur geringe Ernte getragen hatten.

Aus guten Gründen empfiehlt es sich, einen Bericht über die österreichische Kulturrevolution des Fin de siècle bereits mit dem Jahr 1866 zu beginnen und ihn nicht mit dem Untergang der Monarchie nach dem Weltkrieg zu beenden, sondern mit dem Anschluß an Deutschland im Jahr 1938 – und damit dem Ende der Ersten Republik. In Wahrheit geht die Geschichte Wiens bis ins zwölfte Jahrhundert zurück, als die Babenberger Herzöge hier glanzvoll hofhielten, als der größte aller Minnesänger, Walther von der Vogelweide, den frühen Tod des schönsten unter ihnen, Friedrich des Katholischen, beweinte und der Bau des Stephansdoms begann. Zum Mittelpunkt eines Weltreichs wurde Wien jedoch erst 1556, als Kaiser Karl V., in dessen Reich »die Sonne nie unterging«, zugunsten seines Sohnes Philipp dem Thron entsagte. Dieser spätere Widersacher der englischen Königin Elisabeth I. – einige Jahre lang der Gatte ihrer Schwester und Vorgängerin Maria Stuart – herrschte vom Familiensitz in Madrid aus über Spanien, Neapel, Mailand, Burgund, die Niederlande und die Kolonien in Übersee; der höchste Rang im »Heiligen Römischen Reich deutscher Nation«, der Kaisertitel, blieb ihm indessen versagt. Nicht ihn, sondern seinen Onkel Ferdinand, Erzherzog von Österreich und jüngerer Bruder Karls V., wählten die deutschen Kurfürsten zu ihrem Kaiser. Und Ferdinand, der 1521 die habsburgischen Erblande von der Donau bis zur Hafenstadt Triest übernommen hatte, ließ sich in Wien nieder und verlieh seiner Residenz den Status einer kaiserlichen Hauptstadt – eine Ehre, die ihr dreihundertsechzig Jahre lang erhalten blieb.

Eben diese Rangerhebung kam die Stadt freilich teuer zu stehen, denn nun durfte sie nicht länger hoffen, jemals wieder jene Autonomie zurückzugewinnen, die ihr, gleich anderen reichsunmittelbaren Städten wie Nürnberg oder Straßburg, früher vergönnt gewesen war. Gleich nach seiner Ankunft hatte Ferdinand einen Beamtenapparat zur Verwaltung der Stadt eingesetzt; die Bürger hatten sich erhoben, um ihre alten Privilegien wiederzugewinnen, mußten jedoch nach ihrer Niederwerfung mitansehen, wie man acht ihrer Anführer die Köpfe abschlug. Auf diese Weise verlor Wien schon damals jenen Bürgerstolz, den Richard Wagners ›Meistersinger von Nürnberg‹ so anschaulich vermitteln. Zwischen einer mächtigen, um den Thron gescharten Adelsschicht und den unteren Ständen, die ihren Herren als Soldaten und in allen Bereichen des zivilen Lebens dienten, fand eine starke und selbstbewußte Mittelschicht keinen Raum zur Entfaltung. Erst nach 1866 trat sie in ihre Rechte ein.

Gewiß hatte es auch Vorteile, Bürger der Hauptstadt des Heiligen Römischen Reiches zu sein. Nachdem im Jahre 1683 die Türken endgültig aus Mitteleuropa vertrieben und die Ungarn fest verankert im Habsburgerreich waren, bildete Österreich nicht länger das östlichste und häufig gefährdete Bollwerk gegen asiatische Aggressoren. Jetzt erst, in langen Friedensjahren, konnte man sich angenehmeren Geschäften widmen. Die drei großen »Barockkaiser«, Leopold I., Joseph I. und Karl VI., gingen daran, ihre Hauptstadt zu verschönern, holten zu diesem Zweck zuerst italienische Architekten wie Carlone, Martinelli, Canevale und Burnacini ins Land und förderten später bedeutende Österreicher wie Lukas von Hildebrandt und die beiden Fischer von Erlach, die in der Stadt oder vor deren Toren herrliche Paläste und Kirchen erbauten. Die Aristokratie folgte dem kaiserlichen Beispiel. Auch andere Formen der Kunst wurden gefördert: Eine ganz neuartige Unterhaltung, in Venedig und Neapel erfunden und einfach »opera« genannt, kam nach Wien und wurde hier mit großem Pomp inszeniert. Überdies legten kaiserliche Mäzene eine herrliche Gemäldesammlung an. Musik und Architektur standen in einer ersten Blüte; nicht so indessen das dichterische Wort.

»Sehr viel Geschichte ist nötig, um ein bißchen Literatur hervorzubringen«, hat Henry James gesagt. In Wien, lange Zeit politischer Mittelpunkt der damals bekannten Welt, sollte ein Übermaß an Geschichte die Entwicklung der poetischen Phantasie wie des philosophischen Denkens verhindern. Während in England die Tudors von den Stuarts, die Oranier von den Hannoveranern abgelöst wurden, während in Frankreich die Valois, die Orléans und die Bourbonen um den Thron kämpften, hatte Österreich unter seiner einzigen Dynastie, den Habsburgern, vollauf damit zu tun, von seiner fernen Hauptstadt aus einen großen Teil Europas zu regieren. Drei Jahrhunderte waren seit Ferdinands Thronbesteigung vergangen, bevor in Wien die ersten Zeichen einer deutsch geschriebenen Dichtung sich regten. Nach dem Tod Karls VI. trat eine Monarchin auf den Plan, die bereit war, sich von gelehrten Ratgebern führen zu lassen, die Wissenschaften zu fördern und einer ernsthafteren Beschäftigung mit der Literatur Raum zu geben – zunächst einmal der des Theaters.

Der Kaiser hatte keinen männlichen Erben hinterlassen. Seine Tochter Maria Theresia folgte ihm nach auf Grund der sogenannten »Pragmatischen Sanktion«, die Karl bereits vor ihrer Geburt und in Umgehung eines alten salischen Gesetzes festgelegt hatte. Wie der Erzbischof in Shakespeares ›Heinrich V.‹ umständlich erklärt, ging es zurück auf »bestimmte Franken« in Sachsen, die »kein' Achtung zollend jenen deutschen Frauen / Als die in unehrbaren Sitten lebten, / Dort dieß Gesetz gestiftet, / so daß kein Weib / Je Erbin sollte sein im Sal'schen Land«. Nun wurde diese »Pragmatische Sanktion« zwar scharf bekämpft, Maria Theresia schließlich auch nur als Erzherzogin von Österreich und Königin von Ungarn anerkannt – während ihr Mann und später auch ihr Sohn sehr wohl die kaiserliche Krone tragen sollten –, aber nichts hätte ihrer Lebensweise ferner gelegen als »unehrbare Sitten«. Diese gütige und von ihren Beratern lenkbare, bigotte Frau bescherte den habsburgischen Erblanden eine Zeit des Wohlstands, der Reformen auf finanziellem, rechtlichem und administrativem Gebiet und einer fortschrittlichen Erziehung. Obwohl sie mehr als einmal Krieg führen mußte, strebte sie immer eine friedliche Beilegung von Konflikten an, vor allem mit ihrem Erzfeind, Friedrich dem Großen von Preußen.

Maria Theresia haßte ungetaufte Juden. Als ihr der Bankier Diego D'Aguilar Geld lieh, damit sie die Bauarbeiten an ihrem Schloß Schönbrunn beenden lassen konnte, gewährte sie ihm keine Audienz, sondern verfolgte den Vertragsabschluß hinter einer Spanischen Wand. Doch als Liebmann Berlin, Abkömmling einer rabbinischen Familie und Lehrer orientalischer Sprachen, zum Christentum übertrat und ihr Gatte sich für seine kabbalistischen und alchemistischen Studien zu interessieren begann, erhob sie ihn in den Adelsstand und verlieh ihm den Titel »von Sonnenfels«. Später ernannte sie seinen Sohn Joseph – der noch im alten Glauben geboren war, sich später aber gleichfalls taufen ließ – zu ihrem Staatsrat und einflußreichen Ratgeber in der Innenpolitik.

Der jüngere Sonnenfels trug dazu bei, daß die Folter als juristisches Instrument abgeschafft wurde, eine Tat, für die er noch heute als steinernes Standbild vor dem Rathaus stehen darf. Außerdem organisierte er die Polizei, erreichte für die Kaufleute ein bestimmtes Maß an Handelsfreiheit und ließ in seiner Eigenschaft als offizieller Zensor fast alle Schriften der französischen und englischen Aufklärung ins Land. Sein

Joseph von Sonnenfels, Staatsrat und Reformator

Kampf gegen den Wiener Hanswurst und für das deutsche klassische Drama wurde indessen vom Theaterpublikum der Hauptstadt weniger freundlich aufgenommen. Nicht nur Joseph von Sonnenfels, auch Graf Kaunitz, Maria Theresias Außenminister und bedeutendster geistiger Mentor, bewunderte Voltaire und die Enzyklopädisten in Frankreich und bereitete solcherart den Boden für die noch drastischeren Reformen Josephs II. – Maria Theresias Sohn und Österreichs aufgeklärtester, wenn auch immer noch absoluter Monarch. Während dessen Regierungszeit, die nur das Jahrzehnt von 1780 bis 1790 umfaßte, aber schon die liberalen Bewegungen des 19. Jahrhunderts keimen ließ, wurde eine Reihe von Dekreten erlassen, die bisher unerhörte Konzessionen enthielten. Dazu gehörten Religionsfreiheit und Toleranz für Juden und Protestanten, eine Form der Scheidung, die Säkularisierung vieler Klöster und die Aufhebung der Leibeigenschaft. Das Motto dieses idealistischen Autokraten war jedoch: »Alles für das Volk, nichts durch das Volk.«

Die weitere Lockerung der Zensur unter Joseph II. führte zu einer Flut von Pamphleten, Broschüren und »Sechskreuzer-Bücheln« – armseligen österreichischen Gegenstücken zu den großen Werken im Bereich der Prosa und des Dramas zur gleichen Zeit in Weimar und Jena, in Hamburg und Berlin. »Es ist ja itzt Preßfreiheit. Jeder schmiert, wie er nur kann«, hieß es bedauernd in dem anonymen ›Lamentabel der gnädigen Frauen über die Fatalitäten der gegenwärtigen Zeit‹. Zweitrangige Poeten und Gelehrte versuchten sich am Vorbild des einfallsreichen Dichters und Romanschriftstellers Christoph Martin Wieland emporzuranken, oder sie ahmten, mehr oder weniger erfolgreich, die Oden Friedrich Gottlieb Klopstocks nach, die auch damals schon häufiger bewundert als gelesen wurden. Andere begaben sich in die Nachfolge französischer Dramatiker oder der Lessingschen Komödien. Jedoch entstand in dieser Zeit kein Werk der Literatur oder Philosophie, das an den Genius eines Gluck, Haydn oder Mozart herangereicht hätte. Als nach der segensreichen, aber allzu kurzen Regierung von Josephs Bruder Leopold im Jahr 1792 dessen Sohn Franz den Thron bestieg, begannen für die österreichischen Literaten und Gelehrten vierzig Jahre reaktionärer Zügelung und strenger Zensur.

Ein Zuviel an Geschichte und das schließlich siegreiche Ende des Kriegs gegen Napoleon Bonaparte, den Feind und Schwiegersohn des Kaisers, verzögerten weiterhin das Erwachen einer Literatur, wie sie in den Dutzenden deutscher Herzog- und Fürstentümer, auf dem Papier noch immer von Wien regiert, längst entstanden war. Immerhin zerbrach in den Jahren 1804 bis 1806 diese längst ausgehöhlte Form. Zunächst beschloß Franz II., die habsburgischen Erblande aus einem Herzogtum zu einem Kaiserreich zu erheben. Gleichzeitig machte er sich selbst unter dem Namen Franz I. zum ersten Kaiser von Österreich. Zwei Jahre später verkündete er angesichts der Tatsache, daß die in dem neu gegründeten Rheinbund zusammengeschlossenen deutschen Fürsten sich Napoleon unterworfen hatten, vom Balkon der Kirche zu den Neun Engelschören in Wien feierlich das Ende des Heiligen Römischen Reiches, das seit Karl dem Großen von jahrtausendelanger Dauer gewesen war.

Napoleon ging, kam zurück, ging wieder und hinterließ eine österreichische Erzherzogin und einen kleinen Sohn, die ihren französischen kaiserlichen und königlichen Status bald verloren. Inzwischen hatte auch der Wiener Kongreß getagt, und Europa war frisch verteilt. Die alte Ordnung wurde unter neuem Namen wiederhergestellt, wobei Österreich Besitztümer in Belgien aufgab, dafür aber näherliegende Gebiete gewann, so das fürsterzbischöfliche Salzburg, die gesamte Lombardei mit Venedig, Istrien, Dalmatien, Kroatien, Slowenien und ein großes Stück von Polen. Der listenreiche Fürst Metternich, Staatskanzler unter Franz I., wachte über ein Europa, das der napoleonischen Reformen verlustig gegangen, von wachsenden nationalistischen Tendenzen bedroht, jedoch von einem System der politischen Starre aufrecht gehalten war – ein ständiger Balanceakt, der den Status quo bewahren sollte, zumindest in Österreich gestützt auf eine allgegenwärtige Geheimpolizei.

Alles ging gut für die Monarchen und ihre Staatsmänner, bis die ersten revolutionären Elemente sich zu regen begannen; zuerst in deutschen Kleinstädten, dann in Frankreich und schließlich, im »Sturmjahr« 1848, in ganz Europa. Das neue österreichische Kaisertum war jedoch immer noch von zwei Vorstellungen durchdrungen, die vom Heiligen Römischen Reich deutscher Nation verblieben waren, und diese Ideen bedrohten, oder verzögerten zumindest, den Übergang zu einem demokratischeren Regime. Die erste war der von seinen Vorfahren übernommene Glaube des Kaisers an sein Gottesgnadentum, den das Haus Habsburg niemals aufgegeben hatte. Dieser Glaube war niedergelegt in der sogenannten »Großen Formel«, die Seine Apostolische Majestät auf jedem Dekret und Dokument benutzte und die mit den Worten begann: »Ich, Franz I., durch Gottes Gnaden Kaiser von Österreich und König von Böhmen«, um dann dreiundvierzig weitere Titel anzuführen, darunter – bis in die Tage seines Nachkommen Franz Joseph – auch den Titel eines »Herzogs von Auschwitz« und »Königs von Jerusalem«.

Die zweite zwanghafte Leitidee war das unabdingbare »Deutschtum« nicht nur des Kaisers, sondern der ganzen herrschenden Klasse, aller Beamten und schließlich sogar der liberalen intellektuellen Elite – nicht unbedingt aller Mitglieder der Aristokratie, von denen einige sich zwar auch des Deutschen als ihrer lingua franca bedienten, dennoch aber stolz waren auf ihre slawische oder magyárische Sprache und Volkszugehörigkeit. Österreich, das im »Deutschen Bund« von 1815 bis 1866 nicht nur Mitglied war, sondern den Vorsitz führte, war gleichwohl seit 1804 ein eigener Vielvölkerstaat, in dem noch viele andere Sprachen gesprochen wurden neben dem weich akzentuierten, mit Wörtern oder Phrasen aus dem Italienischen, Ungarischen oder Tschechischen vermischten Deutsch, dessen man sich in Wien und in den Provinzen rund um die Hauptstadt bediente.

Ganz so wie der Österreichische Kaiser sich immer noch als »Deutscher Fürst« sah, bestanden auch die deutschsprachig aufgewachsenen Österreicher – die deshalb keineswegs von deutscher Abstammung sein mußten – auf ihrem Deutschtum im Staate Österreich. Einer der großen Dichter, die jetzt auf den Plan traten, Franz Grillparzer, bezeichnete sich als »österreichischen Untertan«, aber als »deutschen Dichter«. Von allem Anfang an hatte denn das kaiserliche Österreich Schwierigkeiten mit seiner multinationalen Identität. Daß die anderssprachigen Völker als zweitrangig erachtet wurden, förderte ihr Streben nach Unabhängigkeit und damit den Zerfall des Reiches. Erst im Rückblick, und lang nach seinem Zusammenbruch, wurde es gerade von jenen Völkern nostalgisch betrauert, die seinen Untergang herbeigeführt hatten.

Die lange Regierungszeit Franz' I. endete mit seinem Tod im Jahr 1835, doch unter seinem gütigen, wenn auch wenig tatkräftigen Sohn Ferdinand ging seine Ära noch volle dreizehn Jahre weiter, bis zur Märzrevolution des Jahres 1848. In diesen Jahrzehnten nach dem Wiener Kongreß, einer friedlichen Zeit ohne weltbewegende Ereignisse, fanden dank der Entwicklung der Industrie selbst die unteren Klassen zu bescheidenem Wohlstand. Jene aber, denen mehr am Herzen lag als das sonntägliche Brathuhn, litten unter der mangelnden Rede- und Pressefreiheit. Das Leben erschöpfte sich in den Freuden der Familie und der idyllischen Natur. Während der Leib festlich tafelte, darbte der Geist.

Dennoch erlebten in dieser Zeit des »Biedermeier« – so genannt nach der erfundenen Gestalt eines deutschen Schulmeisters, der alle quietistischen Tugenden jener Zeit in sich barg –, in der jeder Liberalismus vertrieben und ein absolutes Regime absolut wiederhergestellt worden war, innerhalb vorgeschriebener Grenzen die Künste einen ersten Aufschwung. Die großen Tage der Salondiplomatie, der glanzvollen Versammlungen von Reichtum und Witz, wie sie vor und während des Wiener Kongresses bestanden hatten, waren vorbei. Eine neue Mittelschicht, aus den unteren Klassen aufgestiegen, traf sich in kleinen Zirkeln, Gesellschaften und Kreisen, um Kammermusik zu spielen, im Chor zu singen oder einem Klaviervortrag zu lauschen, um einen

Ferdinand Raimund

Johann Nestroy

Nikolaus Lenau (Pseudonym für Franz Niembsch, Edler von Strehlenau)

Franz Grillparzer

Schriftsteller aus Werken lesen zu hören, die zu kühn waren, um im Druck oder auf der Bühne zu erscheinen, oder um in Gruppen durch den Wienerwald zu wandern und die Farbtöne des Herbstes in zarten Wasserfarben wiederzugeben.

Während Schubert die tiefsten, noch nicht in Worte gefaßten Gefühle des empfindsamen, in sich gekehrten und häufig wehmütigen Wieners in seiner Musik einfing, malten Danhauser, Fendi oder Daffinger eher die fröhlichen und zufriedenen unter ihren Zeitgenossen: die Vorläufer, ja Schöpfer jenes sprichwörtlich gewordenen, typischen Wieners, der das Leben auf die leichte Schulter nimmt und nichts begehrt als Wein, Weib und Gesang. Jene Schriftsteller jedoch, die jetzt, nach Schuberts Tod, auf der österreichischen Szene erschienen – und zwar alle auf einmal, wie um die vielen Jahrhunderte nachzuholen, da die Literatur in diesem Lande im Schlaf gelegen hatte –, sollten sehr bald, gleich ihm, dieses oberflächliche Bild zerstören.

Die bedeutendsten unter ihnen waren: Franz Grillparzer, vor allem Dramatiker, aber auch Schöpfer von Lyrik, Epigrammen, Aphorismen und einer wunderbar klaren Prosa; Ferdinand Raimund, Erbe und Nachfahre des traditionellen Wiener Volkstheaters mit seinen Hanswurstiaden und Zauberstücken, im Herzen jedoch ein Moralist; Johann Nestroy, Autor hinreißender Komödien, Satiren und Possen, der es verstand, auf seine scheinbar leichte und witzige Art viel an Philosophie und Sozialkritik mitzuteilen; Nikolaus Lenau, ein romantischer, elegischer Lyriker, der Byron seines Landes und seiner Zeit; und Adalbert Stifter, der erste große österreichische Romanschriftsteller.

Von diesen fünf endeten zwei, Raimund und Stifter, durch Selbstmord. Grillparzer, dessen Bruder Selbstmord begangen hatte, starb als mürrischer Junggeselle. Und sogar Nestroy, der ewige Spötter und Spaßmacher, dessen Stücke, in denen er selbst meist die Hauptrolle spielte, Abend für Abend dem Publikum vor Lachen die Tränen in die Augen trieben, verfiel schließlich, nach zahlreichen häuslichen Krisen und beruflichen Rückschlägen, einer chronischen Depression. Viele dieser Züge manifestierten sich auch in der zweiten Welle von literarischem Talent, die im Fin de siècle, nach der Mitte der Regierungszeit von Franz Joseph I., hochschlagen sollte.

1848 wurde die Saat des Liberalismus, des Nationalismus und des Sozialismus gestreut sowie die sämtlicher unheiliger Allianzen, die diese Ideologien in der fernen Zukunft miteinander eingehen sollten. Jene Studenten in Franken und im Rheinland, die um 1820 im Namen ihres neu entdeckten Patriotismus über die Juden herfielen und sich einer Intoleranz schuldig machten, wie man sie seit den Zeiten vor der Aufklärung nicht mehr erlebt hatte, schwenkten die gleiche schwarzrotgoldene Fahne, die kaum dreißig Jahre später auch in Österreich zum Symbol der »großdeutschen Einheit« werden sollte. Unter dieser Fahne erhoben sich die Liberalen in Wien gegen das habsburgische schwarzgelbe Emblem, inspiriert von der Pariser Februar-Revolution, die der Herrschaft des »Bürgerkönigs« Louis Philippe ein Ende gesetzt hatte.

Seltsame Dinge geschahen in und nach diesem stürmischen März des Jahres 1848 in der österreichischen Hauptstadt. Echte Demokraten, vor allem aus der Mittelschicht, darunter prominente Juden wie Adolf Fischhof, Josef Goldmark und L. A. Frankl – der ihr Kampflied schrieb –, stiegen gemeinsam mit fanatischen Deutschnationalen auf die Barrikaden gegen die reaktionäre Politik Metternichs und die absolute Herrschaft des »gütigen« Kaisers Ferdinand. Unzufriedenheit unter den Arbeitern und Handwerkern bewegte auch sie, sich dem Aufstand der Bürger anzuschließen. Metternich flüchtete mit Hilfe des Bankiers Salomon Rothschild nach England und wurde dort als der »große alte Mann« der europäischen Politik gefeiert. Als ihm London zu teuer wurde, ließ er sich in Brighton nieder und wartete gelassen darauf, daß die Wellen sich legten und der Kaiser ihn wieder zu sich berief. In der Tat währte sein Exil nicht länger als zweieinhalb Jahre.

Nach seiner Flucht waren überall in der Monarchie, von Prag und Budapest bis nach Mailand, Aufstände losgebrochen. In Wien kam es Monate hindurch immer wieder zu Straßenkämpfen zwischen den Aufständischen und dem Militär. Am 15. Mai zwang ein weiterer Putsch, der sich noch radikaler als der März-Aufstand eine demokratische Konstitution zum Ziel setzte, den Kaiser zur Flucht aus der Hauptstadt; er ging nach Innsbruck. Einen Tag nach seiner Abreise, am 18. Mai, trat in der Paulskirche in Frankfurt am Main die erste frei gewählte deutsche Nationalversammlung zusammen. Einhundertundfünfzehn österreichische Delegierte waren dazu eingeladen worden, sich an der Diskussion über die zukünftigen Beziehungen zwischen der Monarchie und einem noch zu formenden deutschen Reich zu beteiligen. Dieses deutsche Reich harrte noch eine ganze Weile seiner Geburt. Österreich aber verblieb als selbständiges Imperium im deutschen Staatenbund, bis Preußen 1866 beschloß, die jahrhundertealte Verbindung gänzlich zu durchtrennen.

Im August kehrte der Kaiser nach Wien zurück, nachdem einige Wochen zuvor auf Verlangen des Volkes ein »gesamtösterreichisches« Parlament, der Reichstag, einberufen worden war. Im selben Monat besuchte Karl Marx die Stadt, trat als geladener Redner vor den erst kürzlich gegründeten »Ersten Wiener Arbeiterbildungsverein« und griff in seinem Vortrag das dynastische Prinzip selbst an. Damit stieß er freilich bei seinen Zuhörern auf wenig Gegenliebe, denn sie wollten nicht den Kaiser stürzen, sondern nur bessere Arbeitsbedingungen und mehr Geld. Ohnedies hatte ja in der Hauptstadt eine liberalere Regierung bereits für verschiedene Reformen gesorgt, mit denen sich auch die Revolutionäre bis zu einem gewissen Grad zufriedengaben – als in Ungarn ein heftiger Aufstand ausbrach. Ganz wie in späteren Jahren die stolzen Magyáren beim Zerfall der Monarchie eine entscheidende Rolle spielen sollten, waren sie auch jetzt die Ursache dafür, daß der Konflikt, der in der kaiserlichen Haupt- und Residenzstadt noch immer schwelte, sich fortsetzte und vertiefte.

Graf Batthyány, der gemäßigte Ministerpräsident von Ferdinands ungarischem Königreich, war durch einen neuen Führer ersetzt worden, Lajos Kossuth, der Unabhängigkeit und soziale Demokratie predigte, dabei aber wenig Verständnis zeigte für die vielen, hauptsächlich slawischen Minderheiten auf ungarischem Gebiet. Seine aufständische Armee besiegte zuerst die Truppen des kaiserlichen Feldmarschalls, der ausgesandt war, sie zu bändigen, und marschierte dann auf die österreichische Grenze zu. Die in Wien stationierten Truppen weigerten sich, den vorrückenden Ungarn entgegenzutreten. Gleichzeitig brachen in den Straßen der Hauptstadt im sogenannten Oktoberaufstand zum dritten Mal die Kämpfe aus. Ein bewaffneter Pöbel stürmte das Kriegsministerium, bemächtigte sich des Ministers, erschlug ihn und hängte seinen Leichnam an eine Laterne – die ärgste Gewalttat gegen die Obrigkeit, die das Volk von Wien sich je geleistet hat, und besonders brutal im Vergleich mit der unblutigen Revolution von 1918, die den Sturz der Dynastie der Habsburger herbeiführen sollte.

Der Kaiser selbst flüchtete wiederum, diesmal nach Mähren. In den folgenden Wochen wurde der Aufstand endgültig – und blutig – niedergeschlagen. Viele Aufständische und ihre Anhänger wurden erschossen, darunter der deutsche Jude Robert Blum, ein Mitglied des Frankfurter Parlaments. Das eben erst einberufene »gesamtösterreichische« Parlament, der »Reichstag«, hatte gleichfalls Wien verlassen und sollte jetzt in der kleinen Stadt Kremsier, nicht weit vom vorläufigen Aufenthalt des Hofes in Ölmütz, an die Arbeit gehen. Der Ministerpräsident, Fürst Schwarzenberg, stand zwar einem ziemlich jungen und fortschrittlichen Kabinett vor, war aber dennoch entschlossen, an der alten absolutistischen Ordnung nicht zu rühren. Und die »Kamarilla«, die Hofkabale rund um Ferdinand unter der Führung seiner Schwägerin, der Erzherzogin Sophie, und seines Feldmarschalls Fürst Windischgrätz, beschloß sich eines Kaisers zu entledigen, der allzu bereitwillig allen Forderungen nachgab; man überzeugte ihn kurzerhand, zugunsten von Sophies ältestem Sohn auf seinen Thron zu verzichten. Am 2. Dezember sagte Ferdinand zu dem Nachfolger, der in Dankbarkeit für die kaiserliche und königliche Krone vor ihm niederkniete: »Es is' gern g'schehen, sei brav…« Und damit zog er sich nach Prag zurück, froh, seines unruhigen Thrones ledig zu sein.

Vor dem turbulenten Hintergrund dieser Thronbesteigung müssen wir die ersten Jahre der Regierungszeit von Franz Joseph I. sehen, der das österreichische Kaiserreich beinahe während der ganzen Zeit regierte, mit der wir hier befaßt sind. In fast allen Ländern, die damals unter seiner Herrschaft standen, ist er jetzt, siebzig Jahre nach seinem Tod, nicht nur zu einer verehrten Vatergestalt, sondern auch zu einem Symbol der längst verlorenen Einheit der Donauländer geworden. Eine Ansichtskarte, die ihn als gütigen, immer noch tatkräftigen älteren Mann zeigt, dazu die erste Strophe der Kaiserhymne in lateinischen und kyrillischen Buchstaben, wird zur Zeit in mehr als zwanzig Sprachen slawischen, romanischen und magyárischen Ursprungs verkauft. Sie steht in seltsamem Gegensatz zu einer vorgedruckten Kriegspostkarte aus dem Jahr 1917, die Soldaten von der Front nach Hause schickten, um ihrer Familie mitzuteilen, daß sie wohlauf und bei guter Gesundheit seien – und dies auf deutsch, ungarisch, tschechisch, slowakisch, ruthenisch, polnisch, kroatisch, rumänisch und italienisch. Vor allem die Bewohner von Friaul und Triest kaufen die Karte mit dem Bildnis Franz Josephs noch heute in solchen Mengen, daß sie meistens vergriffen ist. Eine Woge der Nostalgie nach der »gütigen und demokratischen« Herrschaft der Habsburger Monarchie hat sich hier erhoben, nicht nur im nordöstlichen Italien, sondern begreiflicherweise noch mehr in verschiedenen Satellitenstaaten innerhalb des Moskauer Paktes.

Gütig und demokratisch mag Franz Joseph gegen Ende seines Lebens geworden sein, obschon er seinen Glauben an das Gottesgnadentum der Herrscher niemals aufgab. Zunächst wurde er allerdings seinem zweiten Taufnamen, dem Namen des »Reformkaisers« Joseph II., nicht gerecht; er hatte ihn erst im Jahr 1848, um seine rebellischen Untertanen zu beruhigen, seinem ersten hinzugefügt. Wie Englands Königin Victoria, seine Zeitgenossin, beherrschte er die Geschicke seines Landes für eine unvorstellbar lange Zeit. Im Gegensatz zu ihr war er jedoch ein Mann vieler wechselnder Entwicklungsstadien und nahm erst später im Leben den Charakter eines pflichtbewußten, wohlwollenden, friedliebenden und beliebten Herrschers an, der nach vielen persönlichen Schicksalsschlägen vielleicht nicht weise, aber doch vorsichtig geworden war. Inzwischen war sein wahres Bild längst von einem öffentlichen überlagert worden, einem eidolon, einer lebenden Legende, dem einzigen Band, das die von zentrifugalen Kräften und widerstreitenden Ideologien zerrissenen Völker der Monarchie noch zusammenhalten konnte.

Im Alter von achtzehn Jahren hatte Franz Joseph von seinem Onkel

Ferdinand eine noch nicht gänzlich besiegte Revolution im Lande und einen sehr lebendigen Aufstand in Ungarn geerbt. Hilflos mußte er zusehen, wie die Fürsten Schwarzenberg und Windischgrätz seine Regierung von Anfang an mit verhängnisvollen Fehlern belasteten. Dem unerfahrenen jungen Mann wurde geraten, den Zaren Nikolaus I. um Hilfe gegen die ungarischen Aufständischen anzurufen; so ist es Franz Joseph zuzuschreiben, daß eine russische Armee in die innersten Kämpfe seiner Untertanen eingriff. Franz Josephs Versäumnis, dem Zaren dafür zu danken, daß dieser für ihn die Kastanien aus dem Feuer geholt hatte, wurde ihm von den Russen nie verziehen. Es war sein zweiter Fehler, daß er einem sadistischen Militär deutscher Abstammung, dem Baron Julius Haynau, erlaubte, nach der Niederlage der Ungarn auf blutige Weise über sie zu richten. Mit Franz Josephs Zustimmung wurden dreizehn Generäle erschossen, das gleiche Schicksal traf den gemäßigten Premierminister Graf Batthyány. Auch dieser Akt hatte weitreichende Folgen. Zudem hieß es, die Gräfin habe den Kaiser daraufhin mit einem Fluch belegt. Wenn dem so war, ging der Fluch in Erfüllung: der Kaiser sollte seinen Sohn durch Selbstmord verlieren, seinen Bruder durch Hinrichtung und seine Gemahlin wie seinen zweiten Thronfolger durch Mörderhand. »Wahrhaftig, mir bleibt doch nichts erspart in dieser Welt«, rief er, als ihn die Nachricht vom Tod der Kaiserin in Genf erreichte.

Als Soldat erzogen, trug Franz Joseph sein ganzes Leben lang Uniform, außer auf der Jagd, der einzigen Zerstreuung, die er sich gönnte. Der erste Waffengang, an dem er teilnahm, heilte ihn von allen kriegerischen Gelüsten, die er je gehabt haben mochte. In der Schlacht von Solferino im Jahr 1859, als er selbst im Feldzug gegen Napoleon III. um den Besitz der Lombardei das Oberkommando führte, wurde er von dem Gemetzel vor seinen eigenen Augen so erschüttert, daß er die Nerven verlor und einen verfrühten Rückzug befahl. Solferino war nur die erste der beiden entscheidenden Niederlagen Franz Josephs. Doch in ihrem Gefolge zeigte sich nun deutlich jenes Verhaltensmuster, das bereits zu Anfang seiner Herrschaft zutage getreten war. Immer mehr machte Franz Joseph es sich zur Gewohnheit, in Bedrängnis Privilegien zu gewähren, die er nach Möglichkeit widerrief, sobald er wieder Herr der Lage war. Obwohl der Reichstag, als Reaktion auf den Aufstand des Vorjahres im März 1849, wieder aufgelöst wurde, hatte Franz Joseph eine neue liberale Verfassung sanktioniert – nur um sie im Dezember 1851, mehr im Geiste von Franz I. als von Joseph II., zu annullieren. Ein Jahr nach Solferino erließ er ein Manifest, das sogenannte »Oktoberdiplom«, in dem viele Reformen angekündigt wurden. Doch bereits vier Monate später nahm er das meiste davon wieder zurück.

Der Grundsatz, nach einem erlittenen Debakel mehr Toleranz zu zeigen, wurde offenbar immer wieder befolgt. In diesem Sinn waren die Früchte der Niederlage – ob zeitweilig oder von Dauer – eine Bereitwilligkeit zum Kompromiß, ja sogar zu einer gewissen Demokratisierung in Fragen der Verfassung. In einem anderen Sinn trugen sie zur Schaffung einer Atmosphäre bei, in der friedliche Ziele selbst vom Herrscher und seinen Ratgebern den Gefahren und Risiken eines Krieges vorgezogen wurden. Der Kaiser, der in den fünfziger Jahren einem Anschlag auf sein Leben entgangen war, schloß eine Liebesheirat mit der bayerischen Prinzessin Elisabeth, freute sich über die Geburt eines Sohnes und fing an, seine Lektion zu lernen. In den sechziger Jahren milderte sich sein Charakterbild.

Zwar war das »Oktoberdiplom« durch das reaktionäre »Februarpatent« von 1861 ersetzt worden; doch vier Jahre später schlug Franz Joseph angesichts der Unruhen, die das zentralistische Regime in Böhmen, Ungarn und Kroatien auslöste, selbst eine neue Verfassung vor. Es lag ihm völlig fern, einem seit Bismarcks Eintritt in die Politik machthungrig gewordenen Preußen dessen neu erhobenen Anspruch auf Hegemonie in Deutschland streitig zu machen; einen »Bruderkrieg« wollte Franz Joseph unter allen Umständen vermeiden. Doch die Preußen verließen zuerst den »Deutschen Bund« – wodurch sie ihm jede Bedeutung nahmen –, griffen dann Österreich an und fügten der österreichischen Armee am 3. Juli 1866 bei Königgrätz in Böhmen einen Vernichtungsschlag zu.

Heute hat sich die Ansicht durchgesetzt, daß das Schicksal Mitteleuropas, will heißen der Fall so vieler Dynastien und der Untergang zweier Kaiserreiche zu Beginn des 20. Jahrhunderts, durch diese Schlacht entschieden worden ist. Aber Königgrätz hatte nicht nur eine weitreichende Wirkung auf multinationale Staaten, auf die Einheit der deutschsprachigen Völker und auf die Stabilität des gesamten Europa; die totale Niederlage führte auch in Österreich zu bleibenden Reformen, und dies zum ersten Mal. Politisch gesehen, waren diese Reformen nicht ausschließlich segensreich; die Ungarn, die am lautesten nach selbständiger Regierung innerhalb des Habsburger Reiches gerufen und angesichts ihrer blutigen Unterdrückung im Jahr 1848 tatsächlich die bestbegründeten Ansprüche hatten, erhielten den »Ausgleich«: Fortan, vom Februar 1867 bis zu seinem Ende, hieß Franz Josephs Reich »Österreich-Ungarn« oder auch die »Doppelmonarchie«. Den unersättlichen Magyáren wurde überdies die Souveränität über eine Reihe slawischer Provinzen sowie über Fiume zugestanden, Österreichs zweitem Hafen an der Adria. In jeder anderen Hinsicht war die Liberalisierung ein echter Fortschritt. Das überfällige Parlament der Völker, der »Reichsrat«, wurde endlich eingesetzt, und die neue Verfassung garantierte volles Bürgerrecht für alle Untertanen, einschließlich der Juden, deren Emanzipation jetzt für abgeschlossen und gesichert galt. Auf Königgrätz folgten beinahe fünf Jahrzehnte, die nahezu völlig frei waren von Säbelgerassel und blutigem Streit. Zu den Früchten der Niederlage kamen die Früchte des Wohlstands. Der stetige Aufstieg der Industrie verhalf immer mehr Menschen zu Geld und Gut. Das neue Bürgertum aber zeigte die Bereitschaft, schöpferische Talente nicht nur zu fördern, sondern selbst hervorzubringen. Und schöpferisches Talent trat jetzt in Fülle zutage, auf allen Wissensgebieten und in allen Bereichen der Kunst.

In den ersten Jahren des Österreichischen Kaiserreichs, nachdem Napoleon Bonaparte dessen Armeen 1805 und 1809 geschlagen hatte, beide Male in die Hauptstadt marschiert war und zeitweilig seine Residenz im Schloß Schönbrunn aufschlug, verglich man die Wiener mit »Ameisen, die im Haupte eines toten Löwen wimmeln«. Der Löwe symbolisierte vermutlich jene glorreiche Vergangenheit, als der Monarch noch Herrscher, nicht Diener eines großen Teils von Europa gewesen war. Eine Weile mag das Gleichnis passend gewesen sein, doch es verlor seinen Sinn, nachdem Napoleon abgesetzt war und die ganze Welt sich in der Kaiserstadt einfand, um die Landkarte Europas für Jahrzehnte neu zu bestimmen. 1866 wäre es wieder anwendbar gewesen. Nach dieser Niederlage aber hatten Wien und seine Bewohner nichts an Ansehen verloren, ja, sie vermehrten es immer weiter bis zum Ende der Monarchie. In der Ersten Österreichischen Republik jedoch, die nur zwanzig Jahre währte – und bloß fünfzehn davon in demokratischer Struktur –, erlangte dieser Vergleich wieder eine makabre Wahrheit.

In unseren Tagen hat die Zweite Republik Österreich die erste längst überholt, nicht nur an zeitlicher Dauer, sondern auch an Wohlstand und innerer Gesundheit. Dennoch wäre es falsch, darin eine Gegenbewegung des Pendels zu erblicken. Während die Grenzen der Stadt, in der Ära Hitlers unmäßig erweitert, nach 1945 wieder eingeschränkt, neuerlich jenen von 1938 entsprechen, nimmt die Bevölkerung Wiens ständig ab. In den geräumigen Regierungsgebäuden, von denen aus ehedem ein weitgespanntes Reich verwaltet wurde, machte sich nach dem Friedensvertrag von St. Germain die Bürokratie des übriggebliebenen Rumpfstaates breit. Heute sind sie zum Bersten gefüllt mit Beamten, die sich nach dem Parkinsonschen Gesetz vermehren. Die riesigen Staatstheater, Denkmäler der einstigen Größe Österreichs, erhalten wesentlich höhere Subventionen als die Theater in London, Paris oder New York. Inmitten dieser Pracht aber haben die Wiener, eifrig wie Ameisen in ihrem Bemühen, die derzeitige politische, soziale und wirtschaftliche Stabilität zu erhalten, ihre frühere Urbanität und Weltoffenheit eingebüßt. Der Löwe ist tot. Und die berühmte concordia discors im Mittelpunkt eines Vielvölkerstaates wurde abgelöst von einer gleichmacherischen Provinzialität.

Das Urteil klingt hart, doch es wird belegt durch kleinliches Gerangel im öffentlichen Leben, das allgemein niedrige Niveau der Presse und den Mangel an anregendem intellektuellem Widerstreit.

Musik wird hier immer noch, wenn nicht allzu reichlich geschaffen, so doch mit höchster Vollkommenheit gespielt und aufgeführt; den bildenden Künsten kann man eine bescheidene Blüte zugestehen – aber weder Literatur noch Philosophie noch Naturwissenschaft im heutigen Wien reichen an jene in der Zeit vor dem Zweiten Weltkrieg heran. Diese einzigartig fruchtbare Epoche in der Geschichte der Stadt, die von ihrem Aufbruch bis zu ihrem Niedergang rund siebzig Jahre währte, hebt sich vor diesem Hintergrund nur um so deutlicher ab. Der Versuch, die Charakterzüge der Bewohner Wiens und seiner verschiedenen Bezirke zu beschreiben, muß sich denn auf die genannte Periode beschränken – seine Ergebnisse sind nicht anwendbar auf die Gegenwart. Im kulturellen Bereich zumindest war der »Anschluß« von 1938 eine tieferreichende Wasserscheide als der »Zusammenbruch« zwanzig Jahre davor.

Zum Wiener, hieß es früher einmal, kann man werden. Wie sonst wäre es den Angehörigen vieler Nationen und Muttersprachen möglich gewesen, sich Jahrhunderte hindurch in dieser Stadt zu versammeln und, ohne sich innerlich und äußerlich sehr zu verändern, in ihrer einzigartigen Gemeinschaft aufzugehen? Irgendwann waren fast alle einmal »Zugereiste«. »Von dem Haus Starhemberg an«, schreibt ein Chronist im Jahr 1780, »bis auf den Kerl, der mit der Klapper in den Straßen herumgeht, ist kaum eine Familie unter uns übrig, die ihr österreichisches Herkommen in einer unvermischten Geschlechterfolge vom Urgroßvater herleiten kann.« Weniger als fünf Familien blickten damals auf Vorfahren zurück, die schon vor der zweiten Türkenbelagerung des Jahres 1683 in Wien ansässig gewesen waren. All die Römer, Hunnen, Slawen, Germanen und Magyáren, die im ersten Millenium nach Christus auf österreichischem Boden gehaust hatten, waren in den Tagen der Babenberger Herzöge nur mehr eine schattenhafte Erinnerung. Zu den Bayern, Franken und Schwaben, die Wien bis in die Zeit der ersten Habsburger das Aussehen einer echt gotischen Stadt verliehen hatten, gesellte sich bald ein Zustrom aus Süd und Ost – Menschen, die das einheimische Wesensbild veränderten und Farbe in die mittelalterliche Gleichförmigkeit brachten.

Als im Jahr 1548 ein Schulmeister aus der Pfalz namens Wolfgang Schmeltzl Wien besuchte, wähnte er sich bei einem Gang durch das Viertel der Kaufleute in der Inneren Stadt wie im Turm zu Babel: »Hebreisch, Griechisch und Lateinisch, Deutsch, Frantzösisch, Türkisch, Spanisch, Behaimisch, Windisch, Italienisch, Hungarisch, guet Niderlendisch, natürlich Syrisch, Crabatisch, Rätzisch, Polnisch und Chaldeisch« waren die Sprachen, die er dort zu hören glaubte. Und wenn sein Bericht auch nicht ganz korrekt war, so wurden doch in dieser Stadt, die eher eine Brücke zum Osten darstellte als eine letzte Station davor, Dutzende verschiedener Sprachen gesprochen. Sobald sich die »Zugereisten« aus den fernen Gegenden des Reichs in Wien niedergelassen hatten, begann ihre Anpassung an den wienerischen Lebensstil. Dennoch fallen an ihren Nachkommen noch Jahrhunderte später, im Gegensatz zur bäuerlichen Bevölkerung in den österreichischen Erblanden, feurige ungarische Augen, eine venezianische Geschmeidigkeit der Glieder oder die hohen Backenknochen der slawischen Ahnen auf.

In Franz Josephs Jugend sang man beim Heurigen einen Gassenhauer zum Lobe der überlieferten Toleranz, die seine Untertanen einander entgegenbrachten:

> Die Christen, die Türken, der Jud' und der Heid'
> hab'n g'lebt mit anander in Wien lange Zeit
> in Friede und Eintracht, ka Ausnahm hat's geb'n,
> denn jeder hat's Recht doch zum Leb'n.

Aus allen jenen ererbten Merkmalen entstand eine eigenartige Mischung. »Die Wiener«, schrieb der Schriftsteller Hermann Bahr in den neunziger Jahren, »sind Deutsche, Tschechen, Kroaten, aber von den anderen Nationen beleuchtet, mit denen sie leben, und in diesem Lichte sieht das Deutsche, das Slawische anders aus, es wird beweglicher, flüssiger, es hat keine Schwere mehr, es wird sublimiert, es ist sozusagen nur noch ein Abglanz von sich selbst. Daher auch, was man ja nicht verschweigen darf, die Gefahr, in der solche Menschen leicht sind, sich zu verflüchtigen: sie steigen leicht zu hoch, und der Wind weht sie weg, nicht gleich, aber doch in der zweiten und dritten Generation.«

Die allerersten Einwohner waren freilich überwiegend Deutsche gewesen, was sich erst zu Anfang des 19. Jahrhunderts änderte. Ab 1880 war jeder dritte Wiener tschechischen Ursprungs, jeder zehnte jüdischer Herkunft. Böhmen, Mähren und Slowaken hatten bereits im 13. Jahrhundert in Wien gelebt, als ihr König Ottokar II. Přemysl dort fünfundzwanzig Jahre auch das Herzogtum Österreich regierte. Ihr Schutzpatron Nepomuk beschützte in Wien wie in Prag die Brücken – es stehen noch heute 627 Statuen des Heiligen im Weichbild der Stadt. Der slawische Einfluß war besonders stark auf religiösem Gebiet, denn die vielen Nordslawen, die um 1830, den frühen Jahren der industriellen Revolution, Wien überschwemmten, hatten ihren inbrünstigen katholischen Glauben mitgebracht. Gleich den Italienern waren sie oft hervorragende Musikanten. Die berühmte Wiener medizinische Schule im Fin de siècle enthielt eine Reihe böhmischer Namen. Und der künftige Präsident der Tschechoslowakei, Thomas G. Masaryk, war Schüler und später Lehrer in einem Wiener Gymnasium. Die meisten Tschechen und Slowaken in der Hauptstadt arbeiteten allerdings als Schuster, Schneider und treue Dienstboten. Die böhmische Mehlspeisköchin beherrscht die österreichische Küche bis zum heutigen Tag.

Die Juden waren mit den Römern an die Donau gekommen, ganz wie in deren Gefolge an den Rhein und den Main. Unter den Babenbergern bekamen sie eigene Straßen und Plätze in Wien zugeteilt, waren aber nicht auf diese beschränkt. Wiederholt wurden sie aus der Stadt vertrieben, zumeist nach Böhmen, Mähren und Schlesien, doch immer wieder strebten sie zurück nach Wien. Die Haltung der verschiedenen Regenten auf dem Kaiserthron den Juden gegenüber schwankte. Im frühen 17. Jahrhundert hatte Ferdinand II. sie dazu veranlaßt, sich in einem eigenen Quartier anzusiedeln, zur Linken jenes Donauarms, der später reguliert und »Donaukanal« genannt wurde. Zu Ende des Jahrhunderts wurden sie von Ferdinands Enkel Leopold wieder einmal ausgewiesen, durften sich aber in anderen Gebieten des Reichs niederlassen. Von Maria Theresia wurden sie abgelehnt, jedoch nicht verfolgt. Erst unter der wohlwollenden Herrschaft Josephs II. begannen einzelne jüdische Sippen ihren Aufstieg in die Wiener Gesellschaft. Eine Familie wie die Wertheimers, später Wertheimstein, hatte viel länger ohne Unterbrechung in Wien gelebt als jene, die ihr später das Recht streitig machten, sich als Österreicher zu bezeichnen – nämlich seit 1679, als Kaiser Leopold I. bald nach ihrer Austreibung doch wieder einige Juden nach Wien kommen ließ. Von ihrem Beitrag zum kulturellen Leben der Stadt, wie von dem so vieler ihrer Artgenossen, wird später noch die Rede sein.

Zigeunermusik, fettes und stark gewürztes Essen, spritzige Boulevardkomödien und Operetten waren die Gaben Budapests an die Schwester-Hauptstadt der Doppelmonarchie. Die Sprachgrenze zu Ungarn wie zu Mähren lag praktisch vor der Haustür. Bis 1918 fuhren die Wiener mit dem Lokalzug eine Stunde nach Preßburg, das heute Bratislava heißt und zur Slowakei gehört. Aber die weite Grassteppe der Puszta begann schon auf heute österreichischem Boden, in der östlichsten Provinz Burgenland. In Eisenstadt, deren kleiner Hauptstadt, blicken vom Schloß der Esterházy die Gipsköpfe der magyárischen Königsdynastie der Arpaden herab auf eine Stadt, in der Haydn lebte und viele seiner Werke schuf. Aus Ungarn zogen aber nicht die Bauern und Arbeiter nach Wien, vielmehr schwärmten Aristokraten und Künstler häufig in die Kaiserstadt, wenn auch nicht, um sich hier ansässig zu machen. Nach 1867 spielten Mitglieder der großen Familien, wie der Andrássy, der Zichy und der Szechényi, eine entscheidende Rolle im politischen Leben der Doppelmonarchie. Pferde aus der Puszta gewannen in Wien viele Preise auf dem Rennplatz. Das ungarische

Dienstmädchen aus den slawischen Provinzen im Prater

Bosniaken: Angehörige eines bosnischen Regiments der österreichischen Armee um 1900

Honvéd-Regiment trug die elegantesten Uniformen der österreichischen Armee. Und ungarische Schriftsteller und Komponisten überschwemmten die Wiener Bühnen.

Bürger von Ländern außerhalb der Monarchie, darunter Türken, Griechen, Mazedonier und Rumänen, strömten gleichfalls in die lebensprühende Metropole und wurden unweigerlich ihrem Schmelztiegel einverleibt. Deshalb war es keineswegs verwunderlich, daß jene Wiener, die sich selbst als Deutsche und damit den anderen überlegen fühlten, in ihrer äußeren Erscheinung nur selten den Forderungen des »Arier-Kults« entsprachen, wie er um die Jahrhundertwende von dem fanatisch antisemitischen Schriftsteller Lanz von Liebenfels gepredigt wurde. Auch zeugen ihre Namen nicht gerade von einer teutonischen Herkunft. So gab es den Archäologen und Orientalisten Strzygowski, aus Galizien gebürtig, der in seiner Kunsttheorie durch den Rassismus von Houston Stewart Chamberlain beeinflußt war; den angesehenen Historiker Heinrich Ritter von Srbik, einen Vorkämpfer des Pangermanismus; die Abgeordneten Prochazka und Skaret, die ebendiese Richtung im Österreichischen Parlament vertraten – sie alle, einschließlich Hitlers erstem Gauleiter in Wien, Globocnik, gingen offensichtlich auf eine nord- oder südslawische Abstammung zurück.

Welche Art von Menschen entsteht aus einem solchen ethnischen Gemisch? Sicherlich keine unerschütterlich-zielstrebigen, willensstarken Erbauer eines Weltreichs wie des britischen, keine Vertreter einer Herrenrasse, die in der Weltgeschichte so blutige Spuren hinterlassen hat. Die Wiener waren, jedenfalls bis zum »Anschluß« 1938, voll innerer Widersprüche; ihre Charaktereigenschaften hoben einander häufig auf. Solche inneren Konflikte können fruchtbar sein, sind zugleich jedoch eine eingebaute Hemmung. Sie mögen glänzende Ideen hervorbringen, gleichzeitig aber deren Umsetzung in die Realität verhindern. Man könnte sagen, daß in jedem Wiener ein kritischer Ratgeber steckt, ein Warner oder Nörgler, der ihm den Mut zum Handeln raubt und die Fähigkeit nimmt, das einmal Begonnene zu Ende zu führen. Wenn der Dramatiker Grillparzer von dem »halb-beschrittnen Weg und der halb vollend'ten Tat« als dem Fluch des Hauses Habsburg spricht, dann gilt das ebenso für dessen Untertanen.

Grillparzer selbst war das beste Beispiel für diese zögernde, unschlüssige Haltung, diese tiefsitzende Furcht vor der Entscheidung. So konnte er sich etwa nie dazu entschließen, das Mädchen zu heiraten, das er liebte, erlaubte ihm aber, aus sicherer Entfernung bis zu seinem Tod für ihn zu sorgen. Die schizophrene Haltung vieler Wiener hat Johann Nestroy in dem Ausspruch seines Holofernes zusammengefaßt: »Ich möcht' gern gegen mich selber kämpfen, nur damit ich seh', wer stärker ist: Ich oder ich.« Später spürte Hugo von Hofmannsthal in seinem Stück ›Der Schwierige‹ den feinen Verästelungen einer Wiener Seele nach. Und wenn dies alles auch nur für den besonders empfindsamen, introvertierten Typ des Wieners gegolten haben mag, so zeigten doch die Robusteren unter ihnen ähnliche Züge: einen ständigen inneren Kampf, eine dauernde Unsicherheit und Schlaffheit, von dem Bewußtsein geprägt, daß nichts von Dauer ist und hinter jeder Tür der Tod lauert.

Selbst die einfachen Leute beim Heurigen verfielen beim Genuß des schlichten, aber guten Essens und des herben jungen Weins nach einer Weile auf düstere Gedanken – wie die Lieder bezeugen, die bei solchem Anlaß gesungen wurden. War es das melancholische slawische Erbgut, war es die barocke Überlieferung ihres Katholizismus, mit dem steten Gedanken an die Sterblichkeit und der Hoffnung auf ein besseres Jenseits, die sie inmitten all der Sinnenfreuden zu solcher Flucht vor der Wirklichkeit trieb? In gewisser Weise waren sie freilich, indem sie sich von der irdischen Welt abwandten und auf die himmlische vertrauten, ohne dabei auf irdische Genüsse zu verzichten, in beiden Welten daheim. Mit den Worten Hermann Bahrs waren sie, »fähig, entsagend zu genießen, asketisch üppig zu sein, Böses fromm zu tun«.

Dem italienischen Einfluß könnte man die wienerische Vorliebe für den Klatsch zuschreiben, wie er in Carlo Goldonis Zwischenträgern verkörpert ist, deren einzige raison d'être in der Verbreitung von Skandalgeschichten besteht. Da die Commedia dell'arte, von Goldoni zwar verachtet, jedoch die Quelle vieler seiner eigenen Stücke, auch die frühen österreichischen Hanswurstiaden beeinflußt hat, sind die inneren Bezüge kaum zu übersehen. In Hugo von Hofmannsthals ›Rosenkavalier‹, dieser wienerischsten aller Komödien, treiben die Intriganten Annina und Valzacchi als zentrale Figuren die Handlung voran. Vor nicht allzu langer Zeit hat der Dirigent Lorin Maazel, durch ein fein gesponnenes Netz aus Gerüchten, Verleumdungen und strategischen Finten um seinen Posten als Direktor der Wiener Staatsoper gebracht, rundheraus erklärt, die Intrige als Kunstform sei in der österreichisch-ungarischen Monarchie entwickelt worden. Er vergaß dabei, daß der venezianische Einfluß noch weiter zurückreicht – bis vor 1797, als Venedig unter österreichische Herrschaft kam.

Nationaleigenschaften zu verallgemeinern und überzubetonen, führt leicht zu gefährlichem Vorurteil. Wir verzichten darum lieber auf die Erforschung der ethnischen Herkunft zwei höchst unangenehmer wienerischer Charakterzüge: einer instinktiven Abneigung gegen den Intellekt und einer vorsätzlichen Bosheit, die oft ohne Ziel und Zweck, nur um ihrer selbst willen geübt wird. Der Journalist Ferdinand Kürnberger, freilich der schärfste Kritiker seiner Landsleute, bevor Karl Kraus dieses Amt übernahm, spottete über die Abneigung der Wiener gegen jede Art von ernstem Denken. Seit Marc Aurel, sagte er, vor zweitausend Jahren in Wien sein Buch ›Über die Selbsterkenntnis‹ schrieb, habe es in dieser Stadt keinen Philosophen mehr gegeben. Daß nach Kürnbergers Tod im Jahr 1879 eine Reihe von ihnen auf der Szene erschien, wird seine Erklärung finden.

Franz Grillparzer nannte seine Vaterstadt ein »Capua der Geister«. Daniel Spitzer, ein anderer Publizist des 19. Jahrhunderts, sprach mit einer der typischen klassischen Anspielungen seiner Zeit von »pontinischen Sümpfen des Geistes«. Und Johann Nestroy illustrierte die beliebte List seiner Landsleute, dem allzu tief schürfenden Verstand durch das Vortäuschen einer bequemen Unwissenheit auszuweichen, an einer Figur namens Wendelin, die erklärt:

> I lass' mir mein' Aberglaub'n
> durch ka Aufklärung raub'n,
> 's ist jetzt schön überhaupt,
> wenn m'r an etwas noch glaubt.

Das Klischee vom »goldenen Wiener Herzen« wird ebenso wie das von der wienerischen Jovialität, Geselligkeit und Gemütlichkeit noch immer aufrechterhalten, trotz aller Erfahrungen der Opfer des »Anschlusses« und seiner Folgen. Die Wiener selbst fördern es gern – etwa in diesem uralten Dialog: »A: In Wien ist alles gemütlich, nur der Wind nicht. B: Der kommt halt a nur her, weil's bei uns so gemütlich ist.« Er enthält ebensoviel klebrige Süße wie jene Operetten oder Filme, die das Klischee rund um die Welt tragen sollten. Selbst der melancholische kleine Griesgram, zumeist von dem großen Schauspieler Hans Moser gespielt, in den schmalzigen Erzeugnissen der »Wien-Film«, die den Wienern im letzten Krieg ihre gute Laune und ihr Selbstgefühl erhalten sollten, war nur als Gegengewicht der allgemeinen, wienerisch-leichten Unterhaltung gedacht. Freilich steckte in dieser Figur mehr Wirklichkeit als in allen anderen zusammen.

Nörgeln und schimpfen, raunzen und keppeln – für diesen liebsten Zeitvertreib des Wieners gibt es im heimischen Vokabular noch eine Menge weiterer Synonyme. Der Kaiser Franz, der die Wiener, da seine Geheimpolizei ein Dossier über jeden einzelnen Bürger angelegt hatte, besser als alle anderen Habsburger kannte, nahm ihre Beschwerden nicht allzu ernst. »Solange sie raunzen«, sagte er, »ist es nicht gefährlich. Erst wenn sie stad werden, wird die Lage ernst.« Wieder einmal kann man den wahren Prototyp des Wieners bei Nestroy finden. Das taedium vitae, das der Schuster Knieriem im ›Lumpazivagabundus‹ beschreibt, mag als Beispiel dienen: »Ich seh einem lustigen Kerl gleich, aber das ist alles nur auswendig, inwendig schaut's famos aus bei mir.

Wie ich trink, glaub ich, ein jeder Tropfen ist Gift, wie ich iß, so ißt der Tod mit mir, wenn ich spring und tanz, so ist mir inwendig, als wenn ich mit meiner Leich' ging.«

Dieses innere Gift verwandelt sich oft in äußere Bosheit – in den dringenden Wunsch, den Stachel im eigenen Herzen gegen die übrige Welt zu richten. Das erweist sich bei Beamten jeder Stufe, vom Trambahnschaffner bis zum Steuerinspektor, aber auch beim einfachen Mann auf der Straße, der vielleicht mitansieht, wie man mit dem Wagen die Stoßstange eines anderen Wagens berührt – und sofort bereit ist, einen anzuzeigen oder anzukeifen oder auch nur einfach dazustehen und zu glotzen, bis man wieder abfährt. Der »Übermut der Ämter«, virulent vor allem in den unteren Rängen der österreichischen Bürokratie, hat Franz Kafka zu manchen seiner unheimlichen Allegorien inspiriert – einen Prager Bürger, keinen Wiener. Wie es scheint, tritt dieses Phänomen nicht vereinzelt auf. Die Wiener médisance aber hat viele Formen und Gestalten. Hermann Bahr hält sie für eine verzeihliche Gewohnheit: »Der Wiener schimpft nämlich nicht, weil ihm ein Mensch mißfällt, er schimpft auch nicht, um ihn abzuschrecken, er schimpft, weil es ihm gut tut, und hat den Menschen gern, der ihm diese Lust gewährt.«

Dem sei, wie ihm wolle. Überdies gehört es zur schizophrenen Geisteshaltung der Wiener, daß all diese Nörgler, Jammerer und mißgünstigen Mitmenschen immer den größten Respekt für jene zeigen, die es im Leben zu etwas gebracht haben: zu Ruhm, zu Wohlstand oder zu einem Titel, in dessen Glanz auch der sich ein wenig sonnen darf, der sie mit »Herr Doktor« oder »Herr Baron« anreden kann. Kurzum, es ist nicht so leicht, den Wienern besondere Vorzüge oder Fehler zuzuschreiben, denn ihre Eigenschaften sind immer in Gegensatzpaaren aneinander gebunden: Neugierde und Tratschsucht mit echtem Mitgefühl, Böswilligkeit mit Wohlwollen, Grobheit mit Charme, Neid mit Großzügigkeit und – wohl am wichtigsten – mürrisches Wesen mit Humor.

Eine scherzhaft gemeinte ›Faschingskinderlehre‹, 1784 veröffentlicht, wirft mehr Licht auf die wienerische Seelenlage als viele gescheite Abhandlungen. »Was hält der Wiener für eine Seligkeit? – Kaffee und gute Jausen. – Ein wenig Leutausrichten. Was hält der Wiener für eine Todsünde? – Einen vernünftigen Diskurs. – Ein nützliches Buch. – Wassertrinken. – Eine schlechte Mahlzeit. – Ökonomie.« Offenbar haben einige dieser Charakterzüge bis auf den heutigen Tag überlebt. Die meisten wienerischen Typen aber, die in den ›Cris de Vienne‹ abgebildet wurden und seit Maria Theresias Zeit bis zum Ende der Monarchie, manchmal auch darüber hinaus, auf den Straßen zu sehen waren, wie der kroatische Hausierer mit dem »Kuchlg'schirr«, der mährische

Käseverkäufer, der slowakische Teppichpacker, der italienische Salamuccimann, der jüdische »Handlee« mit Pferd und Leiterwagen – sie alle sind verschwunden, bis auf die Lavendelfrauen, den Werkelmann und den Maronibrater. Verschwunden sind auch die typischen Vertreter der Wiener Gesellschaft des Fin de siècle bis 1918, wie sie von Arthur Schnitzler, wenn schon nicht erschaffen, so doch beschrieben wurden: der charmante und zugleich melancholische Verführer oder die süße kleine Näherin aus der Vorstadt, der es bestimmt ist, ihren vornehmen Liebhaber an eine femme fatale aus dem Bürgertum zu verlieren. Die Wiener Gesellschaftsstruktur war zwar nie so scharf von lingualen Grenzlinien durchzogen wie etwa die Londons – einer anderen Residenzstadt, obschon weit weniger geprägt von wechselnden Herrscherdynastien –, doch die Schichten unterschieden sich sehr wohl durch das Ausmaß ihres wienerischen Dialektes. Reines »Hochdeutsch« hörte man nur im Burgtheater, das oft von einem aus Deutschland herangeholten Direktor geleitet wurde. Ihm am nächsten kam die leicht nasale, kaum dialektgebundene Sprache des Hochadels. Dagegen sprachen der Kaiser und sein Hofstaat, ebenso die höheren Beamten, die Offiziere und der gebildete Mittelstand das sogenannte »Schönbrunner Deutsch«, ein weiches Idiom, das der Sprache des Volkes auf halbem Wege entgegenkam. Das Volk selbst artikulierte sich in waschechter Wiener Mundart, von den reizenden Tönen der kleinen Verkäuferinnen in der Inneren Stadt und den angrenzenden Bezirken bis zu den höchst rüden und ungeschlachten des Pöbels in Vororten wie Ottakring oder Hernals.

In jeder Klassengesellschaft – und eine solche war Österreich bis zum Ende der Monarchie – spielt die richtige Adresse eine ebenso große Rolle wie der richtige Akzent. In Wien ließ sich das leichter bestimmen als anderswo, denn die Stadt war von Beginn an zentrifugal gewachsen. Hätte man ihre Ausdehnung mit einem Zeitraffer aufgenommen – wie das in Filmen über Pflanzen manchmal geschieht –, wäre Wien in seiner Entwicklung von einem kleinen Bollwerk des Heiligen Römischen Reiches bis zur Kaiserlichen Hauptstadt gleich einer aufblühenden Rose erschienen. Bis weit in die Regierungszeit Kaiser Franz Josephs war ihr Herz, der erste Bezirk, abgeschirmt vom Rest der Stadt und wie zur Zeit der Türken- und Franzosenbelagerung umgeben von Stadtmauern und Basteien. Rund um die Basteien lag offenes Gelände, auf dem die Truppen exerzierten, das »Glacis«. In den alten Zeiten umschloß eine Stadtmauer mit zwölf Toren all das, was Wiens Identität ausmachte: die gotische Kathedrale, die Paläste des Adels und die Häuser des Mittelstands, den Hof und das Volk, Hotels, Restaurants, Märkte, Schneider, Modistinnen, Friseure und Kaffeehäuser, zudem die Universität, die Theater, die Konzertsäle und die Museen.

Auf diesem engen Raum waren zwar gewisse Straßen bestimmten Berufen vorbehalten, deren Namen sie noch heute tragen: den Getreidehändlern, Wildbretverkäufern, Fleischhauern oder Seilern, aber eine topographische Hierarchie entstand hier nicht. Der herrliche Barockpalast eines Adeligen war umgeben von bescheidenen Häusern, in denen Kaufleute und Handwerker arbeiteten und wohnten. Dieser Mikrokosmos blieb auch dann noch intakt, als sich jenseits der Stadtmauern und des Donaukanals neue Bezirke gebildet hatten und sich durch Gärten, Felder und Weinberge hindurch bis an die grünen Hänge des Wienerwalds fraßen. Die industrielle Revolution beschleunigte die Ausdehnung der Stadt und veränderte die Gesellschaftsstruktur. Bald wurde eine zweite Grenzlinie, der sogenannte »Gürtel«, erreicht und überschritten; dann brachte eine dritte, die »Vorortlinie«, die angrenzenden Dörfer näher an die Hauptstadt heran. Aber immer noch war es die Innere Stadt inmitten des alten Ringes, die alle bedeutenden Wahrzeichen dieser historischen Stadt enthielt.

Am Weihnachtstag des Jahres 1857 veröffentlichte das offizielle ›Wiener Journal‹ eine kaiserliche Verordnung, in der Franz Joseph seinen Wunsch zum Ausdruck brachte, daß die Stadtmauern geschleift, Basteien abgetragen und das Glacis verbaut werden mögen. Hinter dem trockenen Stil dieser Ankündigung verbarg sich eine wahrhaft bedeutende, ja epochale Entscheidung des Kaiserthrones. Die Befestigungen aufzulassen und das Glacis von der militärischen der zivilen Nutzung zu übergeben, schien eine erstaunlich liberale Tat – um so mehr, als der Kaiser damals noch nicht durch Solferino von seiner Idee von kriegerischem Ruhm geheilt worden war. Allerdings enthielt die der Verordnung beigegebene Begründung dieser Maßnahme den immerhin wichtigen Passus, daß der Grundplan der neuen Straße besondere Rücksicht auf militärische Strategie zu nehmen habe. In der Tat standen zu beiden Enden der Ringstraße, die einem Bogen glich, wo sie auf die Sehne des Donaukanals traf, zwei riesige Kasernen, die ihre Exerzierplätze auch weiterhin behalten sollten. Zwei weitere wurden an anderen Punkten der Ringstraße geplant, aber nach der italienischen Niederlage nicht mehr gebaut. Auf jeden Fall war eine große Entscheidung getroffen worden: Wien sollte seine mittelalterliche Gestalt aufgeben und an deren Stelle eine moderne Stadt erstehen.

Der Kaiser hatte seinen Entschluß auf Grund des raschen Aufstiegs von Industrie und Handel gefaßt, die nach günstigeren Verkehrsbedingungen auch innerhalb der Hauptstadt verlangten. Gleichwohl durfte das historische Herz der Stadt, der Erste Bezirk, seine charakteristischen Züge nicht verlieren. Obschon die Hofburg nach dem Ende der Monarchie ihre repräsentative Funktion einbüßte, wurde immerhin ein Teil von ihr zum offiziellen Sitz des Präsidenten der Republik. Gegenüber ihrem Eingang, in jenem Gebäude am Ballhausplatz, von dem aus Metternich die Geschicke des Reiches lenkte, residieren nun das Bundeskanzleramt und das Außenministerium. Auch die anderen Ministerien waren und bleiben in diesem Bereich angesiedelt. Und so ist die Innere Stadt bis zum heutigen Tag der Sitz der Regierung, wie sie auch das Zentrum der Gastronomie und der Mode geblieben ist.

Entlang der neuen Ringstraße, großzügig geplant und alsbald mit Bäumen bepflanzt, bauten schon zu Anfang der zwanziger Jahre viele Neureiche sowie alteingesessene Financiers, Fabrikanten und große Geschäftsmänner prächtige Palais, um ihren Reichtum zur Schau zu stellen. Nicht nur Stadtverwaltung und Parlamente, auch die Künste wurden jetzt in Gebäuden der unterschiedlichsten Stilrichtungen untergebracht. In jenem Jahrzehnt wurden das neugotische Rathaus und das neoklassizistische Parlament errichtet sowie mehrere reich mit Stuck verzierte, jedoch wesentlich im Neorenaissance-Stil gehaltene Paläste für die Theater, die Oper und Konzerte, ein Museum alter Kunst und ein Naturhistorisches Museum. Die Baumeister des »Historismus« wollten das Alte nicht unbedingt kopieren, sondern vielmehr Elemente traditioneller Architektur in einen modernen Grundriß einbinden – nicht Pastiche, sondern Paraphrase hatten sie im Sinn.

Erst nachdem die Basteien gefallen und viele Menschen und Institutionen, auf der Suche nach mehr Raum und Bequemlichkeit, in die Stadtgebiete jenseits des Ringes gezogen waren, erhielten die verschiedenen Wiener Bezirke ihren besonderen Charakter. Im dritten Bezirk, auf der »Landstraße«, siedelten sich viele ausländische Botschaften und Legationen an; die großen Stadtpalais der Fürsten Metternich oder der Grafen Razumovsky und Salm, früher fast schon auf dem Land gelegen, schienen jetzt der Stadt nähergerückt. Dort draußen standen auch der prachtvolle Palast der Fürsten Schwarzenberg und das Belvedere – erbaut in den Tagen Leopolds I. für dessen größten Feldherrn und Sieger über die Türken, den Prinzen Eugen von Savoyen.

Der Kleinadel bevorzugte den vierten Bezirk, die »Weiden«. Während das wohlhabende Großbürgertum jetzt den Ring und dessen unmittelbare Umgebung für sich in Anspruch nahm, erwählten die gutsituierten Kaufleute und die mittlere Beamtenschaft den fünften bis achten Bezirk zu ihrer Wohn- und Arbeitsstadt. Der neunte, nahe der neuen Universität und längst Sitz des josefinischen Krankenhauses, zog die Akademiker an, vor allem die praktizierenden Ärzte. Entlang dem Gürtel und darüber hinaus pferchte man das neue Industrieproletariat rücksichtslos in düstere, freudlose und gesundheitsschädliche vierstökkige Massenquartiere. Noch weiter draußen, in den eleganten Vororten Hietzing im Westen und Döbling im Norden, am Fuße und an den Hängen des Wienerwalds, entstanden im letzten Jahrzehnt des Jahrhunderts viele prächtige Villen, von wohlhabenden Malern und Schriftstellern, höheren Beamten und pensionierten Fabrikanten bewohnt.

Zuletzt zum zweiten Bezirk: Am linken Ufer des Donaukanals gelegen, war die »Leopoldstadt« traditionelle Heimstatt der Juden, seit Kaiser Ferdinand II. diesen Bereich ihrer armen Mehrheit zuwies, indes die Familien einiger jüdischer Hoffinanciers mit Sondererlaubnis innerhalb der Stadtmauern leben durften. Im späten 18. Jahrhundert erhielten weitere reiche, »tolerierte« und bald schon »emanzipierte« Juden das gleiche Privileg. In die Leopoldstadt aber strömten seit den achtziger Jahren und besonders nach 1918 viele jüdische Einwanderer aus den fernen Provinzen Galizien und der Bukowina, zuerst von Pogromen, dann von neuen Staatsformen vertrieben, und gesellten sich dort ihren mehr oder weniger mittellosen, orthodoxen Brüdern zu. Der Weg, den einige von ihnen aus der Leopoldstadt zuerst in den neunten Bezirk, den »Alsergrund«, und dann in die vornehmen Viertel der Inneren Stadt zurücklegten, soll an anderer Stelle noch genauer nachgezeichnet werden. Die Rolle des alteingesessenen und, in weit geringerem Maß, des neu zugezogenen Judentums in jenem Wiener Kulturleben, das ihm soviel zu verdanken hatte, wird ausführlich zu untersuchen sein.

Wenige Berichte über Österreich zu Anfang des 19. Jahrhunderts sind so offen und glaubwürdig wie der von Madame de Staël. In ihrem Buch ›Über Deutschland‹ beschreibt sie auch ihren Aufenthalt in Wien im Jahr 1808 und merkt an, die norddeutschen Literaten würfen den Österreichern vor, Wissenschaft und Dichtung nicht hinreichend zu pflegen. Sie selbst pflichtet diesem Urteil bei, glaubt aber nicht, daß allein die Zensur dafür verantwortlich sei. Österreich, sagt sie, »ist ein so ruhiges Land, ein Land, in dem die Bequemlichkeiten des Lebens aller Klassen so mühelos gesichert sind, daß man sich nicht viel um geistige Genüsse kümmert. Die Einwohner einer Monarchie, die dauernd Kriege führt, sollten ihr Augenmerk wohl vor allem auf militärische Leistungen richten, aber dennoch gibt sich die österreichische Nation so sehr der Ruhe hin und den douceurs de la vie, daß nicht einmal die äußeren Ereignisse viel Beachtung finden.« Unter solchen Bedingungen könnten keine Genies entstehen, denn »inmitten der Gesellschaft ist das Genie ein Schmerz, ein inneres Fieber«. Da hier jedoch kaum der Wunsch bestehe, um der Größe willen zu leiden, finde man »in Österreich viele Vortrefflichkeiten, aber nur wenig wahrhaft ausgezeichnete Männer«.

Aus Frankreich kommend, wo die Künste in aristokratischen Kreisen hoch geschätzt wurden, äußerte sich Madame de Staël besonders kritisch darüber, daß in Wien »les nobles« und die Literaten keinen Umgang miteinander hatten. In den großen Häusern, in denen sie zu Gast war, las man nur wenige Bücher und lud keine Schriftsteller ein. »Die Absonderung der Klassen hat zur Folge, daß es den Literaten an feiner Sitte, den eleganten Leuten zumeist an Bildung fehlt.« Kurz gesagt: »Der gesellschaftliche Umgang dient in Österreich nicht, wie in Frankreich, zur Entwicklung oder Belebung des Geistes; er läßt bloß Leere und Lärm im Kopf zurück, so daß die geistreichsten Köpfe des Landes sich größtenteils von solchen Empfängen fernhalten; auf diesen erscheinen fast ausschließlich Frauen, und man muß wirklich staunen, welchen Geist sie bei einer derartigen Lebensweise entwickeln.«

Es war in den Salons zweier Frauen, wo Madame de Staël auf ein gewisses Maß an intelligenten Gesprächen und literarischen Neigungen traf, wie sie ihr von daheim vertraut waren und nach denen sie sich im Ausland sehnte. Für uns ist es nicht unerheblich, wem diese beiden Salons gehörten: der eine einer jüdischen Baronin, der andere einer Bürgerlichen in der Vorstadt. Zweifellos zog die »berühmteste Frau Europas«, die »Herrin eines Zeitalters«, wie Madame de Staël in einer Biographie genannt worden ist, die Gesellschaft der höchsten Kreise vor – die der Fürsten von Ligne, Liechtenstein und Lubomirski oder der Grafen Wrbna und Zamoyski, in deren Privattheatern sie manchmal in ihren eigenen Stücken die Hauptrolle spielte. Gleichwohl fand sie angenehmere Gesellschaft und bessere Konversation im Palais der Fanny von Arnstein, die bald darauf ein offenes Haus für die meisten Berühmtheiten des Wiener Kongresses führen sollte. Vor den Toren der Stadt, auf der Alserstraße Nr. 27, wurde Madame de Staël in dem weit bescheideneren Haus der Karoline Pichler Zeugin des Aufstiegs einer kulturellen Patrizierklasse, wie sie bisher in Wien unbekannt gewesen war.

Frau Pichler, mit einem Bürgerlichen verheiratet, war selbst mit einem kleinen Adelsprädikat geboren worden – ihrem Vater, Franz von Greiner, einem hohen Staatsbeamten, hatte Joseph II. für dessen Mitarbeit an seinem Toleranzedikt das Präfix »von« verliehen. Der vortreffliche Mann, ein Sproß der Aufklärung und des Humanismus, mag als frühes Beispiel für jenen österreichischen Beamtenadel dienen, der eine weitere Stufe der gesellschaftlichen Leiter bestieg. Zugleich verkörperte er in vorbildlicher Weise den aufgeschlossenen, intelligenten Mittelstand, der nun, im »bürgerlichen Jahrhundert«, in seine Rechte zu treten begann. Auch seine Tochter gehörte in ihrer Lebensform und Weltanschauung der neuen Bildungsschicht an. Sie schrieb eine Reihe von Büchern, darunter den Roman ›Agathokles‹, der zu einer Korrespondenz mit Goethe führte; sie war mit Dorothea Schlegel befreundet, und sie besaß Witz. Von der imposanten Henriette Herz, die den ersten der Berliner Salons begründet hatte, sagte sie, man solle sie am besten durch ein Verkleinerungsglas betrachten, und von Napoleon I., er habe das »wohlgenährte Antlitz eines Prälaten«. Wenn Germaine de Staël ihrerseits von Madame Pichler herablassend als der »muse du faubourg« sprach, dann lag darin der ganze Hochmut dieser Tochter eines königlichen Bankiers, die sich einen Ehrenplatz in der beau monde erworben hatte.

Diese Art von literarischem Salon, den die »Vorstadtmuse« in der Alserstraße führte, hatte nur wenige Nachfolger im 19. und sogar im 20. Jahrhundert. Jene Familien aus den Kreisen der höheren Beamten und der immer zahlreicher werdenden Akademiker, die sich mit steigendem Reichtum und Einfluß den Künsten zuwandten, widmeten sich vor allem der Musik. Im Biedermeier gab es häufig gesellige Zusammenkünfte wie die »Schubertiaden«, bei denen ein berühmter Komponist aus seinen Werken spielte und dilettierende Freunde seine Lieder einem Kreis von Bewunderern vortrugen, unter denen sich auch Maler und Zeichner befanden. Die Wiener, mehr den sinnlichen als den intellektuellen Vergnügungen zugeneigt, hielten es nicht anders in ihrem Kunstgeschmack. Zumeist ließen sie sich auf ernste Literatur nicht ein, fanden leichter Zugang zu einem bildlichen Meisterwerk und vertrauten auf ihre angeborene Musikalität. Dies erlaubte ihnen, an der Hand eines schöpferischen Genies die Tiefen ihrer eigenen Gefühle auszuloten, ohne sie in Worte fassen zu müssen und so allzusehr der Wirklichkeit auszuliefern.

Es blieb dem »Volk der Bibel« in ihrer Mitte vorbehalten, das geschriebene Wort und dessen Urheber zu verehren. Da ihr Gott ihnen verbot, sich ein Abbild von ihm zu machen, hatten die Juden von alters her ihre Vorstellungsgabe in Sprache gegossen, sie mit Metaphern und ins Bildliche übertragenen Wendungen angereichert. Einen Bewohner des »alten Hauses der Sprache« sollte der Satiriker Karl Kraus sich später einmal nennen. So war es nahezu unvermeidlich, daß Literatur und Philosophie in eben jenen reichen Häusern gepflegt wurden, deren Besitzer seit der Regierung Josephs II., ob getauft oder ungetauft, in die Wiener Gesellschaft eingegangen waren. Viele von ihnen, genau gesagt einhundertsechzehn, waren im Anschluß an das Toleranzedikt noch vor dem März 1848 geadelt worden, und dies vor allem für ihre Dienste als Heereslieferanten oder Hoffinanciers. Vor dem Ende der Monarchie wurden weitere dreihundertdreißig Menschen jüdischer Herkunft, Industrielle, Philanthropen oder Wissenschaftler, zu Edlen, zu Rittern oder gar zu Baronen gemacht. Eine Reihe von ihnen heiratete ein in die alte österreichische Aristokratie und verschmolz mit dieser privilegierten Schicht. Andere bildeten, gemeinsam mit dem gleichfalls aufsteigenden christlichen Mittelstand, eine kurze, aber überaus produktive Zeitlang das Publikum der Theater, Opern, Konzerte und Galerien und eine Leserschaft für klassische und zeitgenössische Dichtung – wie dies für ein aktives Kulturleben unerläßlich ist.

Eine der ersten, die in ihrem Haus Frauen und Männer von Verstand zusammenführte, war Fanny von Arnstein, bei der Madame de Staël im Jahr 1808 häufig zu Gast gewesen war. Sie war die Tochter des Münzmeisters Friedrichs II., Daniel Itzig, des Stammvaters einer großen und begabten jüdischen Dynastie. Als junges Mädchen hatte sie zu Füßen des Philosophen Moses Mendelssohn gesessen, des Begründers der jüdischen Aufklärung in Deutschland, und Gotthold Ephraim Lessing bewundert, den erhelltesten Geist im Land. Als Fanny nach Wien ging, um den Sohn eines anderen Hofbankiers zu heiraten, brachte sie in die träge Eleganz der Kaiserstadt etwas von der intellektuellen Schärfe und Vitalität ihrer Vaterstadt. In dem Maße, in dem ihr Ehemann auf der sozialen Leiter höher stieg – 1798 erhielt er als erster ungetaufter Jude in Österreich die Baronie –, gewann auch Fannys Salon an Glanz. Sein Ruf als bedeutendster Treffpunkt von Gesellschaft, Politik und Kunst zog alle berühmten Besucher Wiens in seinen Bann; darunter, um 1800, Lord Nelson und Lady Hamilton.

Oben links Henriette Baronin von Pereira-Arnstein (Porträt von Kriehuber)

Oben rechts Baronin Sophie Todesco

Links Franziska (Fanny) Baronin von Arnstein (Porträt von Guerin)

Die Freiin von Arnstein, die nie die Verbindung zu ihrer Familie und ihren Jugendfreunden verlor, empfing viele deutsche Schriftsteller in ihrem Haus, wie die Brüder Schlegel oder Karl August von Varnhagen, den Schöngeist und Gemahl der berühmten Rahel, die selbst früher einmal in ihrem Dachstübchen in Berlin Prinzen, Gelehrte und junge Dichter der Romantik versammelt hatte. Während des Wiener Kongresses begegneten in Fannys Palais die preußischen Staatsmänner Humboldt und Hardenberg dem Herzog von Wellington, dem Fürsten Metternich, dem Kardinal Consalvi und den Grafen Capo d'Istrias und Pozzo di Borgo. Fanny genoß zwar diese brillanten assemblées, zog jedoch selbst kleinere und intimere Zusammenkünfte vor, bei denen ein weniger erlauchter, dafür aber witzigerer Gesprächspartner wie der schwedische Diplomat Karl Gustav von Brinckmann sie mit seinen Erinnerungen an Besuche bei Goethe, Schiller, Fichte und den Shakespeare-Übersetzern Schlegel und Tieck unterhielt.

Kein Wunder, daß ihr einziges Kind, Henriette, Gemahlin des jüdischen Barons Pereira, mit dem gemeinsam sie zum Katholizismus übertrat, ihren Fußstapfen folgte und in den späteren, ruhigeren Tagen des Biedermeier einen eigenen Salon aufrechterhielt. In ihrer Jugend verehrt von dem begabten Dichter Theodor Körner, der in den napoleonischen Freiheitskämpfen fiel, sah Henriette als ältere Dame Grillparzer und Stifter bei sich zu Gast, empfing sie Goethes exzentrische Schwiegertochter Ottilie und viele Schauspieler, Maler und Komponisten, darunter auch Franz Liszt. Wie zwanglos es bei diesen Zusammenkünften zuging, wird von Adalbert Stifter in einem Bericht über Wiens künstlerische Zirkel betont: »Jeder darf kommen, wann er will, jeder geht, wann er will; es ist keine Etikette des Sitzens, Gehens, Stehens, Grüßens. Diesem Salon ist es Gesetz, kein Gesetz zu haben; es sind keine Stunden noch Tage, wo vorgelesen, vormusiziert, vorexerziert wird... es soll eben ganz beliebige Gesellschaftsfreiheit sein... Es ist eine Auszeichnung, in diese Gesellschaft geladen zu werden; – nicht etwa geistige Größe gibt da den alleinigen Ausschlag, sondern ein solches billiges Benehmen und Maßhalten, daß man überzeugt sein darf, daß das neue Mitglied kein fremdes Element in der schon ob waltenden Harmonie sein wird.«

Dieses Zitat gibt ein perfektes Bild des bürgerlichen Salons um die Mitte des Jahrhunderts. Inzwischen war eine Reihe ehemals bescheidener Wiener Familien zu Wohlstand und Ansehen gekommen, durch die Manufaktur oder den internationalen Verkauf von Textilien, Lederwaren, Glas, Maschinen, Musikinstrumenten und anderen typischen Produkten der österreichischen Industrie. Auch sie begannen jetzt größere Empfänge mit kulturellem Anstrich zu geben und die Künste zu fördern. Doch die Neigungen dieser neuen Oberschicht unterschieden sich nicht von denen des kleinen Mittelstandes im Vormärz – damals machte man Kammermusik, jetzt lud man zu musikalischen Soiréen ein. Diese Menschen, die oft von einfachen Handwerkern abstammten wie der »Klaviermacher« Ludwig Bösendorfer, hatten Musik im Blut, aber wenig Zeit für geistige Verfeinerung. Ihre Intelligenz kam aus dem Instinkt, ihre Gefühle waren nicht in Worte gefaßt, doch darum nicht weniger tief. Sie waren gute, wenn auch nicht geriebene Geschäftsleute, von der Welle des Wohlstands nach oben getragen, die der industriellen Revolution gefolgt war. Für sie wurden die sechziger Jahre zu einer Zeit restlosen Selbstvertrauens und grenzenloser Unternehmungslust, eine Ära der Gründer und Erbauer, die darum auch »Gründerzeit« heißt.

Dieses Bürgertum war in Europa nicht neu, wohl aber in Wien, wo es eine solche Schicht bisher nicht gegeben hatte. Der Reichtum einiger weniger Familien ging auf die Tage Maria Theresias zurück, als nicht weit von der Hauptstadt, in Niederösterreich, die ersten Textilfabriken errichtet wurden. Ihr eigentlicher Aufstieg konnte freilich erst nach dem Ende der Napoleonischen Kriege beginnen. Damals entwickelte sich der Wiener Bezirk Neubau zum Zentrum der städtischen Seidenindustrie; und so rasch wurde man dort reich, daß ihn der Volksmund bald den »Brillantengrund« nannte. So war etwa Johann Blümel im Jahr 1814 aus Oberösterreich hierher gezogen und hatte mit der Herstellung von Wollschals begonnen, die er bald bis nach Rußland und Amerika exportierte. Zwar ging diese Manufaktur in der Mitte der sechziger Jahre bankrott, als Schals aus der Mode kamen, mittlerweile aber hatten die Söhne des alten Blümel ihren Weg nach oben gemacht: der eine als Bankier, der andere als Bierbrauer und der dritte als Präsident einer Eisenbahngesellschaft.

Es gab Dutzende ähnlicher Familien, die jetzt das Rückgrat der Wiener Gesellschaft bildeten; die Aristokratie dagegen zog sich langsam aus dem öffentlichen Leben in ihre eigenen Zirkel zurück. Einige verdienstvolle Vertreter von Industrie, Handel und Gewerbe wurden in den Adelsstand erhoben wie vor ihnen bereits verschiedene jüdische Financiers – die von Arthaber, die von Schoeller oder der Baron Haas. Viele von ihnen hielten aber an ihrem bürgerlichen Status fest, darunter der Brauer Dreher, der Textilfabrikant Hutterstrasser, der Borten- und Spitzenerzeuger Lenneis, der Kunsthändler und Kartograph Artaria, der Feinkost- und Weinhändler Stiebitz oder der Brot- und Mehlspeisenbäcker Fritz. Sie alle waren hoch angesehen, von bürgerlichem Stolz erfüllt und voll Verachtung gegenüber einem »Feudalismus«, der in dem neuen liberalen Zeitalter offensichtlich ausgespielt hatte.

Der Liberalismus, wie man ihn damals verstand, war nach Königgrätz und den darauffolgenden Reformen endlich in Österreich eingezogen. 1848 hatte man schwer um ihn gekämpft, jetzt aber, da er erreicht war, zeigte er ein unerwartet friedliches Gesicht. Der Mann auf der Straße hielt ihn bald für selbstverständlich und nahm die Lockerung des Drucks von oben als naturgegeben an, als einen Teil der allgemeinen Anhebung seines Lebensstandards, der nie mehr gesenkt werden sollte. Vornehmlich die jüdischen Mitglieder des neuen Bürgertums erkannten im Liberalismus eine ebenso kostbare wie stets gefährdete Gabe, die sorgsam behütet werden mußte, aber mehr noch eine Ideologie, die ständiger Stärkung durch theoretische Diskussion bedurfte. Als erste potentielle Opfer seines möglichen Verlustes waren sie auch die leidenschaftlichsten Anhänger des Liberalismus. Angesichts der nationalistischen Tendenzen, die jetzt den Vielvölkerstaat, in dem ihnen endlich völlige Gleichstellung mit den übrigen Untertanen zugestanden worden war, von allen Seiten her bedrohten, waren sie die loyalsten Anhänger der Monarchie.

»Dieses liberale, stark jüdisch durchsetzte Bürgertum war eben die letzte Selbstverwirklichung universalen Österreichtums, ehe es an Traditionalismus da, nationaler und sozialer Unrast dort scheiterte«, schrieb der angesehene Wiener Journalist Otto Schulmeister vor mehr als einem Jahrzehnt in nostalgischem Rückblick. Dennoch läßt sich nicht leugnen, daß die Juden selbst, nun einmal integriert in den deutschsprachigen Teil der Völker Österreichs, für die österreichischen »Deutschen« in deren arrogantem Anspruch auf politische und kulturelle Hegemonie im Habsburgerreich Partei ergriffen. Diese paradoxe Haltung hatte viele Gründe. Der eine war die Symbiose, in der die Juden Mitteleuropas, die Aschkenasim, mit den Deutschen gelebt hatten, auch wenn sie von diesen immer wieder verfolgt und ausgewiesen worden waren. Die Namen der ältesten Wiener jüdischen Familien deuten auf die Orte ihrer Herkunft an Neckar und Rhein: Wertheimer, Oppenheimer, Arnstein, Bamberger, Bacharach, Wetzlar – sie alle stammen aus Städten, in denen sich ihre Vorfahren manchmal fünf Jahrhunderte und länger zurückverfolgen lassen.

Ein anderer Grund war die tiefe Achtung, ja Verehrung der Juden für die deutsche Kultur. Nachdem sie, wie Moses Mendelssohn, in der Zeit der Aufklärung die Fesseln der Orthodoxie gesprengt hatten, begannen sie sogleich, deutsche Philosophie und Literatur in sich aufzunehmen. Ihre Gelehrsamkeit und Liebe zum geschriebenen Wort, bis dahin einzig und allein dem minuziösen und vielfältig gewundenen Studium des Talmud geweiht, wandte sich jetzt nach außen, zu den Werken von Kant, Lessing, Goethe, Schiller und schließlich Heine. Es war ein Mann ihrer Herkunft und Wesensart, dessen brillante Schriften man alsbald, in Leder mit Goldschnitt gebunden, in jedem gebildeten Haus neben denen der deutschen Klassiker auf den Bücherregalen sah.

Wenn Karoline Pichlers literarischer Salon keine Nachfolger fand, nahmen sich dafür viele emanzipierte jüdische Familien der aufstrebenden österreichischen Schriftsteller an. Nicht nur Grillparzer und Stifter, sondern auch kleinere, aber liebenswerte Talente aus der ersten Welle des Biedermeier, wie der Baron Feuchtersleben oder Karl von Holtei, erschienen an vielen Freitagen auf Henriette von Pereira-Arnsteins künstlerischen Soiréen. Musiker und Maler fühlten sich wohl bei den Arthabers, die Künstler wie Waldmüller, Danhauser, Kupelwieser und Fendi nicht nur einluden, sondern auch schon früh ihre Werke erwarben; oder bei den Miller von Aichholz, Mäzenen der »Gesellschaft der Musikfreunde« und später vornehmlich von Brahms. Donizetti wohnte bei ihnen, wenn er nach Wien kam. Den Büchlschreibern, wie man die Schriftsteller oft nannte, standen nicht so viele Häuser offen. Als in den achtziger und neunziger Jahren die zweite Welle hervorragender Schriftsteller auf der Szene erschien, entdeckten sie das Kaffeehaus als geeigneten Ort für ein gelegentliches, gemütliches Zusammentreffen. Zumindest einer von ihnen, Hugo von Hofmannsthal, wurde in einen Zirkel meist verwandter und verschwägerter Familien mit literarischen Neigungen gezogen, der charakteristisch für eine bestimmte Entwicklung war.

Als nach 1848 die Juden endlich Zugang zu den akademischen Berufen erhielten, konnten sich viele von ihnen, deren Wohlstand wirtschaftlichen Betätigungen entstammte, mit Eifer und Leidenschaft ihrer intellektuellen Neigung hingeben. Ein bedeutendes Beispiel war Theodor Gomperz. Seine Vorfahren hatten um 1600 in Nimwegen gelebt, waren dann »Hofjuden« in Wien geworden und schließlich im Dienst des staatlichen Tabakmonopols nach Mähren gegangen. Theodor kam im Jahr nach der Märzrevolution nach Wien, um hier an der Universität zu studieren, und wurde ein Schüler von John Stuart Mill, den er in England besuchte. Nach seiner Rückkehr vertiefte er sich in die klassische Philologie, schrieb ein Buch über ›Griechische Denker‹, übersetzte Mills ›System der Logik‹ und wurde schließlich, gleich seinem entfernten Verwandten Josef Schey und anderen seiner Herkunft und Generation, ein angesehener Professor an jener Universität, die Juden so lange den Zutritt verwehrt hatte. Sein Sohn Heinrich folgte ihm nach und wurde Professor für Philosophie.

Theodors ältere Schwestern hatten sich mit den Bankiers Leopold von Wertheimstein und Baron Eduard Todesco vermählt. In beiden Häusern, das eine eine prachtvolle, von der Familie Arthaber gebaute Villa im Vorort Döbling, das andere ein prunkvolles Ringstraßenpalais, wurde die Tradition der Salons Fanny von Arnsteins und ihrer Tochter fortgeführt. Im Palais Todesco las der junge Hofmannsthal aus seinen Gedichten und lyrischen Dramen. In der Döblinger Villa blieb er in den letzten Jahren Josephine von Wertheimsteins oft tagelang zu Besuch.

Dort traf er, unter vielen anderen berühmten Gästen, den melancholischen Lyriker und Novellenschreiber Ferdinand von Saar, der häufig längere Zeit in dem angebauten Gästehaus wohnte. Vor kurzem war dort der alte Eduard von Bauernfeld verschieden, dessen Komödien längst nicht mehr in Mode gewesen waren – auch er nicht minder abhängig von der Gastfreundschaft der alten Dame als Ferdinand von Saar. Als sie starb, war Hofmannsthal tief getroffen. »Das ist das erste wahrhaft Schwere und Traurige, das ich erlebe«, trug er in sein Tagebuch ein. Und an ihre Tochter schrieb er: »Sie träumte reicher und schöner als zahllose Menschen, vielleicht als wir alle.«

Doch die Tage des »goldenen Hauses«, wie Saar es genannt hatte, waren vorbei. Er selbst starb später von eigener Hand. Die großen Salons der liberalen Ära überlebten den Liberalismus nur um kurze Zeit. Die liberale Epoche, in ihrer Humanität vergleichbar jener der mitteleuropäischen Aufklärung ein Jahrhundert zuvor, dauerte kaum länger als zwei Dekaden. Überdies war diese Zeit des wirtschaftlichen Laisser-faire, des finanziellen Aufstiegs und der politischen Ruhe auf ihrem Höhepunkt aus ihrer Selbstzufriedenheit aufgerüttelt worden. Am 9. Mai 1873, eine Woche nachdem Kaiser Franz Joseph im Beisein mehrerer gekrönter Häupter und ausländischer Würdenträger die Wiener Weltausstellung eröffnet hatte – ein glanzvoller Tribut an die Wunder der wachsenden Industrie, der in einem Jahr über sieben Millionen Besucher in die österreichische Hauptstadt brachte –, kam es zum großen Börsenkrach. Gestützt auf eine allzu optimistische liberale Partei und ebensolche Presse, hatte sich die Spekulation an den Banken und in Immobilien schließlich überschlagen. Am Schwarzen Freitag fielen manche Aktien bis zu siebzig Prozent, Tausende verloren ihre Ersparnisse, Zehntausende ihren Arbeitsplatz; Selbstmorde häuften sich. Die Wirtschaft erholte sich erst nach Jahren. Als jedoch 1883 der Kronprinz Rudolf bei der Eröffnung einer ersten Elektrizitätsausstellung poetisch vorhersagte: »Ein Meer von Licht strahlt aus von dieser Stadt, und neuer Fortschritt wird sich von hier in alle Welt verbreiten«, schien das liberale Zeitalter in aller Frische zurückgekehrt.

Gleichwohl nagte bereits der Wurm an den Früchten des Wohlstands. Sechs Jahre später starb auch der Kronprinz, wie so viele seiner scheinbar leichtlebigen Landsleute, durch eigene Hand; bald darauf kam es zu jener Polarisierung der österreichischen Politik, die später zum blutigen Ausbruch des Ersten Weltkriegs führen sollte. War der Liberalismus, in Übereinstimmung mit einem toleranten, undogmatischen, weltlich eingestellten Bürgertum antiklerikal und rationalistisch gewesen, so wurden jetzt die unteren Schichten im Namen von Religion und rassistischem Vorurteil verhetzt. Zur gleichen Zeit nahm das neu entstandene Industrieproletariat seine soziale und legale

Benachteiligung in dieser konstitutionellen Monarchie wahr und schloß sich zusammen. Beide Klassen wurden durch eine Wahlgesetzgebung benachteiligt, die den Wähler nach seinem Einkommen einstufte. Die meisten Mitglieder des niederen Mittelstandes und alle Arbeiter, die auf Grund ihrer geringen Steuerleistung kein Wahlrecht besaßen, wurden so einer Vertretung auf Landes- und Gemeindeebene beraubt.

Im Namen eines »Christlichen Sozialismus« und des »Kleinen Mannes« bekämpfte jetzt ein staatlicher und entschlossener Politiker erfolgreich die liberale Führung im Rathaus. 1888 hatte er mit einigen Gesinnungsgenossen eine neue Partei gegründet. Erst neun Jahre später, nachdem Karl Lueger bereits fünfmal zum Bürgermeister von Wien gewählt worden war und tatsächlich die Stadt regierte, bestätigte ihn der Kaiser in seinem Amt. Diese Christlichsozialen, Gegner eines gehobenen Bürgertums, das zu einem beträchtlichen Teil aus Familien jüdischer Herkunft bestand, fielen wieder in den alten theresianischen Antisemitismus auf religiöser Grundlage zurück. Auf der anderen Seite baute eine »deutschnationale« Bewegung, unter Führung des fanatischen Judenhassers Georg von Schönerer, ihre gesamte Ideologie auf dem Begriff der Rassereinheit auf, um zum Wegbereiter des Nationalsozialismus zu werden. In Wien, dem Schmelztiegel so vieler Völker und Rassen, mochte solches lächerlich erscheinen. So hoch schlugen jedoch die Wellen der Erregung, daß die Anhänger der »Deutschnationalen« sich ohne weiteres damit abfanden, in aller Öffentlichkeit und später im Parlament von Männern vertreten zu werden, deren Ursprung wie deren Namen eindeutig slawisch war.

Die Sozialdemokraten hatten ihre Kader bereits früher formiert. Eine erste Demonstration der Wiener Arbeiterschaft fand im Jahr 1869 statt. Nach schwierigen Anfängen konnten sie 1889 in Hainfeld nahe von Wien endlich ihre eigene Partei konstituieren. Ein Jahr später fand, unterstützt von der inzwischen gegründeten Sozialistischen Internationale, ihr erster Maiaufmarsch statt. Bevor das Jahrhundert zu Ende war, hatten die Sozialdemokraten auf einem Parteitag in Brünn eine wichtige Entscheidung getroffen. Sie erklärten sich für ein »Nationalitätenprogramm«, wodurch sie die multinationale Struktur der Habsburgischen Monarchie betonten und paradoxerweise erst recht zu deren loyalen Untertanen wurden. Ganz wie zur Zeit der Märzrevolution spielten auch jetzt jüdische Reformpolitiker eine entscheidende Rolle. 1848 war der Arzt Adolf Fischhof einer der Anführer der Aufständischen und auch späterhin ein Vorkämpfer freiheitlichen Denkens gewesen und hatte damit bewiesen, daß der Liberalismus nicht ausschließlich auf den Schultern reicher Juden ruhte. Jetzt hatte der Arzt Victor Adler die Sozialisten geeint und ihr Parteiblatt gegründet. Unter den Ideologen des »Austro-Marxismus« des 20. Jahrhunderts befand sich ein starkes jüdisches Element.

Die liberalen Juden brauchten lange, bis sie erkannten, daß sich ihre Bewunderung für das »Deutschtum« gegen sie selbst gewandt hatte und daß es für sie nur von Vorteil wäre, sich gleich den Sozialdemokraten für ein multinationales Österreich einzusetzen. Viele von ihnen rangen sich nie zu dieser Erkenntnis durch. 1934 unterzeichnete Heinrich Gomperz, der Sohn von Theodor Gomperz, gemeinsam mit nationalistischen – bald darauf nationalsozialistischen – Professoren der Wiener Universität eine Protesterklärung gegen das autoritäre, aber antigroßdeutsche christlichsoziale Regime. Sein Vater hatte zu jenen gehört, die mit Entsetzen wahrgenommen hatten, wie ihre eigene Integration in die Wiener Gesellschaft im letzten Viertel des Jahrhunderts durch den Zustrom von Ostjuden bedroht schien. Endlich hatte man, erst durch Geschäftstüchtigkeit, dann durch intellektuelle und künstlerische Leistungen, den Respekt der Mitbürger gewonnen und sich im Lebensstil immer mehr an sie angepaßt; nun aber brachten diese Zugereisten eine fremde Lebensform und Überlieferung mit, wie sie Wiens alteingesessene und emanzipierte jüdische Familien längst aufgegeben hatten.

Ihre ärmeren Glaubensbrüder hatten zumeist im zweiten Bezirk, der Leopoldstadt, gewohnt, ihren orthodoxen Ritus beibehalten und jede Form der Assimilation abgelehnt. Doch im Verlauf der Generationen sahen sich ihre Söhne immer mehr nach materiellen und geistigen Aufstiegschancen in anderen Wiener Bezirken um: Im neunten Bezirk waren sie der Universität und anderen Akademikern nahe, im ersten Bezirk fanden sie in eigenen Vierteln die Nachbarschaft der angesehenen Kaufmannschaft. Nunmehr wurde aber die Gemeinde der armen Juden in der Leopoldstadt von Tausenden Einwanderern aus polnischen und russischen »Stedtln« aufgefüllt – armseligen, verängstigten Leuten, die vor der wachsenden Feindseligkeit der Polen und den periodisch durchgeführten Pogromen der russischen Soldaten geflohen waren. Ihre Vorfahren hatten sich vom 11. Jahrhundert an in Polen angesiedelt. Sie waren aus Deutschland gekommen, wo die Bevölkerung, von fanatischen Kreuzfahrern angestiftet, ihnen nach dem Leben getrachtet hatte. Bereits im Jahr 1264 nahm der polnische König Boleslaw der Fromme sie unter seinen besonderen Schutz. Andere waren Jahrhunderte später den gleichen Weg gegangen, immer noch geschützt von toleranten polnischen Königen wie Sigismund I.

Die meisten von ihnen hatten ihr Leben innerhalb jener Mauern verbracht, die ihnen nicht nur von außen aufgezwungen, sondern auch von ihren religiösen Führern willkommen geheißen waren; ihnen lag daran, ihre Herde vor allzuviel Kontakt mit der Außenwelt zu bewahren.

Kaum einer dieser Menschen war jemals zuvor in Mittel- oder Westeuropa gewesen. Auch nach ihrer Ankunft in Wien oder an anderen Zufluchtsorten hielten sie an ihren alten Sitten und Gebräuchen fest. Als Adolf Hitler um 1907 eine Weile in seiner Geldnot im zweiten Bezirk lebte, schien ihm der Anblick dieser völlig fremdartigen, archaisch wirkenden Gestalten in ihren Kaftans, Filzhüten, Bärten und Ringellöckchen die Rassentheorien zu bestätigen, die er von Schönerer und dem noch abscheulicheren Lanz von Liebenfels her kannte. Der künftige Führer und Massenmörder betrat niemals das Haus eines jener Juden auf einer höheren gesellschaftlichen Stufe, die sich jetzt von anderen Österreichern gleicher Stellung kaum mehr unterschieden.

Sich selbst überlassen, wären diese oft grobschlächtigen, ebensooft aber hochbegabten und gelehrten Einwanderer aus dem Osten den gleichen Weg einer langsamen, aber unausbleiblichen Integration gegangen. In der kurzen Zeit, die ihnen noch blieb, bevor die Judenhetze wie im Mittelalter wieder zu einer tödlichen Geißel wurde, halfen sie nur, den Haß zu verstärken, der nun neuerlich gegen jeden ihres Glaubens und Ursprungs angefacht wurde. Als ein Sohn des aufgeklärten jüdischen Bürgertums, verzweifelt über den wachsenden Antisemitismus, als einzigen Ausweg die Rückkehr in die biblische Heimat empfahl, brachte ihm seine eigene Klasse nur Ungläubigkeit, ja Feindseligkeit entgegen. Die große Mehrheit der Anhänger Theodor Herzls kam bis zum Anfang des Nationalsozialismus aus den Reihen der Ostjuden, und Israels Gründerväter waren fast ausschließlich Flüchtlinge oder Nachkommen von Flüchtlingen aus Polen und Rußland.

Während im Fin de siècle Österreichs Außenpolitik keinen Anlaß zur Besorgnis gab, verhärteten die widerstreitenden Kräfte innerhalb des Staates immer mehr ihre Fronten. Pangermanische, panslawische, italienische Irredenta-Bewegungen bereiteten sich darauf vor, die Monarchie auseinanderzureißen. Die Parteien der Linken und der Rechten führten, in Verfolgung ihrer verschiedenen Ziele, das Volk in immer weiter auseinanderstrebende Richtungen. An der Oberfläche zeichnete sich nur wenig davon ab. So lange das Reich nach außen hin intakt schien, so lange der Wohlstand stabil blieb, so lange es den Sozialisten gelang, das Los der Arbeiterschaft zu verbessern, waren die Bedingungen für einen gewaltigen Ausbruch lange angestauten Talentes gegeben. Und so kam es, daß in einer Atmosphäre trügerischer Ruhe der »Heilige Frühling« seinen Anfang nahm.

Die historischen und sozialen Voraussetzungen der bemerkenswertesten Epoche in Wiens neuerer Geschichte wurden hier in groben Zügen dargestellt. Ein letzter Blick mag gewissen vielfältigen, ja widersprüchlichen Neigungen und Eigenheiten der Wiener gelten, die in ihrer Kunst widergespiegelt worden sind. Umwälzungen in der hohen Politik wirken sich bekanntlich auf den Lebensstil aller Gesellschaftsschichten aus, lassen neue Moden entstehen, verändern Gefühlshaltungen und Geschmack. So zogen sich, nachdem das große Drama der Napoleonischen Kriege im Wiener Kongreß seine glanzvolle Apotheose gefunden hatte, die Österreicher in der Erkenntnis, nicht mehr im Mittelpunkt der europäischen Ereignisse zu stehen, auf die Freuden der Natur und des häuslichen Herdes zurück.

Idylle und Innerlichkeit manifestierten sich jetzt in Musik und Dichtung, in Malerei und Architektur. Bis zum Anbruch der Gründerzeit um 1860 galt die Devise, klein ist schön, und Gemütlichkeit war alles, was man sich ersehnte und wonach man strebte. Ausflüge in den Wienerwald, Spätnachmittage bei einem Heurigen inmitten sanft ansteigender Weingärten, während die Sonne langsam untergeht und unten in der Stadt die Lichter aufzuleuchten beginnen; ein bißchen Klavierspiel im Wohnzimmer, dann früh zu Bett – das waren im Biedermeier und später die Lustbarkeiten des Lebens. Bald führte das Wachstum der Industrie zu einem raschen Anstieg der Bevölkerung und einer Ausdehnung des Stadtgebietes – und schon zeigte sich wieder die alte Sucht der Wiener nach Prunk und Pracht, nach Theater und öffentlichem Schaugepränge.

Um an einem großen Spektakel teilnehmen zu können, hatten sie sich einst sogar mit der Rolle der Unterlegenen bei einer triumphalen Siegesfeier begnügt. Als Napoleon in die Kaiserstadt eingezogen war und sich für einen kurzen Aufenthalt nicht nur das kaiserliche Schloß, sondern auch das Fest Maria Himmelfahrt zur Ehre seines Geburtstages angeeignet hatte, strömten die Wiener aus der Stadt hinaus nach Schönbrunn und drängten sich unter seinen Balkon. Zum Dröhnen der Kirchenglocken, dem Böllern der großen Kanonen, den Banketten und Feuerwerken und Paraden der französischen Armee brachen sie in Jubelrufe aus. Napoleon wußte, was er davon zu halten hatte. »Ils crient toujours«, bemerkte er trocken, wenn nicht gar verächtlich. Ebenso begeistert begrüßten sie 1938 Hitler in Wien, dankten sie 1955 der demokratischen Regierung der Zweiten Republik für den Abschluß des Staatsvertrages und hießen sie 1983 Papst Johannes Paul II. auf dem

Heldenplatz willkommen – diesem riesigen Platz, auf dem sich jeweils das abspielt, was die Wiener Massen anlockt und zusammenführt, unter den Augen der monumentalen, um 1860 errichteten Reiterstatuen des Prinzen Eugen und des Erzherzogs Karl. Denn Heldentum ist ein sich wandelnder Begriff und Zivilcourage ein seltener Luxus.

Durch Zufall begab sich an demselben 3. Juli 1866, an dem Bismarcks Armee in der blutigen Schlacht bei Königgrätz den Sieg errang, im Prater, dem Vergnügungspark am Rand der Stadt, eine große Volksbelustigung. Als die Nachricht von der furchtbaren Niederlage die Stadt erreichte, sickerte sie bald zu den Zechern im Prater durch. Dennoch dachte keiner daran, sich vom Gelage zu erheben, und niemandem wäre es eingefallen, die Leute dazu aufzufordern, angesichts der vielen Gefallenen und der nationalen Schmach still auseinanderzugehen. In Schillers Trilogie über den Dreißigjährigen Krieg gibt Wallenstein, als der Kriegsrat Questenberg seine Großmut gegenüber einem geschlagenen Verräter erwähnt, zur Antwort:

»Ich weiß, ich weiß – Sie hatten schon in Wien
Die Fenster, die Balkons voraus gemietet,
Ihn auf dem Armesünderkarren zu sehn –
Die Schlacht hätt ich mit Schimpf verlieren mögen,
Doch das vergeben mir die Wiener nicht,
Daß ich um ein Spektakel sie betrog.«

Wenn schon Königgrätz nicht imstande gewesen war, die Wiener in ihrer Lustbarkeit zu stören, bot ihnen die Zeit danach so prächtige Gepränge, wie man sie seit der Barockzeit nicht mehr gesehen hatte. Die ländliche Idylle wurde zwar nicht aufgegeben, aber oft unterbrochen und in den Schatten gestellt von großen öffentlichen Aufzügen in der Stadt – aus Anlaß des geistlichen wie des weltlichen Kalenders. Eine wahre Augenweide war bis zum Ersten Weltkrieg die alljährliche Fronleichnamsprozession durch die Straßen der Inneren Stadt, bei der auch der Kaiser, barhaupt und zu Fuß wie alle anderen, mit dem hohen Klerus hinter dem »Himmel« herging, unter dem das Altarsakrament in prunkvoller Monstranz getragen wurde. Die kostbaren Talare der Priester, die Studentenverbindungen in voller »Wichs«, die verschiedenen Regimenter in ihren schneidigen Uniformen, all das verdeckte die Vision des bleichen Leichnams, der vom Kreuz abgenommen und ins Grab gelegt wird. Das katholische Ritual durchmißt zwar alle Schrekken des göttlichen und menschlichen Martyriums, doch zum Ausgleich entfaltet es allen irdischen Glanz, den Gold, Farbe, Kerzen und Weihrauch verbreiten können.

In einem späteren Kapitel wird zu schildern sein, wie ein kleiner,

Blumenkorso in der Praterallee

Der Großhändler J. Schönbichler (links) und der Konditor Karl Demel (rechts) in Renaissance-Kostümen, die sie im großen Festzug zur Feier der silbernen Hochzeit des Kaiserpaares 1879 trugen.

dunkelhaariger und bärtiger Maler von unerhörter Ambition, Hans Makart, die »folie de grandeur« der achtziger Jahre zu erwecken wußte. Hier sei nur erwähnt, daß seine Beschwörung des Geistes der Renaissance zur Feier der silbernen Hochzeit des Kaiserpaares im Jahr 1879 in einem maskierten Festzug um den ganzen Ring bestand. Makart selbst führte ihn an, eine zierliche Gestalt zu Pferde, in einem leuchtend roten Kostüm, das aus dem Mantua oder Florenz des Cinquecento zu stammen schien. Der Maler starb jung, bereits fünf Jahre später. Doch im neuen Jahrhundert, als das sechzigjährige Regierungsjubiläum des Kaisers zu begehen war, bewegte sich wiederum ein Festzug über den Ring. Der Monarch war eben von einer schweren Krankheit genesen – jetzt mußte er drei Stunden lang stehend mitansehen, was von seinen treuen Untertanen für ihn veranstaltet worden war.

Umgeben von achtzig Mitgliedern des Erzhauses – die kleinsten Erzherzöge und Erzherzoginnen knieten in der ersten Reihe –, betrachtete er das Schauspiel vom historischen Aufstieg seiner Dynastie. Als erster ritt sein Ahnherr Rudolf von Habsburg vorbei, verkörpert von dem imposanten Grafen August Eltz, mit einem Gefolge aus den ältesten Familien des Reiches: den Liechtenstein und Fürstenberg, den Auersperg und Trauttmansdorff, den Hardegg, Harrach und Herberstein. Ein Urgroßenkel des Feldmarschalls Radetzky war Rudolf der Stifter, jener Dichter, Träumer und Fälscher von Dokumenten über das österreichische Herrscherhaus, der unter anderem das Wort »archidux« für jeden gebürtigen Habsburger erfunden hatte. Der Kaiser Maximilian, Europas »letzter Ritter«, erschien in der Gestalt des Barons Georg Franckenstein, der später österreichischer Gesandter am Hof von St. James werden sollte und schließlich, nachdem Hitler sein Vaterland ausgelöscht hatte, vom König Georg VI. zum Ritter geschlagen, den Namen Sir George Franckenstein trug. Der Festzug endete mit Tableaux vivants, die den multinationalen Aspekt der Monarchie betonten: »Deutsche« und Polen, Ruthenen, Rumänen, Magyáren und Italiener in typischer Haltung und Tracht.

Diese Apotheose der Regierung Franz Josephs I. im Jahr 1908 war ein letztes Aufglimmen im Abendlicht. Der nächste Anlaß für Pomp und Spektakel, von der Autorin als kleines Kind miterlebt, war düster: Das Leichenbegängnis des Kaisers acht Jahre darauf, mitten im Krieg, zog an einem nebligen Novembertag langsam über den Ring bis zur Kapuzinergruft, wo alle österreichischen Monarchen ihre letzte Ruhe finden. Nichts erinnerte mehr an jene übermütigen Jahre, in denen die Fürstin Pauline Metternich, maîtresse de plaisir des untergehenden Reiches, so häßlich wie lebensfroh, so unternehmungslustig wie mildtätig, Feste im Freien inszenierte – vor allem den Blumenkorso in der Hauptallee. An jedem 1. Mai fuhren die oberen Zehntausend den prächtigen, kastaniengesäumten Fahrweg durch den Prater auf und ab, in Karossen, die unter Blumen verschwanden, während das Volk Spalier stand und sich gegenseitig die Mitglieder der kaiserlichen Familie und des Hochadels zeigte. Als die Arbeiterbewegung Anspruch auf dasselbe Datum für ihre alljährliche Demonstration erhob, wurde eine der widerstreitenden Kräfte offenkundig, die das alte Regime zertrümmern sollten.

Zahllos waren die Räumlichkeiten gewesen, wo im Karneval für alle Schichten Tänze und Maskenbälle stattfanden – vom »Wäschermädelball« und »Fiakerball« bis zu den exklusiven Festen bei Hof. Schon 1786 hatte der irische Tenor O'Kelly, ein Freund Mozarts, die Bacchanalien des Wiener Faschings beschrieben: »Sie walzen von zehn Uhr abends bis sieben Uhr früh, in einem ständigen Gewühle das so ermüdend zu sehen wie zu hören ist.« Und im Walzertakt, zum Klang von Lehárs ›Lustiger Witwe‹, Hitlers Lieblingsoperette, ging die Monarchie zugrunde. In den ersten hektischen Jahren nach dem großen Weltkrieg aber, als das ärgste Elend und der Hunger kaum vorüber waren, florierten die Maskenfeste und Redouten wie nie zuvor. Im Rhythmus des Shimmy, Charleston und Tango versuchten die Wiener, eine Niederlage zu vergessen, die bei weitem tiefer ging als jene von Königgrätz.

Ein kleiner Heuriger, ein Schlendern zwischen Weingärten einen Bach entlang mochten einen in sich gekehrten Komponisten zu einem tief empfundenen Musikstück inspirieren. Die Spektakel Makarts oder der Fürstin Metternich fanden ihr Gegenstück in den farbtrunkenen Gemälden des Zeremonienmeisters, wie später in den goldglühenden Visionen Klimts. Eine neue Generation von Schriftstellern, die in den späten achtziger und in den neunziger Jahren hervortrat, suchte ihre Anregungen an anderem Ort. Um den etwas älteren Hermann Bahr geschart, gedieh sie in der fruchtbaren Atmosphäre eines Literatencafés. Ganz wie das legendäre Caffè Greco oder das »Rosati« in Rom, wie die »Deux Magots« in Paris, das Café Royal in London, das »Arco« in Prag, das »American« in Amsterdam und das »New York« in Budapest beherbergte und förderte das Café Griensteidl dichterische Talente. Es spielte eine wichtige Rolle in der Entwicklung zweier Schriftsteller, die einen bedeutenden Platz in der österreichischen Literatur einnehmen sollten: Arthur Schnitzler und Hugo von Hofmannsthal.

Die Geschichte des Wiener Kaffeehauses geht auf die zweite Türkenbelagerung zurück, nach deren Ende ein Kroat namens Kulczycki in der Nähe des Stephansdoms mit einem von den Türken hinterlassenen Bohnenvorrat das erste Etablissement dieser Art eröffnet haben soll. Unter Joseph II. führte der Italiener Milani all jene Annehmlichkeiten ein, die alle späteren Habitués für sich reklamieren sollten: Billardtische, Spielkarten, Schachbretter, Damebretter und das Amtsblatt ›Wiener Diarium‹. »Man studiert«, schrieb ein Zeitgenosse, »man spielt, man plaudert, schläft, negoziert, kannegiessert, schachert, wirbt, entwirft Intrigen, Komplotte, Lustpartien, liest Zeitungen und Journale.« Vorbild war das venezianische Kaffeehaus, das Goldoni so liebevoll beschreibt. Milani, im weißen Frack, auf dem Kopf einen fadenscheinigen Dreispitz, mit verstaubtem Zopf, war allezeit zugegen – »vergebens bittend, flehend, drohend corpo di Dio maledetto, alles umsonst; kein Mensch geht fort«. Die Sitte, bei ein oder zwei Tassen Kaffee vom frühen Nachmittag bis zur Sperrstunde lang nach Mitternacht im Kaffeehaus zu hocken, hat sich bis in die Erste Republik gehalten und ein wenig darüber hinaus.

Im Lauf des 19. Jahrhunderts entwickelte jedes Kaffeehaus seinen eigenen Charakter und seine eigene Stammkundschaft: Politiker oder Schriftsteller, Maler oder Kaufleute, Reiche und Müßiggänger oder arme Teufel, die in den strengen Wiener Wintern zu Hause erfroren wären. Der wichtigste Anziehungspunkt, außer der geselligen Zusammenkunft, waren die Zeitungen aus dem In- und Ausland, die zumeist auf einem Tisch gestapelt lagen oder an Bambusständern hingen und von Hand zu Hand gereicht wurden. Keine der Zeitungen am Ort, nicht einmal die ›Neue Freie Presse‹, konnte sich an Nachrichten, Kommentaren oder Stil mit einem wahrhaft kosmopolitischen Blatt messen wie dem alten ›Figaro‹ oder der ›Times‹; doch sie befriedigten den ständigen Appetit der Wiener auf Information und Neuigkeiten, diese unersättliche Neugier auf die Mitmenschen, die schon den Kaiser Franz zu seinen Dossiers über jeden Bürger veranlaßt hatte – nicht so sehr zur politischen Überwachung als zum Zweck einer spannenden Lektüre.

Die »Kaffeehöhle« eines gewissen Kramer, ein dunkles Loch, in dem immerhin Zeitungen aus Hamburg, Frankfurt, Bayreuth und Köln, aus Ungarn und sogar aus England zur Verfügung standen, war das erste jener Cafés »Größenwahn«, wo hoffnungsvolle Schreiberlinge einander, wenn's schon niemand anderer tat, wohlwollend auf die Schultern klopften. Im Biedermeier wurde es von dem berühmten »Neuner« abgelöst, dem Stammcafé Grillparzers, Raimunds und ihrer Zeitgenossen. Vor der Märzrevolution war das »Neuner« eine Brutstätte revolutionärer Ideen, wo der kämpferische Arzt L. A. Frankl mit dem liberal gesinnten Grafen Auersperg – Satiriker und Lyriker unter dem Pseudonym Anastasius Grün – konspirierte. Der berühmteste Nachfolger dieses Cafés, das »Griensteidl«, 1847 von einem Apotheker gegenüber der Hofburg im Erdgeschoß des Palais Herberstein gegründet, kam in Schwang während der nächsten Jahrzehnte, als dort die erste Saat des Sozialismus von Heinrich Oberwinder und Hermann Hartung aufging, zwei Freunden und Anhängern Ferdinand Lassalles.

Das »Griensteidl« spielte auch weiterhin eine bedeutende Rolle als

Ort der ideologischen Begegnung, etwa wenn der Gründer oder zumindest Einiger der Sozialdemokratischen Partei, Victor Adler, so lange im Kartenzimmer mit den Politikern Hainisch und Pernerstorfer tarockierte, bis ihre Ansichten sich zu weit voneinander entfernt hatten, als daß ein gesellschaftlicher Umgang noch möglich schien. Im selben Café saß auch Georg von Schönerer, Vorläufer Hitlers und Gründer der »Großdeutschen Partei«. In anderen Räumen trafen sich die Theaterleute, vor allem der Direktor und die großen Mimen des Hofburgtheaters. Unsterblich aber wurde das »Griensteidl« durch die Schriftsteller um Hermann Bahr. Dieser »Apostel der Moderne«, 1863 in der oberösterreichischen Hauptstadt Linz geboren, hatte in Paris gelebt, dort die neuen intellektuellen Richtlinien wahrgenommen und in einem 1890 veröffentlichten Buch das Ende des Naturalismus verkündet, den er von Paul Bourgets neoromantischem Stil abgelöst fand.

Bahr wurde zum »Trompeter, Ausrufer, Austrommler« einer Gruppe begabter junger Leute, die als »Jung-Wien« in die Literaturgeschichte eingehen sollten. Zu ihnen gehörten, neben einigen großen Meistern, auch weniger bedeutende Figuren wie Felix Dörmann oder Leopold von Andrian, die in gewissem Sinn typischer für den neuen Zeitgeist einer eleganten Dekadenz waren als jene, die später Weltruhm erlangten. An einem eigenen Tisch im gleichen Vorderzimmer saß ein leicht verwachsener Jüngling mit auffallend schönen blauen Augen, der unter dem Pseudonym Crêpe de Chine Beiträge zur Wiener Presse schrieb. Als das alte Palais Herberstein abgebrochen wurde, um einem Neubau Platz zu machen, verfaßte dieser junge Mensch, der den Namen Karl Kraus trug, die erste seiner vielen witzigen und boshaften Attacken gegen einen oder mehrere seiner Zeitgenossen – einen Essay mit dem Titel ›Die demolierte Literatur‹. Darin verhöhnte er die gesamte Griensteidl-Gruppe, indem er ihre charakteristischen Eigenschaften aufzählte: »Mangel an Talent, verfrühte Abgeklärtheit, Posen, Größenwahn, Vorstadtmädel, Krawatte, Manieriertheit, falsche Dative, Monokel und heimliche Nerven.« Damit hatte er zwar »Jung-Wien« keineswegs »demoliert«, war aber als der größte österreichische Satiriker seit Nestroy an die Öffentlichkeit getreten.

Die »Kaffeehausexistenz«, wie sie viele Schriftsteller in der Kaiserstadt zeitweilig oder ein Leben lang führten, sollte es den Blut-und-Boden-Ideologen des Dritten Reiches nahelegen, sie als »Kaffeehausliteraten« zu verdammen. Einer von ihnen, Anton Kuh, hat dieses Urteil vielleicht selbst provoziert, mit seinem wehmütigen Aphorismus: »Der Kaffeehausliterat ist ein Mensch, der Zeit hat, im Kaffeehaus darüber nachzudenken, was die andern draußen nicht erleben.« Zu dem Zeitpunkt, als Kuh, einer von Karl Kraus' wirksamsten Widersachern, auf der Bildfläche erschien, hatten sich einige der früheren Insassen des

»Griensteidl«, gemeinsam mit einer neuen Generation von Journalisten und Schriftstellern, bereits in einem anderen Café verschanzt, dem »Central«. Das »Central« sollte bis zum Ende des Ersten Weltkriegs Sammelpunkt der berühmtesten wie der exzentrischsten Literaten bleiben. Die Maler trafen sich ab und zu im Café Museum, die Musiker blieben am liebsten bei ihrem Pianoforte daheim – doch die Poeten und Romanschreiber hielten es allein nicht lange aus, sie brauchten die Gesellschaft ihresgleichen und fluktuierten oft tagelang zwischen den Marmortischen in den drei großen Räumen des Café Central, vor allem in dem hohen Kuppelsaal des »Arkadenhofs«.

Die »Kaffeehausliteraten« waren in der Tat zumeist jüdischer Herkunft – aber das galt auch für die meisten angesehenen Autoren der Zeit, mit der wir hier befaßt sind. Der Aufeinanderprall, oder, freundlicher gesagt, die Paarung von jüdischem Geist mit Wiener Gemüt, von intellektueller Subtilität mit seelischer Sensitivität, von uralter Leidensfähigkeit mit naiver Lebensfreude, und nicht zuletzt von Witz mit Humor, führte zu einer einzigartigen, unwiederholbaren Mischung. Die Söhne und Töchter alteingesessener jüdischer Familien sowie einige Neuankömmlinge aus dem Osten, die bereit waren, sich der österreichischen Lebensart anzupassen, wurden zu Naturliebhabern, Sportlern und zu Anhängern einfacher Vergnügen. Dafür wurden Österreicher, die den Umgang mit Juden pflegten oder mit ihnen Ehen eingingen, sich oft erst jetzt ihrer künstlerischen Neigungen bewußt und dazu imstande, ihre tiefsten Gefühle auch in Worte zu fassen. In diesem Amalgam fanden Extravertierte und Introvertierte auf beiden Seiten plötzlich zueinander. Wie die Phantasie angeregt wird, wie der Witz Funken schlägt, wenn gleichsam Geist an Geist gerieben wird, das war die Entdeckung, die man damals im Kaffeehaus machen konnte.

Hatte man sich im »Griensteidl« der Neoromantik verschrieben, so wurde das »Central« zur Geburtsstätte des Wiener Expressionismus. Unter den Literaten fanden sich freilich auch Käuze und Parasiten, Gesundheitsapostel, die stundenlang im Tabaksqualm hockten, »Wiener Schopenhauer«, »Bankangestellte mit ethischem Hintergrund«, wie der Journalist und Witzbold Anton Kuh sie nannte, und junge Männer aus dem Bürgertum, denen die pessimistische Philosophie des jungen Otto Weininger jede Lebenshoffnung genommen hatte. Es gab auch verkommene Vagabunden und berufsmäßige Hungerleider, die als Legenden in die Romane ihrer erfolgreicheren Zeitgenossen eingingen, so der armselige Otfried Krzyzanowski in Franz Werfels ›Barbara oder die Frömmigkeit‹. Viele im Café Central entstandenen Epigramme befassen sich mit dem Ort ihrer Geburt, etwa das folgende des großen Kritikers und Essayisten Alfred Polgar: »Das Café Central liegt unterm wienerischen Breitengrad am Meridian der Einsamkeit. Seine

Ernst (Ärnost) Polak, in erster Ehe mit Kafkas Freundin Milena Jesenská verheiratet.

Anton Kuh

Das Café Central vor dem Ersten Weltkrieg

Bewohner sind größtenteils Leute, deren Menschenfeindlichkeit so heftig ist wie ihr Verlangen nach Menschen, die allein sein wollen, aber dazu Gesellschaft brauchen.«

Peter Altenberg, ein Genie der »kleinen Prosa«, wie sie im Wien des Jahrhundertanfangs zur Mode wurde, beschrieb so das Allheilmittel für Kummer und Unglück:

»Du hast *Sorgen,* seien es diese, seien es jene – ins *Kaffeehaus!*
Sie kann, aus irgendeinem, wenn auch noch so plausiblen Grunde, nicht zu dir kommen – ins *Kaffeehaus!*
Du hast zerrissene Stiefel – *Kaffeehaus!*
Du hast 400 Kronen Gehalt und gibst 500 aus – *Kaffeehaus!*
Du bist Beamter und wärest gern Arzt geworden – *Kaffeehaus!*
Du stehst *innerlich* vor dem Selbstmord – *Kaffeehaus!*
Du haßt und verachtest die Menschen und kannst sie dennoch nicht missen – *Kaffeehaus!*
Man kreditiert dir nirgends mehr – *Kaffeehaus!*«

In diesem großen Hafen der Welt- und Wirklichkeitsflucht erschienen manchmal auch Männer der Tat. Sigmund Freud und der große Chirurg Billroth sollen von Zeit zu Zeit hier gesehen worden sein, die sozialistischen Politiker Victor Adler, Otto Bauer und Karl Renner ebenso wie ihr Gegner Lueger. Vor dem Krieg versammelten sich in einer Ecke die Panslawisten und planten hier, wie Kuh es nannte, »k.u.k.-Hochverrat«. Zu ihnen gehörten die künftigen Väter der tschechoslowakischen Republik, Karel Kramár und Tomáš Garrigue Masaryk. Ein russischer Verschwörer namens Bronstein tauchte täglich im Schachzimmer oder in der Nähe des Tisches der Austro-Marxisten auf, bevor er bei Kriegsausbruch hastig in die Schweiz fuhr – er wurde später unter dem Namen Trotzki weltberühmt. Als der österreichische Außenminister Graf Czernin im Jahr 1917 vom Ausbruch der Oktoberrevolution benachrichtigt wurde, soll er gefragt haben: »Gehn S', wer soll denn dort Revolution machen? Vielleicht der Herr Bronstein aus dem Café Central?« Ihm schien es ebenso unvorstellbar, daß jemand sich vom Schachbrett erheben und dem Zarenreich ein Ende bereiten sollte, wie daß eine Dynastie zu Fall kommen könnte, die über fünfhundert Jahre lang das größte Herrscherhaus in Europa gewesen war.

Und doch begann der Sturz der österreichischen Monarchie, wenn wir Anton Kuh glauben dürfen, vor den Toren des Café Central. Zumindest schlossen sich seine »Bewohner« jener kleinen Menschenmenge an, die im November 1918 vor dem Landtag, schräg gegenüber in der Herrengasse, demonstrierte und so die Dinge ins Rollen brachte. Der Reporter Egon Erwin Kisch, ein häufiger Besucher aus Prag, besetzte vorübergehend das Redaktionsbüro der ›Neuen Freien Presse‹, dieses unerschütterlich kaisertreuen Blattes, das von Leitmeritz bis Novisad in der ganzen Monarchie gelesen wurde. Der »Arkadenhof«, sagte Kisch später spöttisch, hatte das Zeitungshaus mit Soldaten und Maschinengewehren belagert. Schließlich aber fiel das »Central« selbst den Unruhen zum Opfer, denn die Intelligenzia der Stadt zog von hier aus und in das neu eröffnete Café Herrenhof.

Einige gaben immer noch dem 1899 von Adolf Loos entworfenen Café Museum den Vorzug. Hier trafen sich die Mitglieder der nahe gelegenen »Secession«, vor allem aber Karikaturisten und die künstlerische Bohème. Peter Altenberg, der in einem Literaturhandbuch seine Adresse mit »Wien I., Café Central« angegeben hatte, wählte später das »Museum« als neue Heimat. Ausländische Schriftsteller auf kurzem Besuch, wie Frank Wedekind, fühlten sich in der gemischten Gesellschaft des »Museum« wohler als im Herrenhof. Auch Karl Kraus, der längst zur Geißel der schlampigen und korrupten »Journaille« wie aller unfähigen und bestechlichen Politiker geworden war, richtete sich, bald nachdem er noch einmal seinen Hohn über das Café Central gegossen hatte, in der von seinem Freund Loos geschaffenen Umgebung ein. Gleichwohl war es der »Herrenhof«, wo in der Ersten Republik Literaturgeschichte gemacht wurde. In jenen kurzen zwanziger Jahren zwischen dem Kriegsende und Hitlers Einmarsch in Österreich, inmitten von Hunger, Not und politischem Hader, wurden hier Pläne für eine bessere Zukunft geschmiedet, die von Beginn an zum Scheitern verurteilt waren; wurden vergebliche Anstrengungen unternommen, idealistische Initiativen tot geboren. Mehr denn je wurde das Kaffeehaus zu einem Ort, an dem man die Realität vergaß oder durch eine illusionäre Gegenwelt ersetzte.

Im Vorderzimmer trafen sich in der Mittagspause oder auf eine Stunde nach Büroschluß höhere Beamte, Rechtsanwälte und Redakteure, um die ausländischen Zeitungen zu studieren. In dem großen Saal dahinter aber saß die enterbte junge Generation, saßen die Kinder bürgerlicher Eltern, die im Krieg ihre Ersparnisse oder ihre ganze Existenz verloren hatten, und brachten ihre Nachmittage und Abende müßig hin. Manche studierten an der Universität oder hatten schon den vielbegehrten Doktortitel in der Tasche, doch mit einer Anstellung konnten sie nicht rechnen; ein gedruckter Artikel monatlich war das Äußerste, was man erhoffen konnte. Das kleine Land, dessen Hauptstadt Wien jetzt war, brauchte ihren Verstand und ihr Talent nicht mehr. Davon gab es mehr als genug. Der Ersten Republik fehlte es nicht an Intelligenz; woran es ihr mangelte, war Glück.

Gleichwohl verhielt sich die Herrenhof-Generation nach dem Prinzip des Philosophen Vaihinger immer »als ob«. Die Cafébewohner verfaßten ein Elaborat, »als ob« es möglich wäre, sich als Universitätsdozenten zu habilitieren. Sie entwarfen eine Monatsschrift, »als ob« ein Verleger sie finanzieren könnte. All ihre Taten fanden nur in Gesprächen rund um die Marmortische statt. Dieser Schwebezustand, diese Interimsexistenz, konnte ihnen das rauhe Leben in der Außenwelt überhaupt erträglich machen. Aus Angst vor Verzweiflung oder Langeweile erfanden und erzählten sie einander oft brillante Scherze. Exzentriker und Außenseiter standen hoch im Kurs. Den meisten war die Übersiedlung von dem einen ins andere Café nicht schwergefallen. Nur jener »professionelle Hungerleider«, Krzyzanowski, kam dadurch um. In der Übergangszeit war er in seinem Untermietzimmer erkrankt. Seine Freunde im »Central« glaubten, er wäre schon im »Herrenhof«, die im »Herrenhof« meinten, er sei im »Central« zurückgeblieben. Niemand kümmerte sich um ihn, und so verhungerte er. Hinter seinem Sarg schritten Trauernde aus beiden Cafés.

Keiner der erfolgreichen Autoren der zwanziger und frühen dreißiger Jahre – und einige gab es immerhin – konnte es sich leisten, nicht ab und zu im »Herrenhof« aufzutauchen. Gerade die Arrivierten aber verbrachten die meiste Zeit hinter dem Schreibtisch, denn auch sie mußten nach wie vor hart arbeiten, um sich über Wasser zu halten. Die Stammgäste im Café wußten, daß auch harte Arbeit sie nicht weiterbrachte. Zwei Originale, beide keineswegs unbegütert, mögen als Beispiel dienen. Der eine war Ernst Polak, der frühere Ehemann von »Kafkas Milena«, ein Mann von messerscharfem Verstand und ein Mitglied des »Schlick-Seminars«, des innersten Zirkels der logischen Positivisten. Der andere war Peter Hammerschlag, der begabteste unter den satirischen Dichtern und Kabarettautoren. Als Österreich an Hitler fiel, gelang Polak die Emigration nach England. Hammerschlag blieb zurück und wurde von einem Freund versteckt – so lange, bis man ihn fand und nach Polen in den Tod schickte.

Die heroischen und schmerzlichen Nachwehen jenes glorreichen Wiener Herbstes werden im letzten Kapitel zu behandeln sein. Der kurze Blick in die Zukunft sollte auf die letzten Ausläufer einer kulturellen Blütezeit hindeuten, die durch den Wahnsinn der Geschichte ein gewaltsames Ende fand.

In den gelehrten Abhandlungen über eine Epoche, die man heute unter der Bezeichnung »Wien um 1900« zusammenfaßt, wird das Augenmerk meist an erster Stelle auf die bildenden Künste gerichtet. Das ist nur recht und billig. Denn wenn die »Art nouveau« oder der »Jugendstil« – wie man ihn noch vor Wien in München nannte – auch zunächst in der Literatur, bei einer Gruppe junger Schriftsteller des Fin de siècle, zutage trat, gilt als markantester Auftakt die Gründung der »Secession« im März 1897, durch neunzehn Wiener Maler und Architekten unter der Führung von Gustav Klimt.

Ihre Heimat war bis dahin das Künstlerhaus gewesen, dessen Bau nahe der Ringstraße bereits 1861 erfolgt war. Alle, die an der neu entstandenen Via triumphalis mitarbeiteten und deren prachtvolle Paläste im neogriechischen, neogotischen und Pseudorenaissancestil entwarfen und ausschmückten, aber auch die Schöpfer der Denkmäler, die an strategischen Punkten zu Ehren Maria Theresias, einiger bedeutender Feldherren und großer Dichter errichtet wurden, bildeten seine Mitgliedschaft. Wer jene Gründerzeit jedoch vor allen anderen prägte, war Hans Makart, zeitweilig Präsident des Künstlerhauses und Urheber des großen Maskenzuges zur kaiserlichen Silberhochzeit im Jahr 1876.

Die »Makartdekade« fand in diesem Festzug ihren Abschluß. Dabei traten nicht nur österreichische Adelige in prunkvollen Renaissancekostümen auf, sondern auch Kaufleute und Handelsherren, deren Häuser noch heute von ihren Nachkommen geführt werden oder zumindest ihre Namen tragen – darunter der Juwelier Köchert, der Kunsthändler Artaria, der Tee- und Delikatessenhändler Schönbichler und die beiden Konditoren Demel und Gerstner. Makart war ein Meister des Porträts, dessen Rang als solcher erst seit einiger Zeit wieder voll anerkannt wird. Vor allem aber schuf er riesige Kompositionen, die er mit schönen Wienerinnen im Kostüm der Venezianerin Catarina Cornaro oder dem flämischer Damen füllte, die Karls V. Einzug in Antwerpen jubelnd begrüßten. Am bedeutsamsten freilich war der Einfluß, den Makarts persönlicher Geschmack und Lebensstil auf die Wiener Gesellschaft jener Tage übte. Kaum ein Haus wohlhabender Bürger, das nicht reich mit geschnitzten und eingelegten Möbeln, mit Tischüberwürfen und schweren Draperien aus befranstem Plüsch gefüllt war, mit Bibelots, Nippsachen aller Art und dick inkrustierten Vasen mit den berühmten »Makart-Bouquets« aus Pfauenfedern, Kornähren, Palmblättern und Zittergras. Allein die Aristokratie hielt an ihren einfacheren und eleganteren Erbstücken fest, auch wenn diese, in einer derart überschäumenden Epoche, zeitweilig altmodisch wirkten. Bis in die jüngste Vergangenheit ist, wann immer man die Wiener Secession untersuchte und beschrieb, ihr Auszug aus dem Künstlerhaus als der entscheidende Traditionsbruch angesehen worden. Als die Epoche im Frühjahr 1985 ausführlich diskutiert und dokumentiert wurde, bildete sich eine neue Betrachtungsweise heraus. Während damals in Wien eine unter dem Motto »Traum und Wirklichkeit« veranstaltete Ausstellung Bilder von Klimt wie von Schiele, Kokoschka und Gerstl oder Architekturentwürfe von Olbrich und Hoffmann wie von Adolf Loos Seite an Seite zeigte, als wären ihre grundlegenden Konzepte nicht durch Welten voneinander getrennt, strich ein zur gleichen Zeit stattfindendes Symposium diesen Unterschied deutlich heraus. Sein Titel, wie die Problemstellung vorgeschlagen von der Autorin dieses Buches, war »Ornament und Askese«. Im Verlauf der Tagung wurde endlich dem Umstand Rechnung getragen, daß trotz Klimts Einfluß sowohl auf die frühen Zeichnungen Schieles wie auf Kokoschkas erstes bedeutendes Werk, die ›Träumenden Knaben‹ (die sogar seinem Lehrmeister gewidmet waren), ein noch radikalerer Einschnitt als 1897 im Jahr 1908 erfolgt war. Damals eröffnete Adolf Loos die Polemik mit seinem Vortrag »Ornament und Verbrechen«, in dem er nicht nur den Historismus verurteilte, sondern auch die dekorativen Exzesse seiner eigenen Zeitgenossen.

Gustav Klimt, geboren 1862, hatte als »akademischer« Maler begonnen. In seiner Jugend entwarf er zahllose Ausschmückungen für Theater, Museen und andere offizielle Gebäude in Wien und den kleineren Städten der Monarchie. Ein Deckenfresko für den rechten Stiegenaufgang des neuen Burgtheaters, ›Theater in Taormina‹ genannt, enthielt neben den obligaten klassizistischen Elementen wie Säulen, Teppichen, geflügelten Statuen und drapierten menschlichen Figuren ein anmutig gewundenes nacktes Mädchen. Es wies eine starke Ähnlichkeit mit Sir Frederick Leightons ›Badender Psyche‹ auf, die zwar erst 1890, also zwei Jahre darauf, gemalt werden sollte, aber wahrscheinlich demselben Vorbild aus dem frühen 19. Jahrhundert nachempfunden war. Auch Klimts erste Porträts waren von einem recht mittelmäßigen Traditionalismus geprägt, der keineswegs auf eine glänzende Zukunft schließen ließ. Erst sein Porträt von Sonja Knips, einer Dame der Wiener Gesellschaft, das ein Jahr nach dem Zusammenschluß der neuen Künstlergemeinschaft »Secession« entstand, begründete seinen Ruf nicht nur als deren anerkanntes Haupt, sondern auch als eine der Schlüsselfiguren des Wiener »Heiligen Frühlings«.

Es waren Veränderungen in seinem Privatleben, die Klimt diese neue Vision üppiger Farben und emotioneller Verfeinerung bescherten. Die

Heirat seines Bruders Ernst mit Helene Flöge, einer der drei Töchter eines wohlhabenden Fabrikanten von Meerschaumpfeifen, die gemeinsam ein berühmtes Wiener Modehaus führten, eröffnete ihm den Zugang zu Kreisen des kultivierten Wiener Bürgertums. Seine Schwägerin Emilie wurde ihm eine lebenslange, vielgeliebte und oft gemalte, aber vermutlich platonische Freundin. An der Seite seines älteren Kollegen, des Malers Carl Moll, dessen Stieftochter Alma 1902 Gustav Mahler heiraten sollte, besuchte Klimt überdies diesen oder jenen Salon, begegnete alsbald schönen jungen Damen vornehmlich jüdischer Herkunft und fing an, sie zu malen – etwa die stolze Adele Bloch-Bauer oder die junge Margarete Wittgenstein, deren Familien nicht nur Reichtum, sondern auch fortschrittlichen Kunstgeschmack besaßen. Um 1923 hat ein junger österreichischer Künstler, Anton Faistauer, die unterschiedlichen gesellschaftlichen Interessen und Neigungen Klimts und Schieles auf bemerkenswerte Art beschrieben: »Wenn Klimt als Maler der Hochfinanz gelten könnte, mit gold- und silberprunkenden Panneaus ihre Salons schmückte, so könnte Schiele als Proletariermaler bezeichnet werden. Beide Maler, typische Großstädter, teilen sich in die beiden Pole des sozialen Stadtkörpers. Klimt zog das leicht, seicht ausgelassene Geldjudentum der Inneren Stadt vor, und er wurde sein Maler, auf Schiele lastete die Vorstadt mit den tragischen Gesichtern, mit dem Hunger, mit dem Haß und der Fratze... im einzelnen hat Klimt die Blasiertheit, Arroganz und Eitelkeit seines Typus eher getroffen, als Schiele die Züge des Seinen... Beiden war der Menschheitswert nicht wichtig, die Menschen waren immer mehr oder weniger Statisten... bei Klimt raffiniertes subtiles Spiel der Nerven, bei Schiele dunkler, wüster Drang.«

Dieses Urteil aus den zwanziger Jahren, das die beiden Maler als zwei Seiten ein und derselben Münze ansieht, hat die dunkle Zeit überdauert, während derer beide Hitlers faschistischem Realismus weichen mußten, und galt bis in die jüngste Gegenwart. Ein notwendig komprimierter Überblick auf die Entwicklung jener Formen künstlerischen Ausdrucks, die man unter dem Namen Jugendstil in einen Topf geworfen hat, mag es korrigieren helfen. Allerdings waren die einzelnen Phasen so kurz, daß sie im Nachhinein schwer auseinanderzuhalten sind. Wie ein zeitgenössischer Zeuge berichtet, hatten im Herbst 1896 im Salon der Kunstkritikerin Berta Zuckerkandl die drei Mitglieder des Künstlerhauses Gustav Klimt, Carl Moll und Josef Engelhart beschlossen, diese Institution zu verlassen. Ihre Gründe waren von Hermann Bahr vorweggenommen worden: »Das Künstlerhaus ist eben eine Markthalle, ein Bazar; mögen da die Händler ihre Waren ausbreiten! Um der alten Kunst der Malerei zu dienen, wird man in Österreich auf andere Mittel sinnen müssen. Es wird nicht anders gehen, als daß sich endlich einige Kunstfreunde vereinigen, irgendwo in der Stadt, ein paar helle Säle mieten und dort in kleinen intimen Ausstellungen die Wiener sehen lassen, was in Europa künstlerisch vorgeht.«

Im April des folgenden Jahres konstituierte sich die »Wiener Secession« in aller Form und folgte damit dem Beispiel ähnlicher Gründungen in München (1892) und Berlin (1893). Bald wurde sie als die fruchtbarste und einflußreichste anerkannt. Die erste Ausgabe ihrer Monatsschrift ›Ver Sacrum‹ erschien im Januar 1898. Früher schon hatte man von der Gemeinde Wien einen Baugrund erworben, und im April 1898 wurde der Grundstein für jenes Gebäude gelegt, das fortan die Ausstellungen der Secessionisten beherbergen sollte. Der Architekt Joseph Maria Olbrich benötigte sechs Monate zu seiner Errichtung, und Hermann Bahr beschreibt es so: »Es ist geschaffen worden wie ein gutes Rad geschaffen wird: mit derselben Präcision, die nur an den Zweck denkt... und die wahre Schönheit im reinsten Ausdruck des Bedürfnisses sucht.« Diese Worte fassen die neue Liebe zum alten Ornament in eine Formel: Was bisher, im Historismus, sich selbst genügte, diente nun den Erfordernissen und der Bestimmung des Gegenstandes, dessen Schmuck es war.

›Ver Sacrum‹ wurde 1903 wieder eingestellt. Zwei Jahre später gab es eine zweite Spaltung, diesmal innerhalb der Reihen der Secessionisten. Die wahrhaft »avantgardistischen«, wenn auch keineswegs jüngsten unter den Mitgliedern trennten sich unter Führung von Klimt, Alfred Roller und Koloman Moser von der restlichen Gruppe unter Josef Engelhart. Zu ihrer berühmten Kunstschau von 1908 und von 1909 wurde zuerst Kokoschka, dann Schiele zugelassen. Damit kündigte sich eine neue Ära an. Der Wiener Jugendstil, wie man ihn heute begreift, hat seinen typischen Ausdruck im ersten Lustrum nach der Secession gefunden. Während diese Bewegung in der Architektur und im Kunsthandwerk verschiedenen Vorläufern, vor allem auf den Britischen Inseln, viel zu verdanken hat, entwickelten sich die Maler mehr oder weniger eigenständig – bis auf ein Nachwehen jener symbolistischen Blumenmotive und jenes wäßrigen Lichtes, die sich schon bei dem Belgier Fernand Khnopff und dem Holländer Jan Toorop finden und in den neuen Werken Klimts und einiger seiner Schüler und Nachfolger gleichfalls zu entdecken sind.

Die wechselnden Phasen in Form und Inhalt der secessionistischen Kunst treten noch deutlicher hervor, wenn man der Entwicklung von Architektur, Innenarchitektur und Kunsthandwerk nachgeht. Als Leitlinie mögen hier die programmatischen Veränderungen in Stil und Absicht im Werk Otto Wagners dienen, einem der Pioniere der Moderne, wie Bahr sie verstand. Wagner, 1841 geboren, war in den achtziger Jahren, auf dem Gipfel des Historismus, einer der führenden

Architekten gewesen. Als er 1888 seine erste palastartige Villa außerhalb der Stadt im heutigen Vierzehnten Bezirk erbaute, schwankte er noch eklektisch zwischen freier Renaissance, Louis XVI., Directoire und Empire. Doch zu Beginn der neunziger Jahre begann Otto Wagner, vermutlich beeinflußt von dem Ausspruch des Amerikaners Louis Sullivan, daß Dekoration »Luxus, nicht Notwendigkeit« sei, und der Lehre des Belgiers Van de Velde, wonach das Ornament »ein organischer Bestandteil dessen zu sein habe, was es schmücke«, sich mit neuen Augen umzusehen. Er entdeckte dabei einen Bruch zwischen der Kunst und dem Alltagsleben, der in der gegenwärtigen Disharmonie von Mode und Stil seinen Ausdruck fand. Während Wagner noch das Billardzimmer seiner Villa mit Tischen und Stühlen in der neoklassizistischen Manier des Empire möblierte, schrieb dieser Professor an der Akademie der Bildenden Künste sein epochales Werk ›Moderne Architektur‹, in dem er bereits alle späteren Forderungen der Vertreter des Jugendstils niederlegte.

In seinem 1895 erschienenen Buch stellte er die Regel auf, daß »nichts, was unpraktisch ist, jemals schön sein könne«; oder, wie Wagner sagte: »Artis sola domina necessitas.« Er verlangte, daß diese neuen Formen der Kunst, wie Oscar Wilde schon früher vorgeschlagen hatte, jeden Winkel des Lebens durchdringen und sich den menschlichen Bedürfnissen anpassen sollten. Das bedeutete die Unterordnung der dekorativen Elemente eines Gegenstandes unter seine Funktion. In seiner ersten modernistischen Phase folgte Wagner allerdings häufig einem Prinzip, das man »metaphorischen Funktionalismus« genannt hat – er erfand ein Bedürfnis, nur um es, indem er dem grundlegenden Entwurf reizvolle Details hinzufügte, befriedigen zu können. Die Nägel, die scheinbar die Steinverschalung seiner berühmten Postsparkasse zusammenhalten, sind deren wichtigster ornamentaler Zug. Wenn er die Armlehnen seiner Stühle mit Aluminiumstreifen bedeckte, sollte das vorgeblich die Abnutzung verhindern, Wagners wahre Absicht war es jedoch, sie attraktiver zu machen.

Die ersten Beispiele für eine sowohl praktische als auch ästhetisch befriedigende Inneneinrichtung waren ein Schlaf- und ein Badezimmer, die er 1898 in seine eigene Stadtwohnung eingebaut hatte. Hier führte er die hellen Farben und die Blumenmuster ein, wie sie von anderen Innenarchitekten bald aufgegriffen wurden. Die Wanne aus Glas, das Farbschema aus »hygienischem Weiß, edlem Silber und sakralem Violett« erregten auf der Pariser Ausstellung von 1902 höchste Bewunderung.

Obwohl seine Ideen die jüngeren Kollegen J. M. Olbrich und Josef Hoffmann zum Verlassen des Künstlerhauses bewogen hatten, war dieser Wegbereiter der Jugendstilarchitektur nicht unter den Gründern

Kaiser Franz Joseph I. eröffnet die erste Ausstellung der Secession, 1898. Von links nach rechts: Gustav Klimt, Rudolf von Alt, Josef Engelhardt, Otto Friedrich, Carl Moll, Adolf Hölzel, Hans Tichy, Kolo Moser, J. M. Olbrich, Rudolf Jettmar.

Das Otto-Wagner-Haus an der Wienzeile

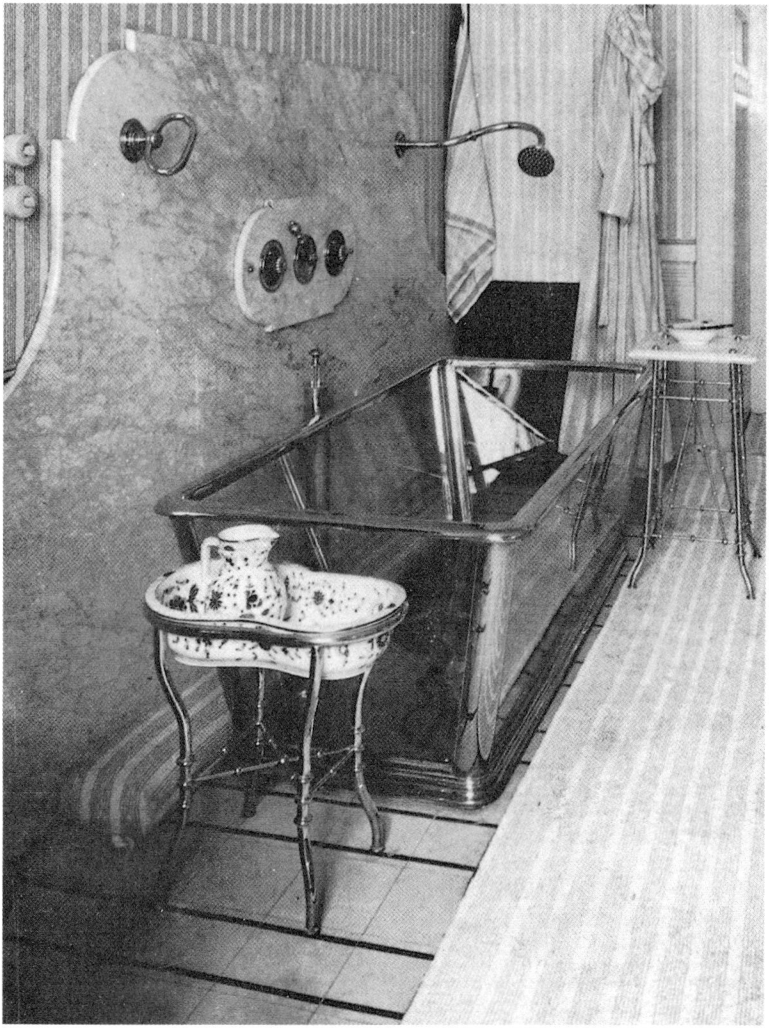

Otto Wagners gläserne Badewanne

der Secession. Erst 1899 entschloß sich der Lehrer, der Bewegung seiner Schüler beizutreten. Als er einige Jahre später, um 1903, die üppigen Blumenmuster und wäßrige Bildwelt fallenließ, die er um die Jahrhundertwende mit der französischen und belgischen Art nouveau gemeinsam hatte, war die erste Phase beendet. Einige, obschon nicht alle seiner Jünger folgten ihm bei dieser Wende zu einer neuen asketischeren Ästhetik, die karg, zweckbezogen und wenn nicht gänzlich ohne Ornament, so doch ärmer daran war. Als Adolf Loos seinen wilden Angriff auf die verbrecherische Verwendung dekorativer Elemente ausstieß und später drucken ließ, hatte er zumindest in ihrem Fall kaum noch Grund zur Klage. Um 1913 kehrte Wagner zu seiner letzten historischen Liebe zurück, zum Neoklassizismus des Empire, und danach zum Biedermeier. Dies bezeugen Interieur und Einrichtung seiner zweiten, kleineren Villa in Hütteldorf, die er in diesem Jahr etwas unterhalb der ersten, palastartigen Villa baute. Sie sind nur auf Photographien erhalten. Das Haus selbst steht noch, seine Fassade trägt die Spuren eines geläuterten Jugendstils, der seinen Reiz auch in den langen Jahrzehnten, in denen die Verkünder des Funktionalismus ihn verächtlich von sich wiesen, nie verloren hat.

Jene Gruppe von Architekten, von der Welle der Secession hochgespült, ohne von einer historisierenden Vergangenheit befleckt zu sein, darunter vor allem Olbrich und Josef Hoffmann, waren von Otto Wagner angeregt worden, hatten aber verwandte Seelen in englischen Künstlern und Kunstkritikern gefunden, von Ruskin und Morris bis zu den »Glasgow Boys«. Diese Gruppe schottischer Künstler, die ihre Arbeiten zum ersten Mal im Jahr 1890 in einer Londoner Galerie ausstellte, war ihrerseits von James Whistler und den französischen Impressionisten beeinflußt worden, entwickelte sich aber später, dank ihrer modernen, spontanen Malerei und ihrer einfachen, sparsamen, hellen Möbel und Innendekoration, zu »natürlichen Secessionisten«. Im Laufe der neunziger Jahre wurden achtzig ihrer Werke zuerst in München, dann in Wien gezeigt. Schon in der ersten Ausstellung der Secession, 1898 im Gartenbau, waren viele Maler aus Glasgow vertreten; in der vierten Ausstellung, 1899 in Olbrichs neuem Gebäude, waren es noch mehr. Die wichtigsten Kontakte aber bestanden zu dem Londoner Charles R. Ashbee und seiner »Guild of Handicraft« sowie zu den hervorragenden Designern, die als die »Glasgow Four« bekannt wurden: Charles Rennie Mackintosh, Herbert Macnair und Frances und Margaret Macdonald. Bei der achten Secessionsausstellung im Herbst 1900 wurde sie eingeladen, einen eigenen Raum auszugestalten und zu möblieren.

Als im Jahr 1903 die Wiener Werkstätte gegründet wurde, half das Beispiel Glasgows, die floralen Motive durch geometrische Muster abzulösen. Auch in der Architektur traten jetzt in großen und kleinen Bauwerken das Viereck und der Würfel auf. Bei einem Besuch auf Capri hatte Josef Hoffmann die weißgetünchten, kubischen Wohnhäuser bewundert und sie ebenso wie Flachdächer und säulengeschmückte Loggien in seine Entwürfe integriert. Kolo Moser und, in geringerem Maß, auch Olbrich taten es ihm nach. Bald beherrschte das Viereck die secessionistische Kunst, vor allem in der Graphik, in Drucken, Textilien, Tapeten und Damenkleidern. Dennoch wurden die geometrischen Entwürfe, oft als schwarzweißes Schachbrettmuster, aber auch als farbige Rhomboide oder regelmäßige Wellenlinien, immer noch mit den Blumenmotiven des Jugendstils verbunden – Schlingpflanzen, langstielige ineinander verschlungene Lilien und Schlangen, wie Klimt sie in dem berühmten Gemälde ›Medizin‹ jener »Universitätsbilder« verwendete, die von der Wiener Universität zwar bestellt, später aber abgelehnt wurden. Während die angewandten Künste jetzt technische und tektonische Formen in ihren Dekorationen bevorzugten, blieb der archetypische Maler des Jugendstils dem vegetabilischen Überschwang treu, Ausbrüchen stilisierter Floreszenz mit eingefügten edelsteinartigen oder metallischen Elementen – Klimts »Goldener Phase«. Zwischen der letzten Gruppe in seinem Beethoven-Fries von 1902, »Diesen Kuß der ganzen Welt«, und dem ›Kuß‹ von 1907/08 scheint die Ornamentik nicht verringert, sondern noch gesteigert.

Klimts Kunst ist als Ausdruck jener Sinnlichkeit bezeichnet worden, die seit je zum Wesen des Wieners gehört hat, wenn auch verborgen oder unterdrückt durch gesellschaftliche Konvention. Dieser männlichste der Maler war ein Meister in der Darstellung weiblicher Reize, ob geheimnisvoll verschleiert oder in nackter Hingegebenheit. Einem Frauenhasser wie dem jungen Philosophen Otto Weininger oder einem Verkünder der »neuen Frau« wie Adolf Loos schien eine solche Auffassung abscheulich. Karl Kraus machte sich über Klimts Damen lustig: »Ob sie nun Hygeia oder Judith, Frau X oder Frau Y heißen, alle seine Gestalten haben die Blässe der berufsmäßig unverstandenen Frauen.« In der Tat fand Klimt, abgesehen von der geliebten Freundin Emilie Flöge, seine Modelle meist unter den Gattinnen reicher Männer – Frauen, die sich keineswegs mißverstanden fühlten wie jene Frauengestalten Ibsens eine Generation zuvor, sondern ein großes Haus führten, Kunstverstand besaßen und mehr oder weniger glückliche Geschöpfe waren, die ihren eigenen Willen hatten. Nicht wenige von ihnen waren, wie wir gesehen haben, jüdischer Herkunft. Sie – oder das Mäzenatentum ihrer Ehemänner – trugen wesentlich zu der kulturellen Blüte dieser Epoche bei. Wenn der Industrielle August Lederer die größte Sammlung von Klimt-Gemälden in privater Hand anlegte und auch den Beethoven-Fries erwarb, wenn Fritz Waerndorfer der wichtigste Geldgeber und, neben Josef Hoffmann, Koloman Moser und C. O. Czeschka, Mitbegründer der Wiener Werkstätte war, stellte all dies fruchtbringende und dauernde Beiträge zur Förderung eines Kunstzweiges dar, an dem jüdisches Talent weniger unmittelbaren Anteil hatte.

Zu dem Zeitpunkt, an dem ein hochbegabter Maler jüdischen Ursprungs die Szene betrat, hatte sich die Wende bereits angekündigt. Richard Gerstl, ein leidenschaftlicher junger Mensch, der sich emotionell und physisch ausbrannte, bis er sich fünfundzwanzigjährig erschoß, schuf seine bedeutendsten Arbeiten 1908, in seinem letzten Lebensjahr. Es war dasselbe Jahr, in dem Klimts Gruppe die erste »Kunstschau« organisierte, Kokoschka seine ›Träumenden Knaben‹ malte und Adolf Loos – aller Wahrscheinlichkeit nach – sein Manifest gegen das Ornament erließ. Gerstl hatte Malerei an der Akademie und privat bei einem ungarischen Künstler studiert, aber seine zweite Liebe war die Musik, die Musik Gustav Mahlers und bald darauf die von Arnold Schönberg und Zemlinsky. Sein Beispiel regte Schönberg dazu an, sich in Farben auszudrücken; sechs Wochen nach Gerstls Tod begann er seine ›Blicke‹ und ›Visionen‹ zu malen und hörte drei Jahre später wieder damit auf, als seine persönliche Krise überwunden war. Gerstl verdanken wir die eindringlichsten Porträts dieses Kreises. Seine Entwicklung von einem analytischen Naturalismus zu einem fast abstrakten Expressionismus läßt sich am Vergleich zwischen dem Schönberg-Porträt von 1905 mit dem drei Jahre später entstandenen Bild der Familie des Komponisten ablesen.

Manche Kritiker sehen in Gerstl den ersten »modernen« Künstler in Wien. Sein letztes, nacktes Selbstbildnis vom September 1908, wenige Monate vor seinem Tod, geht an Kühnheit des Strichs und einer grandiosen Verachtung der Genauigkeit weit über das Porträt des Schauspielers Ernst Reinhold (den ›Trancespieler‹) hinaus, das der junge Kokoschka zur gleichen Zeit malte. Ohne Zweifel hätte Gerstl, wäre er am Leben geblieben, sich höchst königlich bewährt. Doch sein unsinniger Selbstmord nach einer unglücklichen Liebesaffäre mit Schönbergs Frau machte nicht nur diese Hoffnung zunichte, er verhinderte auch, daß sein Werk zu seinen Lebzeiten so bekannt wurde, wie es ihm zugestanden hätte. Denn Gerstl, dem Klimts Malweise mißfiel, hatte sich im Jahr 1907 geweigert, seine Bilder zusammen mit denen des Jugendstil-Meisters ausstellen zu lassen; von seinen fünfzig Gemälden waren bis zum Herbst 1931 die wenigsten öffentlich bekannt.

So begann denn, eingeleitet von dem einzigen beachtlichen jüdischen Maler jener Tage – Tina Blau hatte sich von der Secession wie vom Expressionismus ferngehalten, und Max Oppenheimer war noch nicht aufgetaucht –, eine neue Zeit. Kokoschka, der mit zweiundzwanzig das aufrüttelnde Plakat für die Wiener Kunstschau von 1908 geschaffen hatte, gehörte noch der Welt der Wiener Werkstätte an, wo er Fächer und Postkarten entwarf. Sein erstes bedeutendes Werk, die Illustrationen zu seinem Prosagedicht ›Die träumenden Knaben‹, war von ihrer stilisierten Bildersprache dominiert, obwohl der eigentliche Text des höchst erotischen und mythologischen Märchens schon auf die expressionistische Literatur verwies. Bald darauf jedoch, in seinem ›Stilleben mit Hammel und Hyazinthe‹, ging er von der dekorativen, linearen Form zu einem visuellen Expressionismus über, sowohl in seinen Landschaften wie in seinen frühen Porträts. Von ihnen hieß es, sie seien mit »Röntgenaugen« geschaffen und blickten durch das Äußere des Modells bis auf dessen tiefsten Seelengrund.

Im Jahr 1909, dem Jahr von Kokoschkas Stilleben, nahm der neunzehnjährige Egon Schiele an der zweiten Kunstschau teil. Er hatte bereits über fünfundachtzig Bilder gemalt und sollte bald, gleich Kokoschka, Prosagedichte im heftig aufgewühlten Ton seiner Gemälde schreiben. Unvermeidlich wurde Klimt von seinen ehemaligen Mitstreitern in der Secession der Vorwurf gemacht, diese »Exzesse« gefördert zu haben. In der Rede, mit der er die Kunstschau eröffnete, rief er mutig aus: »...deshalb ist es ganz vergebliches Beginnen unserer Widersacher, diese moderne Kunstbewegung tot zu sagen und bekämpfen, denn dieser Kampf geht gegen das Wachsen und Werden – gegen das Leben selbst.« Die Großzügigkeit, mit der Klimt eine neue Bewegung anerkannte und förderte, die seiner eigenen Kunst diametral entgegengesetzt war, wurde von deren beiden jungen Vertretern dankbar anerkannt. Schieles Zeichnungen von Frauen, wie die seiner Schwester Melanie (1909) oder gar das ›Damenbildnis‹ mit einem orangefarbenen Hut (1910), sind freilich noch unverkennbar von Klimt beeinflußt. Anders als Kokoschka verleugnete Schiele, der selbst drei Postkarten für die Wiener Werkstätte entworfen hatte, niemals seine Herkunft von der stilisierten Linie, obschon er sie in seinen Gemälden nicht minder eilig verließ.

Kokoschka indessen stieg, nachdem er die ›Träumenden Knaben‹ »Gustav Klimt in Verehrung« zugeeignet hatte, von einem geschickten Kunsthandwerker rasch zum größten Maler seines Landes und seiner Epoche auf. Das verdankte er einzig und allein einem Mann, »meinem wahren Lehrer und Mentor, Adolf Loos, dem großen Pionier, Architekten und Designer«, wie er dem Kunstkritiker John Russell im Jahr 1962 gestand. »Für ihn«, fügte er hinzu, »war England alles. Damals war übrigens ganz Wien, oder wenigstens mein Wien, in England verliebt.« Doch es war vor allem Loos, der als Vorkämpfer der englischen Tugenden auftrat. »Seine Vorlesungen waren so populär, daß er den größten Konzertsaal Wiens füllte. Dabei ging es keineswegs nur um

Adolf Loos und Peter Altenberg, 1918

Oben Oskar Kokoschkas Weihnachtskarte an die Autorin aus dem Jahr 1946

Oskar Kokoschka, Anfang der zwanziger Jahre

Architektur. Er redete über Gehen, Stehen, Hinlegen, Essen, Anziehen und Schlafen... Er erklärte uns, wie falsch es sei, auf Stühlen zu sitzen, die nie fürs Sitzen gedacht waren, und zeigte uns einen englischen Stuhl, der nicht nur unser Gewicht trug, sondern auch das Rückgrat entspannte und uns Raum ließ zum Strecken der Beine.« Loos predigte überdies die englische Art, Gemüse in Dampf, nicht mit einer Mehlschwitze, zu kochen und Kinder an Regen und Kälte zu gewöhnen, damit sie »gesund und abgehärtet sind und niemals niesen«.

In letzter Zeit sind Zweifel an dem genauen Datum von Loos' epochalem Vortrag über »Ornament und Verbrechen« erhoben worden, den er selbst im Jahr 1908 gehalten haben will. Da er ihn auch nach der ersten eindeutig dokumentierten Gelegenheit im Januar 1910 öfter wiederholen sollte, ist die Behauptung, er habe ihn in späteren Jahren vordatiert, um seine Urheberschaft an der Bewegung weg von der secessionistischen Üppigkeit zu untermauern, weder leicht zu beweisen noch leicht zu widerlegen. Immerhin sind zwei Essays, die er noch vor der Jahrhundertwende schrieb, einer davon mit dem Titel ›Das Luxusfuhrwerk‹, und mehr noch seine sparsame Innenausstattung und Einrichtung des Café Museum aus dem Jahr 1899 ausreichender Beweis dafür, daß er als erster in der Jugendstilbewegung gegen das Schwelgen der Secessionisten im dekorativen Detail aufgetreten war. Loos war solcherart ein besserer Schüler Otto Wagners als dessen erklärte Anhänger Olbrich und Hoffmann, von denen besonders der letztere bald scharfe Angriffe von seiten Loos' auf sich zog. In seiner Polemik gegen jene Art des Ornaments, die er für den Ausdruck überquellender Sinnlichkeit hielt, gleich jener »reifer Frauen oder Wilder«, nannte Loos Hoffmann einen »staatlich angestellten Papuaneger«.

Wenn er erklärte, edlem Material in guter Verarbeitung brauche nichts hinzugefügt zu werden, dann lieferte Loos mit seiner eigenen eleganten »American Bar« von 1908 die Probe aufs Exempel. Holz und Marmor in ihrer natürlichen Maserung beherrschten das Design. Das Eckhaus am Michaelerplatz freilich, das er im nächsten Jahr baute, rief einen öffentlichen Aufschrei hervor und vergrämte sogar den geduldigen Kaiser – schließlich hatte Franz Joseph die erste Ausstellung der Secessionisten eröffnet –, dessen eigene Residenz unmittelbar gegenüber lag. Die mildeste Form der Beschimpfung dieses Hauses war noch der Spottname »Haus ohne Augenbrauen«, weil seine Fenster keine Rahmen hatten. Immerhin fand der schlichte obere Teil des Hauses für Privatwohnungen ein Gegengewicht in der eleganten Fassade des Unterbaus, den ein Schneider innehatte, mit ihrer Marmorverkleidung und ihren Säulen. Die »Nacktheit« des Loos-Hauses, das Fehlen der Augenbrauen, hat man mit der Neigung zu ganz jungen, noch unbehaarten Mädchen verglichen, der manche Künstler und Schriftsteller jener Zeit frönten. »Die Kindfrau war in Mode«, wie Loos rückblikkend schrieb. Nicht nur Schiele und der Dichter Peter Altenberg waren für ihre Vorliebe für schmale, vorpubertäre Mädchen bekannt. Loos selbst, obschon dreimal verheiratet, wurde einmal vor Gericht der Unzucht mit Kindern angeklagt und entging einer Verurteilung nur mit Mühe.

So stand denn das kulturelle Leben Wiens nach 1908 zumindest ein Jahrzehnt lang im Zeichen eines Dualismus von Überfluß und Kargheit, einer Antinomie ästhetischer Prinzipien in der bildenden Kunst wie in der Literatur, ob Belletristik oder Satire, aber auch in den Thesen einer höchst phantasievollen, wenn auch manchmal absurden Philosophie. Von all diesen Verästelungen wird im weiteren Verlauf noch die Rede sein. Vorerst mag ein Hinweis auf die rückhaltlose Unterstützung genügen, die Adolf Loos in seinem Kampf gegen das »verruchte, wenn nicht perverse« Ornament von Karl Kraus erhielt, dem großen Kämpfer für die Wahrheit in Sprache, Gedanke und Gefühl – in dieser Reihenfolge – und Verfasser eines langen Essays über ›Sittlichkeit und Kriminalität‹ (1908). Wiewohl laut eigener Aussage ein Bewunderer weiblicher Reize, überdies der zeitweilige Liebhaber einer böhmischen Baronesse, führte Kraus zweifellos ein spartanisches Dasein: Er schrieb bei Nacht, schlief bei Tag und hielt abends hof in irgendeinem Café, bevor er sich wieder an den Schreibtisch setzte.

Diese Lebensweise steht in beachtlichem Gegensatz zu der üppig-sinnlichen Atmosphäre in Klimts Atelier, das immer mit schönen Modellen oder Damen der Gesellschaft gefüllt war. Auch der Philosoph Otto Weininger, dessen Buch ›Geschlecht und Charakter‹ weitreichenden Einfluß auf österreichische Intellektuelle hatte, nahm während seiner kurz bemessenen Tage, getreu seinen misogynen Ansichten, eine zweifellos asketische Haltung ein. Gleichwohl hat der Kunsthistoriker Werner Hofmann, in einem Essay des Titels ›Das Fleisch erkennen‹, die in der Überschrift dieses Kapitels enthaltene Antithese in Frage gestellt. Nach seiner Meinung findet die Selbstgenügsamkeit einer von wirklichem Leid nicht berührten ästhetischen Pose, wie jene der Jugendstilkünstler, ihren Widerpart nicht in der Askese, sondern im ungehemmten Triebinstinkt. »Das Fleisch erkennen, anstatt es im Ornament zu glätten oder in der Askese abzutöten – das ist um 1908 die neue, noch nicht etikettierte Radikalität, die wenig später ›Expressionismus‹ heißen wird.« Vielleicht muß man wirklich drei und nicht zwei Leitgedanken unterscheiden, wenn man den Zeitgeist der Jahre bis 1918 kritisch untersucht.

Es war die letzte Dekade des untergehenden Reiches, die jene erstaunliche Vielfalt an Leistungen gebar – wie ein mächtiger Strom sich vor der Mündung ins Meer in ein Delta von kleineren Flüssen ergießt, deren jeder auf andere Weise schön ist. In dem Schlüsseljahr 1908 wurde ja auch das sechzigjährige Regierungsjubiläum Kaiser Franz Josephs mit dem erwähnten Festzug gefeiert. Was als »Heiliger Frühling« begonnen hatte und in Klimts »goldener Phase« und Josef Hoffmanns Glanzzeit rasch zu einem strahlenden Sommer geworden war, glitt jetzt hinüber in einen langen Herbst, schillernd in ebenso starken wie morbiden Farben. Zwei Jahre zuvor war in Brüssel das vollendete Monument für Josef Hoffmanns Idee des Gesamtkunstwerks entstanden. Man hat das Palais Stoclet, das von dem gleichnamigen Bankier und Kunstsammler in Auftrag gegeben wurde, eine Schmuckkassette genannt, in der die herrlichsten Juwelen enthalten seien. In Monsieur Stoclets Speisezimmer, wo geniale Zeitgenossen wie Strawinsky, Diaghilew und Cocteau zu Gast geladen waren, befand sich Klimts berühmter Marmorfries ›Erwartung und Erfüllung‹. Jedes Möbelstück, jedes Ding schlechthin innerhalb dieser Mauern war mit äußerster Perfektion geplant; kurzum, das Palais darf als Höhepunkt, ja nahezu als Inbegriff des Jugendstils bezeichnet werden.

Es war zugleich das letzte Aufglühen des secessionistischen Sommers – wiewohl Hoffmann und seine Anhänger auch weiterhin prachtvolle Wohnungen für wohlhabende Bürger schufen, Interieurs ausschmückten, sie auf erlesene Weise dekorierten und mit makellos entworfenen Gebrauchsgegenständen füllten. Nachdem Hoffmann eine Reihe von Villen und ein Sanatorium unweit der Hauptstadt gebaut hatte, samt und sonders und bis zum letzten Putzeimer in Wiener Art nouveau, begann seine eigene neoklassizistische Phase. Die Privathäuser in der Künstlerkolonie, von Hoffmann um 1913 am Kaasgraben in Döbling errichtet – später unter anderen von dem Komponisten Egon Wellesz und seiner Familie bewohnt –, wiesen bereits einfachere Linien auf, ganz wie seine österreichischen Pavillons auf der Pariser Weltausstellung von 1925 und der Biennale in Venedig von 1932.

Während Hoffmann bis in die fünfziger Jahre lebte (und erst kürzlich beschuldigt wurde, sich zeitweilig dem Naziregime in Österreich angedient zu haben), starb J. M. Olbrich, sein Altersgenosse und Mitrebell, der 1900 nach Darmstadt gezogen war, bereits acht Jahre danach. Seinen erfindungsreichsten Mitarbeiter fand Hoffmann in Koloman Moser, sowohl in seiner architektonischen Arbeit wie in der Wiener Werkstätte, der er bis zu ihrer Auflösung im Jahre 1932 vorstand. Zu den Dutzenden von Gebieten, auf denen die Wiener Werkstätte sich auszeichnete, gehörten Möbel, Textilien und Tapeten, Keramik und Glas, metallene Tischgeräte, Besteck, Teegeschirr und Kaffeekannen, Postkarten, Buchbinderei, Plakate, Gartenarchitektur und nicht zuletzt der herrlichste Schmuck. 1911 wurde, inspiriert vor allem von dem Designer E. J. Wimmer-Wisgrill, ein Modeatelier gegründet. All dies lehrte Hoffmann an der Wiener Kunstgewerbeschule und setzte es auch selbst in die Praxis um, gemeinsam mit Kolo Moser und vielen anderen begabten Mitarbeitern wie C. O. Czeschka, Dagobert Peche, O. Prutscher, E. Löffler, Gertrud Baudisch und Vally Wieselthier.

Otto Wagner indes beherrschte, nachdem er eine Reihe öffentlicher Aufträge ausgeführt hatte – an erster Stelle die Stadtbahn mit ihren Brücken und schönen Stationsgebäuden, einige aufregend secessionistische Wohnhäuser entlang der neuen Wienzeile und die Kirche der Irrenanstalt Steinhof –, nicht länger die Szene. Von seinen hundertzwölf oft grandiosen Visionen, die er in detaillierten Plänen vorgelegt hatte, darunter der Plan für ein riesiges Museum der Stadt Wien, wurden nur zweiunddreißig verwirklicht. Neben Wagners Schüler Hoffmann waren jetzt auch jüngere Architekten wie Oskar Strnad von privaten Bauherren begehrt. Dennoch hatte Wagner, durch seine Rückkehr zu den klaren Formen des Biedermeier, nicht nur Einfluß auf die eigenen Schüler geübt, sondern auch jene – nicht ganz uneingeschränkte – Bewunderung gerechtfertigt, die Adolf Loos dem großen Vorbild der Secession entgegenbrachte. Die Wohnhäuser, die Wagner um 1910 im Vorort Neustift baute, kamen mit ihren glatten, schmucklosen Fassaden fast an das »Haus ohne Augenbrauen« heran.

Wie Klimt, Schiele und Koloman Moser, seinen viel jüngeren Künstlergenossen, war es auch Wagner bestimmt, im Jahr 1918 zu sterben – einem Jahr, das nicht nur eine historische, sondern auch eine künstlerische Epoche beschloß. Obwohl die Pfade der beiden Maler sich in dieser entscheidenden Dekade getrennt hatten, bestanden zuweilen noch gewisse Affinitäten, etwa in ihren Landschaften und einigen ihrer Zeichnungen. Auch persönlich hielten sie engere Verbindung miteinander als zu jener Gruppe von Künstlern, die 1905, als Klimt und sein Kreis auszogen, unter Engelharts Führung in der Secession verblieben war. Auf seiten dieser früheren Avantgarde, die jetzt in ihrer eigenen Tradition festgefahren war, standen viele hervorragende Künstler. Doch die bedeutendsten Vertreter der späten Jugendstilmalerei, darunter Carl Moll, Max Kurzweil, Emil Orlik, Rudolf Jettmar und Ludwig Jungnickel, waren Freunde und Anhänger von Klimt. Weit über sie hinaus ragte jener Künstler, der nach seinen Anfängen in der Wiener Werkstätte von Erfolg zu Erfolg geeilt war. 1910 hatte Oskar Kokoschka sich zum ersten Mal ins Ausland gewagt, zuerst in die Schweiz, dann nach Berlin. Nach Wien zurückgekehrt, verbrachte er hier sechs weitere Jahre, unterrichtete zunächst an der Kunstgewerbeschule, dann in der berühmten Mädchenschule der Frau Doktor Eugenie Schwarzwald, litt unsäglich an seiner Beziehung zu Gustav Mahlers Witwe und zog künstlerischen Gewinn daraus, ging in den Krieg und wurde schwer verwundet; aber als er sich 1917 in Dresden niederließ, wurden seine Beziehungen zu Wien abgebrochen. Zwar kam er häufig zu kurzen Besuchen zurück, doch war er endgültig in die Welt hinausgegangen, und die Welt erkannte sein Genie.

Obschon das Wiener Kulturleben, wie wir gesehen haben, durch widersprüchliche ästhetische Maximen getrennt war, können seine unterirdischen Strömungen und Querverbindungen nicht hoch genug eingeschätzt werden. In dieser Metropole, dem Mittelpunkt eines Vielvölkerreiches, lebten Schriftsteller, Künstler und Musiker in engster Nähe und konnten nicht umhin, einander immer wieder in der Öffentlichkeit oder in Gesellschaft zu begegnen. Im Kaffeehaus trafen sich die Vertreter entgegengesetzter ideologischer und künstlerischer Richtungen. Doch eine Courteoisie alter Überlieferung verhinderte zumeist jene Zusammenstöße, die ihren Gefühlen vielleicht besser entsprochen hätten als das wohlerzogene Kopfnicken und Händeschütteln zwischen Widersachern. Eine Reihe von Dokumenten und Briefen bezeugt diese versöhnliche Atmosphäre der Stadt, die oft erbitterte Gegner zusammenbrachte und sie zwang, eine nicht vorhandene Harmonie vorzutäuschen. Ein paar anerkennende Zeilen von der Hand Gustav Mahlers an Josef Hoffmann, in denen er sich für ein schönes Schmuckstück bedankt, das er für seine Frau bestellt hat, liest man ohne Verwunderung. Aber wenn man einen enthusiastischen Brief entdeckt, den Peter Altenberg, ein guter Freund von Karl Kraus und Adolf Loos, 1909 an Klimt schrieb, dessen gesamte Kunstanschauung die beiden heftig angegriffen hatten, fragt man sich, wer hier wen verraten hat. Der Anlaß für Altenbergs Lobeshymne war, unter anderen Gemälden Klimts, das Porträt der »jungen Wittgenstein«, wie Altenberg sie nennt – Margarete, Schwester des Philosophen und mit dem Amerikaner Stonborough verlobt. Drei Jahre zuvor hatte Klimt das Palais Stoclet ausgeschmückt, das von dem »staatlich angestellten Papuaneger« in Loos' Augen, Josef Hoffmann, erbaut worden war. Margaretes Bruder Ludwig aber sollte zwischen 1926 und 1928 ein Haus nach seinen eigenen strengen, eng mit Loos verwandten ästhetischen Normen und gemeinsam mit dem Loos-Schüler Engelmann für sie errichten – und Margarete füllte es mit Klimt-Gemälden, üppigen Tapeten, verzierten Möbeln und Vitrinen voll Bibelots. So entstand eine Synthese aus der Dialektik von Askese und Ornament. Denn wenn auch, laut Werner Hofmann, Gerstl, Schiele und Kokoschka jenem Gegensatzpaar eine dritte Komponente hinzufügten, die Lust am nackten Fleisch, bleibt unbestritten, daß der asketischste Denker dieses Jahrhunderts kein anderer war als Ludwig Wittgenstein.

Niemand zweifelt daran, daß es ebenso fragwürdig, ja gefährlich ist, verallgemeinernde Aussagen über Länder und Völker zu machen, wie dem sogenannten National- oder Lokalcharakter der Einwohner eines bestimmten Landes oder der Bürger einer bestimmten Stadt nachzuspüren. Und doch entgehen nur wenige dieser Versuchung; auch die Autorin dieses Buches nicht, wie sich bereits gezeigt hat. Das Unterfangen, einen Wesenszug vieler Wiener Schriftsteller der hier behandelten Epoche bis ins 12. Jahrhundert zurückzuverfolgen, wird denn nicht ohne weiteres gutzuheißen sein. Der Bezug mag erzwungen wirken – gleichwohl hat es den Anschein, als fände die Dichtung Walthers von der Vogelweide, der vor rund achthundert Jahren in Wien aufwuchs, seither immer wieder ein Echo in der Literatur der Stadt.

In einer seiner Elegien klagt Walther um die verflossenen Jahre seines Lebens und zweifelt an dessen wirklichem Bestand. »Owè war sint verswunden / alliu mîniu jâr! ist mir mîn leben getroumet / oder ist ez wâr?« Dieses existentielle Problem, das den Bischof Berkeley um 1710 nicht weniger beschäftigt hat als den österreichischen Philosophen Ernst Mach um 1880, liegt sowohl dem Werk Franz Grillparzers, Österreichs größten neuklassizistischen Dichters, zugrunde wie der Prosa und den Dramen der nächsten literarischen Generation. Als Grillparzer 1873 starb, war Arthur Schnitzler elf Jahre alt und Hugo von Hofmannsthal noch nicht geboren. Dennoch wurde die Antinomie von Schein und Sein, die Grillparzer zum Thema seines von Calderóns ›La Vida es sueño‹ inspirierten Stückes ›Der Traum ein Leben‹ gemacht hatte, von diesen beiden Schriftstellern immer wieder paraphrasiert. Schnitzler hat sie in vielen Einaktern behandelt, Hofmannsthal in nahezu allen seinen Schriften, von den frühen Gedichten und lyrischen Dramen bis zu seinem mystischen Schauspiel ›Der Turm‹.

Mehr als die anderen vier großen Dichter des Biedermeier – von denen nach 1866 nur noch Stifter am Leben war –, verkörperte Franz Grillparzer, was Claudio Magris den »Habsburgermythos in der österreichischen Literatur« genannt hat. Der Mythos umfaßt die alten, weitreichenden Traditionen dieser Dynastie, ihre Bindung an Spanien, ihre tiefen Wurzeln im Barock und jene katholische Weltsicht, die ihre Kaiser wie deren Untertanen zugleich irdischen Freuden zugewandt und stets der Vergänglichkeit des Daseins und der Gewißheit des Todes eingedenk sein ließ. Dieses Bewußtsein einer langen habsburgischen Vergangenheit, dieses Gefühl der Kontinuität, das sie den Völkern Österreichs verlieh, ist in den Werken Grillparzers wie Hofmannsthals zu finden. Als dieser im Mai 1922 einen Vortrag über jenen hielt, vertrat er die Meinung, Grillparzer sei in seinen letzten Dramen das nahezu Unmögliche gelungen: »... den historischen Gehalt einer vergangenen, im wesentlichen aber noch fortwirkenden Epoche ganz zu geben, und ihn in Gestalten zu geben.« Nur ein Österreicher, sagte Hofmannsthal, sei dazu imstande, und »allein für das 17. Jahrhundert, zwischen dem und uns noch geheime Fäden liefen bis auf den gestrigen Tag« – will heißen bis zum Sturz der Monarchie. Selbst in der Ersten Republik blieb der Mythos, wie wir sehen werden, noch am Leben, fiel zwar an ihrem Ende für Jahrzehnte in die Versenkung, wurde aber wiedererweckt und im Rückblick verherrlicht, sobald es Wiens kulturelle Glanzzeit heraufzubeschwören galt. In der Gestalt Hofmannsthals war er höchst fruchtbar verkörpert. Gleich Grillparzer, und vielleicht noch mehr als dieser sein literarischer Vorläufer, war Hofmannsthal selbst eine Figur in dem uralten österreichischen Drama und wurde von dessen Ablauf in vielfacher Weise geprägt. War Spanien in seinem Denken, so waren die Kronländer und die italienischen Provinzen in seinem Blut. Unter Hofmannsthals Vorfahren befanden sich der mährische Jude Isak Löw Hofmann, der 1835 mit dem Prädikat »von Hofmannsthal« geadelt worden war, eine aristokratische Dame aus der Lombardei und Mitglieder einer Wiener oder niederösterreichischen Beamtenfamilie. Als er in seiner frühen Jugend in dem Gedicht ›Terzinen über Vergänglichkeit‹ über seine »Ahnen im Totenhemd« schrieb, sie seien ihm so nah »wie mein eigenes Haar«, meinte er wohl alle von ihnen. Doch in der vorletzten Strophe eines anderen Gedichts aus derselben Zeit, »Manche freilich...«, hat er sicher an die ältesten seiner Vorfahren gedacht:

> Ganz vergessner Völker Müdigkeiten
> Kann ich nicht abtun von meinen Lidern,
> Noch weghalten von der erschrockenen Seele,
> Stummes Niederfallen ferner Sterne.

Wir haben schon erhellt, daß Hermann Bahr, der Vorläufer und geistige Anführer der Dichtergruppe »Jung-Wien«, zugleich ihr einziges Mitglied nichtjüdischer Herkunft war. Was die übrigen angeht, so wissen wir über den »Prozentsatz« jenes verhängnisvollen Anteils an ihrer ethnischen Zusammensetzung, der ihren »Ariernachweis« – wie er während der sieben Jahre des NS-Regimes in Österreich von jedem Einwohner erbracht werden mußte – verhindert hätte, nur wenig. Fast niemand wußte genau über diese Dinge Bescheid, bevor Hitlers Genealogen sich mit jedermanns »Ahnenpaß« zu befassen begannen. Hätte er später gelebt, dann wäre auch der Walzerkönig Johann Strauß mit seinen jüdischen Urgroßeltern Wolf und Theresia Strauß in Schwierigkeiten geraten. Und sogar Grillparzer besaß, was er vermutlich nicht ahnte, was ihn aber auch nicht gestört hätte, eine jüdische Urgroßmutter, Maria Ana Hönigh, »in Diensten bei der Witwe des Grafen Leopold Pálffy, eine getaufte Jüdin«, die 1728 den Johann Michael Sonleuthner heiratete, »Fourir« (Quartiermeister) in des verstorbenen Grafen Regiment.

Die »Müdigkeit«, das morbide Spiel mit Tod und Verfall, der Eklektizismus, die Überfeinerung und empfindlichen Nerven, kurz jene »Dekadenz«, um deretwillen die Kritiker Jung-Wien verspotteten, rührte freilich nicht von der jahrtausendealten Bürde des Volkes der Bibel her, sondern kam aus Paris, wo Hermann Bahr 1889 sechs Monate verbracht hatte. Sechsundzwanzig Jahre zuvor in Linz, der oberösterreichischen Hauptstadt, geboren, wurde dieser ungestüme, aber ehrgeizige Sohn eines Notars von allen österreichischen Universitäten relegiert. Ohne seine Studien zu beenden, ging er Mitte der achtziger Jahre nach Berlin und wurde zum Apostel des Naturalismus, der nach Ibsen die deutschen Bühnen zu erobern begann. Bald erwies er sich als vollkommenes Beispiel jener ehrgeizigen, überheblichen und zugleich unsteten Natur, jenes verbalen Exhibitionismus, gepaart mit der Neigung zur kommerziellen Ausnützung gängiger Ideen, wie sie Dr. Goebbels den »Asphaltliteraten« zuschreiben sollte. Bahr bezeichnete sich selbst als »Windbeutel«, während der Berliner Theaterdirektor Brahm ihm den Spitznamen »parfümiertes Ekel« verlieh. Immerhin besaß dieser zweitrangige Schriftsteller und Journalist einen ebenso unglaublichen Spürsinn für Veränderungen des Zeitgeistes wie grenzenlosen Enthusiasmus für alle Künste und wurde dadurch zum Spiritus rector seiner Generation.

In Paris erkannte er sogleich in Maurice Barrès – damals noch der Prophet eines dekadenten Egoismus, nicht der unerfreuliche französische Chauvinist späterer Jahre – seinen neuen Leitstern. Zwei Jahre danach schrieb der siebzehnjährige Hugo von Hofmannsthal, nachdem er Bahr kennengelernt hatte, einen seiner frühesten literarischen Essays über Barrès. Der allererste Aufsatz, den der junge »Loris«, wie der Autor auf der Schulbank sich nannte, in einer Berliner Monatsschrift veröffentlichte, befaßte sich mit Paul Bourget, gleichfalls ein Vorbild Bahrs in Paris. Bourgets »Glauben an einen neuen Idealismus in der Kunst, an die Notwendigkeit einer Synthese von Naturalismus und Romantik« inspirierte Bahr zu seinen neu entwickelten Kunsttheorien. Nach seiner Rückkehr aus Paris – nicht nach Wien, sondern zunächst nach Berlin – rief er sich zum »Überwinder des Naturalismus« aus. In dem ersten seiner drei Essaybände, betitelt ›Zur Kritik der Moderne‹, predigte er bereits im Herbst 1890 das Ende des Naturalismus, bevor noch Gerhart Hauptmanns erstes Drama ›Die Weber‹ auf die Bühne kam.

In seinem zweiten Band, ›Die Überwindung des Naturalismus‹, der 1891 erschien, erklärte Bahr, »die neue Psychologie, die neue Romantik, der neue Idealismus« würden die »Unzulänglichkeit der naturalistischen Kunst« wettmachen. Man suche jetzt nach den letzten Geheimnissen, die in der Tiefe des Menschen schlummerten. Doch das sei nicht genug. Jetzt werde nach lyrischem Ausdruck verlangt. »Die Natur des Künstlers sollte nicht länger ein Werkzeug der Wirklichkeit sein, um ihr Ebenbild zu vollbringen; sondern umgekehrt, die Wirklichkeit wurde jetzt wieder der Stoff des Künstlers, um seine Natur zu verkünden... Ich glaube also, daß der Naturalismus überwunden werden wird durch eine nervöse Romantik; noch lieber möchte ich sagen, durch eine Mystik der Nerven... Der Inhalt des neuen Idealismus ist Nerven, Nerven, Nerven – und Kostüm; die Dekadenz löst das Rokoko und die gotische Maskerade ab.« Bei dem Versuch, seine Ideen über die Kunst der Zukunft zu formulieren, nahm er die Bildwelt des frühen Secessionismus vorweg: »Es wird etwas Lachendes, Eilendes, Leichtfüßiges sein. Die logische Last und der schwere Gram der Sinne sind weg... es ist ein Rosiges, ein Rascheln wie von grünen Trieben, ein Tanzen wie von Frühlingssonne im ersten Morgenwind.«

Von den vielen neuen Formeln für die Richtung, die Bahr hatte in Gang bringen helfen, darunter Idealismus, Symbolismus, Neoromantik, Ästhetizismus, mag die eines »Impressionismus der Seele« am treffendsten sein. Als Hermann Bahr, der »Handlungsreisende in Literatur«, sich nach einem längeren Rußlandbesuch endgültig in Wien niederließ, war das Café Griensteidl bereits zum Treffpunkt nicht nur für Politiker, sondern auch, und vor allem, für Journalisten und Schriftsteller geworden. Ein junger Doktor der Medizin namens Arthur Schnitzler, der neben einer Abhandlung über Hypnose auch Gedichte, Prosaskizzen und einige kurze Szenen veröffentlicht hatte, die er später zu der Komödie ›Anatol‹ zusammenfügte, gehörte mit Richard Beer-Hofmann, Felix Salten, Gustav Schwarzkopf und Paul Goldmann einer kleinen Literatenrunde an. Im Sommer 1890 lernte der Schauspieler und Schriftsteller Schwarzkopf in Bad Fuschl einen frühreifen Schüler des Wiener Akademischen Gymnasiums kennen, den sechzehnjährigen Hugo von Hofmannsthal. Schwarzkopf führte dann den Gymnasiasten, dessen erstes Gedicht ›Eine Frage‹ im Juni dieses Jahres in der Zeitschrift ›An der schönen blauen Donau‹ erschienen war, in den Cafézirkel ein. Allerdings kam Hofmannsthal das erste Mal in Begleitung seines Vaters, eines angesehenen und kultivierten Bankiers.

Der Vater Hofmannsthal scheint von Beginn an große Hoffnungen für seinen Sohn gehegt zu haben. Zwar ließ er ihn an der Wiener Universität zunächst Jura inskribieren – was der Student später gegen

Romanistik eintauschte –, doch war dem Bankier eine literarische Laufbahn seines Sohnes offenbar lieber als eine kommerzielle Zukunft. Freilich bereitete ihm die überempfindliche, fragile, manchmal geradezu aufgewühlte Gemütsverfassung seines Sohnes immer wieder Sorgen. Als der Sohn im Jahr 1901 jene Krise durchlitt, der er später in seinem berühmten ›Chandos-Brief‹ Ausdruck gab, schrieb der Vater über Hugos Depression an einen Freund: »Es ist wirklich traurig, daß er seine ganze Umgebung so rücksichtslos quält und mir speziell, als dem Typus eines normal veranlagten einfachen Bourgeois geht das ganze sehr gegen den Strich. Die Leute beneiden uns und wir kommen vor lauter Nadelstichen nicht dazu uns wirklich über ihn zu freuen.« Zehn Jahre zuvor, als Hermann Bahr den jungen Hofmannsthal im »Griensteidl« kennengelernt und ihn sofort vergöttert hatte, war diese preziöse éducation sentimentale von dem großen Befürworter der »Nerven, Nerven, Nerven« noch gefördert worden. Immerhin mögen gelegentliche Anfälle von Melancholie kein zu hoher Preis für eines der exquisitesten Talente gewesen sein, die in der deutschsprachigen Dichtung jemals zum Vorschein kamen.

In Hofmannsthals Leben und Werk gibt es zwei deutlich getrennte Phasen. Die erste, an deren Beginn er sich der Pseudonyme Theophil Morren und Loris bediente, dauerte von seiner frühesten Lyrik an etwa ein Jahrzehnt; als ihr Ende kann jener fiktive ›Brief des Lord Chandos‹ an Francis Bacon angenommen werden, in dem Hofmannsthal seine eigenen plötzlichen Zweifel an der Möglichkeit einer sprachlichen Vermittlung der Realität niedergelegt hat. Die Essays, Gedichte und lyrischen Dramen der »Loris-Periode« waren Meisterwerke der Phantasie, des intuitiven Denkens und der geschliffenen Form. Er wußte, ohne es noch beweisen zu können, daß er und seine Generation Erben einer großen, unwiederbringlichen Vergangenheit waren. Aber nicht nur in seinem eigenen Kreis in Wien, auch im Frankreich von Amiel, Barrès und de Banville, im Italien d'Annunzios und im England Swinburnes und Walter Paters fand er verwandte Geister, die gleich ihm bezeugten, daß »die ganze Arbeit dieses feinfühligen, eklektischen Jahrhunderts darin bestand, den vergangenen Dingen ein unheimliches Eigenleben einzuflößen«.

Das Wesen der Wiener Dekadenz – die sich von ihrem französischen Vorbild durch Fülle und Alter der auf ihr lastenden Geschichte unterscheidet – ist in Bekenntnissen enthalten, die Hofmannsthal in seine Rezension der jüngsten Prosawerke Gabriele d'Annunzios einfließen ließ: »Wir haben aus den Toten unsere Abgötter gemacht; alles, was sie haben, haben sie von uns... wir haben diese Schatten umgürtet mit höherer Schönheit und wundervollerer Kraft als das Leben erträgt... Ja, alle unsere Schönheits- und Glücksgedanken liefen fort von uns, fort aus dem Alltag, und halten Haus mit den schönen Geschöpfen eines künstlichen Daseins... Bei uns aber ist nichts zurückgeblieben als frierendes Leben, schale, öde Wirklichkeit, flügellahme Entsagung. So gehen wir umher in dieser Stadt, die Kronenwächter des versunkenen Reichs, letzte Wissende eines adligen Bluts. Ich rede von ein paar tausend Menschen, in den großen europäischen Städten verstreut... es brauchen keineswegs die Genies, ja nicht einmal die großen Talente der Epoche unter ihnen zu sein. Sie sind nicht notwendigerweise der Kopf oder das Herz der Generation: sie sind nur ihr Bewußtsein.«

Die Demut dieser Aussage steht in offenkundigem Gegensatz zu der Selbstsicherheit des jungen Dichters wie zu der Achtung, ja Verehrung, die er bei seinen Zeitgenossen fand. Hatte man Arthur Rimbaud in seiner erleuchteten Jugend »Shakespeare enfant« genannt, so schien Hofmannsthal dazu bestimmt, und strebte selbst danach, eine Art »Goethe enfant« zu werden. Seine wenigen, aber kostbar geformten Gedichte, seine lyrischen Dramen, die zumeist bei seinen Vorlesungen in den Salons der Baronin Sophie Todesco und deren Schwester Josephine von Wertheimstein an die Öffentlichkeit gelangten, zudem seine einfallsreichen, makellosen Essays in den literarischen Zeitschriften jener Epoche errangen ihm einen frühen Ruhm, der für sein ganzes Leben ausgereicht hätte. Doch nachdem er die deutsche Sprache gemeistert und ihr die Musikalität des Italienischen, die Klarheit des Französischen, den metaphorischen Reichtum des Englischen und die Anmut und Grazie des Lateinischen verliehen hatte, verlor Hofmannsthal eines Tages – obschon nur vorübergehend – sein Vertrauen in die Macht der Wörter: »Mein Fall ist, in Kürze, dieser:« schrieb er im ›Chandos-Brief‹ von 1902, »es ist mir völlig die Fähigkeit abhanden gekommen, über irgend etwas zusammenhängend zu denken oder zu sprechen... so ging es mir nun mit den Menschen und ihren Handlungen. Es gelang mir nicht mehr, sie mit dem vereinfachenden Blick der Gewohnheiten zu umfassen. Es zerfiel mir alles in Teile, die Teile wieder in Teile, und nichts mehr ließ sich mit einem Begriff umspannen.«

Hofmannsthals Skepsis gegenüber der Sprache ist mit der Wittgensteins und des Wiener Kreises der Logischen Positivisten verglichen worden. Auch wird vermutet, sie sei nicht so sehr von dem Verlust seines eigenen Glaubens an das Medium des Dichters ausgelöst worden, als von dem Verstummen eines seiner Freunde, der vor seinem einundzwanzigsten Geburtstag ein paar Dutzend schöner Gedichte und ein Buch geschrieben hatte, danach aber nichts mehr. Dies war Leopold von Andrian zu Werburg, dessen Vater der Sproß einer alten Familie und ein gelehrter Anthropologe und dessen Mutter die Tochter des jüdischen Komponisten Meyerbeer war. »Poldy«, des jungen Hofmannsthal liebster Freund, im selben Jahr wie er geboren, erschien ihm als Verwandter, ja, wie ein Spiegel, in dem er sich selbst besah. Als Andrian seinen Roman ›Der Garten der Erkenntnis‹ unter dem Motto »Ego Narcissus« veröffentlichte, schrieb ihm Hugo in einem Brief: »Dein Buch ist ganz so wie die junge Göttin Persephoneia, die mit vielen Nymphen, aber abseits von den andern, auf einer Wiese viele Narcissen pflückt und plötzlich von einer großen Angst und tiefen Traurigkeit befallen wird.« Früher schon hatte er ihm gesagt: »Auch glaub ich so fest an Dich wie an mich selbst.«

Als Andrian, nach dieser subtilen, poetischen Analyse eines von dem Widerspruch innerer und äußerer Erfahrung verstörten Geistes, das Schreiben gänzlich aufgab, ließ Hofmannsthal ihn wissen, er fände es unglaublich, daß »die Kraft, die das hervorgebracht hat, sich sollte vollkommen in inneren Höhlungen zerstäuben und nichts mehr nach außen bewirken«. Das könnte durchaus unmittelbare Besorgnis über das Versiegen von Andrians Talent bedeuten. Vielleicht aber sollte man hier nicht zu weit gehen. In einem Brief an seinen »lieben Poldy« kurz nach dem Erscheinen des ›Chandos-Briefes‹ gab Hofmannsthal keinen Hinweis darauf, daß dieser vom Schicksal seines Freundes angeregt worden wäre. Andrian hatte Hugo offenbar vorgeworfen, sich mit diesen »Geständnissen und Reflexionen« hinter einer historischen Maske verborgen zu haben. »Ich ging aber wirklich vom entgegengesetzten Punkte aus«, erwidert Hofmannsthal. »Ich blätterte im August öfter in den Essays von Bacon, fand die Intimität dieser Epoche reizvoll, träumte mich in die Art und Weise hinein wie diese Leute des 16. Jahrhunderts die Antike empfanden, bekam Lust etwas in diesem Sprechton zu machen und der Gehalt, den ich um nicht kalt zu wirken, einem eigenen inneren Erlebnis, einer lebendigen Erfahrung entleihen mußte, kam dazu.«

Vermutlich war dies denn ein zweiter Fall von Ego Narcissus. Zwar gilt der ›Chandos-Brief‹ allgemein als Wendepunkt in Hofmannsthals Leben, doch stimmt das nur bis zu einem gewissen Grad. Gewiß hatte er im Jahr der Veröffentlichung, und vorher, an einem heftigen Gefühl der Unzulänglichkeit gelitten. Im Dezember 1902 gestand er dem deutschen Dichter Richard Dehmel, wie merkwürdig er selbst es fände, »daß in vielen Monaten, und Monaten von glücklicher Konzentration, nicht mehr ein einziges Gedicht entstehen will« – wie es auch von nun an nur noch selten entstand. Während er sich fieberhaft verschiedenen Plänen widmete, darunter eine Bearbeitung desselben Dramas ›La Vida es sueño‹ von Calderón, das auch Grillparzer als Vorlage verwendet hatte, bewarb er sich um eine Dozentur an der Universität Wien, erhielt sie aber nicht. »Manchmal«, schrieb er im darauffolgenden Juni, »manchmal komme ich mir jünger, unfertiger, hilfloser, vereinzelter vor als vor drei oder fünf Jahren.«

Inzwischen hatte er sich kirchlich mit Gerty Schlesinger vermählt, einem reizenden Mädchen jüdischer Abkunft, und mit ihr ein kleines, aber wunderhübsches theresianisches Schlößchen in Rodaun bei Wien bezogen. Sein erstes Kind war geboren worden. Er schien glücklich und eifrig am Werk. Vor der Jahrhundertwende hatte er noch mehrere Versdramen oder Stücke in gebundener Prosa veröffentlicht und einige Zeit in Paris verbracht, wo er Rodin besuchte und sich mit Maeterlinck anfreundete; doch hatte ein innerer Wandel eingesetzt, der erst langsam nach außen drang. Der klare, gradlinige Fluß des frühreifen Goetheschen Genius begann sich in viele Richtungen zu ergießen. Hofmannsthals universale Bildung, seine weitreichenden Interessen erschlossen ihm zahllose Pfade, von denen viele in die Irre führten. An seiner zweiten, unglaublich fruchtbaren Phase gab es viel zu bewundern – die schönen Libretti für Richard Strauss, seine Erzählungen, seine Komödien, sogar jene fragwürdige mittelalterliche Pastiche, der langlebige ›Jedermann‹. Doch wenn sein Roman ›Andreas‹ unvollendet blieb, ein bezaubernder Torso, das bloße Versprechen eines Meisterwerks, so deshalb, weil er sich auch hier in allzu viele feine Verästelungen verstrickte.

Was von diesem Buch existiert, ist erlesene Prosa, die sich in wohlausgewogenem Rhythmus fortbewegt und Beschreibungen enthält, die in der österreichischen Literatur nichts ihresgleichen haben. Doch plötzlich verflüchtigt sich die Erzählung, löst sich gleichsam in Luft auf. Die posthume Veröffentlichung enthielt Notizen des Autors, die höchst eindrucksvoll, aber auch bedrückend sind. Hier finden sich Entwürfe zu wunderbaren Szenen, die nie geschrieben wurden; frappante Charakterzeichnungen, Ausblicke, Illuminationen. Aber insgesamt gibt es zu viele davon, und sie sind allzu komplex, allzu verschlungen. Zuletzt, so spürt man, war Hofmannsthal seiner eigenen Phantasie nicht mehr Herr geworden. Er sah zu viele Möglichkeiten und keine einzige Gewißheit. Selbst in dieser unvollständigen Form aber ist der ›Andreas‹ eines der großartigsten Prosawerke dieses Jahrhunderts. Ebenso hätte sein gedachtes chef d'œuvre, sein »Faust«, das bedeutendste aller Dramen werden können. Doch obschon Hofmannsthal bis zu seinem Tod an dem Schauspiel ›Der Turm‹ gearbeitet hat, sollte diese Paraphrase Calderóns, von einem wenig geglückten Versuch in Salzburg abgesehen, in keiner ihrer vier Versionen das Licht der Bühne erblicken.

Über Hofmannsthals Leben und Werk wurde so viel gesagt, und wird noch mehr gesagt werden müssen, weil er zu seinen Lebzeiten der österreichische Dichter par excellence gewesen ist, auch wenn er selbst sich der deutschen, nicht nur der deutschsprachigen, Literatur zuzählte. Überdies ist sein Fall wie der einiger seiner Freunde geeignet, gewisse Theorien über den Beitrag und Stellenwert von Männern und

Frauen jüdischen Ursprungs in der österreichischen Kultur zu widerlegen. In wissenschaftlichen Untersuchungen, die oft außerhalb Europas erstellt werden, liegen die wahren Tatsachen im Dunkel, aus Mangel nicht nur an Einsicht, sondern auch an Überlebenden aus den zutiefst assimilierten und meist völlig integrierten jüdischen Wiener Familien, die lange vor einem neu erwachenden Antisemitismus hier seßhaft waren. Die große Vielfalt ihrer Haltung gegenüber dem eigenen Judentum – ob sie es für unwichtig, bedeutsam oder entscheidend ansahen, ob sie es akzeptierten oder ablehnten – wird heute oft übersehen. Zwei von Österreichs größten Schriftstellern in diesem »Heiligen Frühling« oder »Goldenen Herbst« mögen als Beispiel dienen.

Als der Urenkel des Seidenhändlers Isak Löw Hofmann und dessen Frau Theresia Schefteles aus Prostiebor in Böhmen auf der Bildfläche erschien, fand er sich mit dem Bürgertum und niederen Adel verbunden – mit Freunden wie den Baronen Franckenstein, Karg von Bebenburg und Bodenhausen-Degener oder Andrian zu Werburg und Oppenheimer. Die Vorfahren der beiden letzteren kümmerten sie und ihren Kreis so wenig wie den jungen Hofmannsthal die seinen. Während seines Militärdienstes im fernen Galizien beschwerte er sich nicht nur bei seinen Eltern, sondern auch bei seinem Freund Baron Felix Oppenheimer, einem Enkel Sophie Todescos, über seine Einquartierung bei armen Juden, deren Kaftane schmutzig seien und deren Häuser übelriechend. Das gleiche hätte er wohl geschrieben, wäre er in irgendeinem schäbigen slawischen Arbeiterhaushalt untergebracht worden. Die Haltung des zweiundzwanzigjährigen Leutnants der k. u. k. Dragoner war sicherlich arrogant, aber völlig unbelastet. Sein kleines, obschon wesentliches jüdisches Erbteil mochte sich in einigen seiner Werke manifestieren – im täglichen Leben kümmerte es ihn nicht.

Anders Arthur Schnitzler. 1862 von ungetauften Eltern geboren – sein Vater, der Sohn eines ungarischen Dorftischlers, wurde ein berühmter Kehlkopfspezialist, seine Mutter war Arzttochter aus wohlhabender, mit den Baronen Schey verwandter und seit langem in Wien ansässiger Familie –, war er sich seiner Herkunft immer bewußt. Zum Glauben seiner Väter hatte er, wie er gestand, »so wenig innere Beziehung wie zu jedem anderen«. Doch als er zu Anfang der achtziger Jahre die Universität besuchte, war der Antisemitismus bereits in die Studentenverbindungen eingedrungen, und jene mit deutschnationalen Tendenzen stießen die Juden aus ihrer Mitte aus – wie es Theodor Herzl geschah, der den Fehler gemacht hatte, einer solchen Burschenschaft beizutreten. Schnitzler hatte beim Militär Fechten gelernt, doch als künftigem Arzt lag ihm mehr daran, Leben zu retten, als sein eigenes in einem Duell aufs Spiel zu setzen. Auch war er nicht an den Trinkexzessen interessiert, die bei den Kneipabenden üblich waren. Schon damals

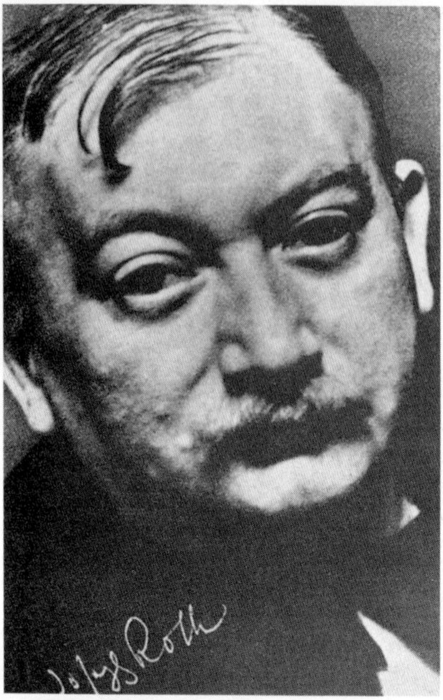

Oben rechts Alexander Lernet-Holenia

Oben links Joseph Roth

Links Robert (Edler von) Musil

Karl Kraus um 1908

Hugo (Edler) von Hofmannsthal

war er sich bewußt, daß er von den weniger toleranten seiner Mitbürger abgelehnt werden könnte, eine Gefahr, die sich im Laufe seines Lebens erhöhte. Dennoch hätte er nie gedacht, sein Geburtsrecht in dieser Stadt und in diesem Land könnte je ernstlich bestritten werden. Er wurde zum Wiener Schriftsteller katexochen, so wie Hofmannsthal zum Prototyp des österreichischen Schriftstellers wurde – ein Faktum, dessen sich schon ihre Mitwelt bewußt war und an dem es in der Nachwelt keinen Zweifel mehr gibt.

Zu Ende 1892 erwiderte Schnitzler eine Frage seines »sehr verehrten« Freundes Theodor Herzl nach der Identität jenes Loris, der die gereimte Einleitung zu seinem Stück ›Anatol‹ geschrieben hatte, mit den Worten: »Ich selber bin es leider nicht. Erstens wäre ich dann um zwölf Jahre jünger und zweitens hätte ich ›Gestern‹ geschrieben, den schönsten Einakter in Versen, der seit sehr, sehr langer Zeit in deutscher Sprache erschienen ist. Von diesem merkwürdigen Achtzehnjährigen wird noch sehr viel gesprochen werden. Wenn Sie schon die Einleitungsverse zum Anatol ›zum küssen‹ finden, so will ich Sie vor den unzüchtigen Gedanken warnen, die Ihnen beim Genuß seiner anderen Sachen aufsteigen könnten. In Wirklichkeit heißt der Herr Hugo von Hofmannsthal, hat im Juli maturiert und studiert nun Ius an der Wr. Universität... Im übrigen fragen Sie doch Goldmann nach ihm; – er hat ihn ja entdeckt.«

In jener Einleitung hatte Loris leichthin die Stimmung seiner Zeitgenossen formuliert: »Also spielen wir Theater / spielen unsre eignen Stücke / Frühgereift und zart und traurig / Die Komödie unsrer Seele, / Unsres Fühlens Heut und Gestern / Böser Dinge hübsche Formel, / Glatte Worte, bunte Bilder / Halbes, heimliches Empfinden, / Agonien, Episoden...« Wer sich aber unter Jung-Wien eine Gruppe von elegisch gestimmten Jünglingen vorstellt, wird von einer Photographie, die Bahr, Schnitzler, Beer-Hofmann und Hofmannsthal zu Anfang der neunziger Jahre im Prater zeigt, eines Besseren belehrt. Diese würdigen Herren, alle mit, obschon draufgängerisch aus der Stirn geschobenem, Hut und Bart, außer Loris, den ein dünner Schnurrbart ziert, sind in ihrer Erscheinung vom Dandy des ›Yellow Book‹ so weit entfernt wie Klimt damals von Aubrey Beardsley. Selbst Jahre darauf waren den Künstlern und Literaten des Fin de siècle ihre Rollen noch nicht anzusehen. Eine andere Photographie, auf der die Mitglieder der neuen secessionistischen Bewegung Kaiser Franz Joseph bei der Eröffnung ihrer ersten Ausstellung willkommen heißen, zeigt die Rebellen als behäbige Herren im Cutaway, angeführt von dem fünfundachtzigjährigen Maler Rudolf von Alt.

Zur Jahrhundertwende waren die meisten Bärte gefallen, nicht aber der des Herrn Dr. Arthur Schnitzler. Noch nicht vierzig, hatte er seine medizinische Laufbahn beendet – anstatt sich seinem Lieblingsfach zuzuwenden, der Psychiatrie, war er widerwillig in die Fußstapfen seines Vaters getreten und Laryngologe geworden – und eine Reihe von Stücken verfaßt, von denen im gegebenen Zusammenhang die Rede sein wird. Seine ersten Erzählungen setzten eine epische Tradition fort, die auf den ›Armen Spielmann‹ von Grillparzer zurückgeht, auf Stifters Essay über ›Wien und die Wiener‹, auf Ferdinand von Saars ›Novellen aus Österreich‹ und Eduard Pötzls ›Die Leute von Wien‹ – Skizzen über die Bewohner dieser Stadt und deren Sitten. Von ihnen wie von Schnitzlers Dramen sollte Thomas Mann eines Tages sagen: »Das Seelenbild Wiens, das er gab, in dem er sich selber gab, war reich an allen Zärtlichkeiten, Halbtönen, Ironien, Zwiespältigkeiten.« Dem lag jedoch, fügte Mann hinzu, etwas zugrunde, »was nicht Anmut und lächelnde Schönheit, Zweifel und Güte war, sondern Unerbittlichkeit, etwas Männliches und Hartes, bitterletzter Lebensernst, ein Aug' in Aug' mit dem Tode, das nichts von Ästhetizismus, viel mehr von der Unempfindlichkeit des wissenden Arztes hatte«.

Als Schnitzler 1900 an seiner Novelle ›Leutnant Gustl‹ schrieb, war er bei der Erforschung und Bloßstellung der trivialen Gedankenwelt eines jungen Offiziers auf eine neue Erzähltechnik gestoßen. Einen solchen »Gedankenmonolog«, schrieb er an einen Freund, hatte angeblich Dostojewski in der Novelle ›Krotkaja‹ verwendet, doch er kannte sie nicht. Er selbst war durch einen Roman von Dujardin, ›Les Lauriers sont coupés‹, dazu angeregt worden, nur hatte dessen Autor nicht das Thema gefunden, das dieser Form entsprach. Der »innere Monolog«, eine Kette freier Assoziationen (wie sie Dorothy Richardson, James Joyce und Virginia Woolf später in einen »Bewußtseinsstrom« fassen sollten), wurde von Schnitzler mit kalter, distanzierter Ironie angewendet, um die Leere des durchschnittlichen Militärgehirns und den banalen Zeitvertreib eines dümmlichen »Feschaks« bloßzulegen.

Leutnant Gustl langweilt sich bei dem Konzert, das er sich anhören muß – es ist zufällig ein Oratorium; ihn langweilt eigentlich alles außer Klatsch, Mädeln und Suff. Natürlich bildet er sich viel auf die Überlegenheit ein, die seine Uniform ihm zu verleihen scheint, und er ist jederzeit voll Streitlust bereit, einen Angriff auf seine Ehre zu provozieren, sei er noch so geringfügig und absichtslos. Als im Getümmel an der Garderobe ein bloßer Bäckermeister seinen Säbel berührt und ihn einen »dummen Buben« nennt, sieht er sich, da er den gesellschaftlich Niedrigerstehenden nicht zum Duell fordern kann, zum Selbstmord gezwungen. Nach einer Nacht voll quälender Überlegungen rettet ihn der plötzliche Tod des Bäckers vor seinem Schicksal. Der empfindsame Décadent, den Schnitzler in seinem ›Anatol‹, vermutlich nach einem Vorbild wie dem Poldy von Andrians, dargestellt hatte, fand hier sein

Gegenstück: einen seelenlosen, herzlosen jungen Wiener, der leicht für jedes Dogma gewonnen und von ihm beherrscht werden kann, sei es der Ehrenkodex der Armee, seien es die fatalen Lehren des Nationalsozialismus oder jede andere Art von Rassenhaß und Gleichgültigkeit gegenüber menschlichem Leid. Man hat den Leutnant Gustl, der in seinem Monolog über Intellektuelle, Slawen, Sozialisten, Juden, Frauen und Zivilisten herzieht, ein »präfaschistisches« Individuum genannt. Es ist nicht verwunderlich, auch wenn es zu der gegenwärtigen Verherrlichung der guten alten Zeiten unter Franz Joseph I. in Widerspruch stehen mag, daß Schnitzler sechs Monate nach dem Erscheinen dieser Novelle im Dezember 1900 wegen Rufschädigung der Armee seinen Rang als Reserveoffizier verlor.

Sehr selten, im Grunde nur in seinem Stück ›Professor Bernhardi‹ und in dem langen, ausufernden Roman ›Der Weg ins Freie‹, hat Schnitzler sich offen mit dem Problem des Judentums in einer nichtjüdischen Welt auseinandergesetzt. Während das Drama zu seinen bedeutendsten Hervorbringungen gehört, leidet das Prosawerk an allzu viel ideologischer Auseinandersetzung und allzu vielen Figuren, die in erster Linie Vertreter gegensätzlicher Standpunkte sind. Angeregt von der kürzlich durch Herzl gegründeten zionistischen Bewegung, benutzt Schnitzler unter anderem zwei Personen dazu, seine eigene Haltung sowie die seines »verehrten Freundes« in dieser Frage zu diskutieren. »Mein Instinkt«, erklärt das Sprachrohr des Autors, »sagt mir untrüglich, daß hier, gerade hier meine Heimat ist und nicht in irgend einem Land, das ich nicht kenne, das mir nach den Schilderungen nicht im geringsten zusagt und das mir gewisse Leute jetzt als Vaterland einreden wollen, mit der Begründung, daß meine Urahnen vor einigen tausend Jahren gerade von dort aus in die Welt verstreut worden sind.« Der Zionist antwortet, daß all dies weniger für einen assimilierten Wiener Künstler gelte als für die Massen der Ostjuden, von denen der Künstler überhaupt keinen Begriff habe: »Sie denken immer an sich und den nebensächlichen Umstand, daß Sie ein Dichter sind, der zufällig, weil er in einem deutschen Land geboren, in deutscher Sprache und, weil er in Österreich lebt, über österreichische Menschen und Verhältnisse schreibt.«

Dieser Austausch widersprüchlicher Meinungen enthält in nuce den grundlegenden Unterschied zwischen den armen, selbstgenügsamen, nicht emanzipierten Juden des Ostens, ob innerhalb oder außerhalb des Österreichischen Kaiserreiches, und jenen, die das Produkt einer jahrhundertelangen Integration in die Wiener Gesellschaft sind. In diesem Zusammenhang darf man daran erinnern, mit welch feindseliger Verachtung sich Franz Kafka 1913 in einem Brief an Felice Bauer über Schnitzlers Roman wie über dessen Stück ›Professor Bernhardi‹ geäußert hat. Während er Schnitzlers frühere Werke schätzte, besonders ›Leutnant Gustl‹, dessen Technik nicht ganz ohne Einfluß auf seine eigene Prosa war, sah er des Wiener Autors »große Stücke und seine große Prosa... angefüllt mit einer geradezu schwankenden Masse widerlichster Schreiberei«. Der Grund dafür war in Kafkas Entdekkung des jiddischen Theaters und in seiner Überzeugung gelegen, daß seit der Geburt des rassistischen Antisemitismus das Westjudentum verloren war. Er verurteilte daher alle Versuche, die in seinen Augen hoffnungslose Symbiose zu rechtfertigen oder zu verlängern.

Ein anderer Schriftsteller, der es bald zu Ruhm und Ansehen bringen sollte, Stefan Zweig, fand die Hierarchie innerhalb der Wiener jüdischen Familien snobistisch und lächerlich. Schließlich drehte es sich, wie er sagte, nur »um einen Unterschied von fünfzig oder hundert Jahren, um die sie früher aus demselben jüdischen Ghetto gekommen sind«. Aber ganz davon abgesehen, daß viele ihrer Vorfahren niemals in einem Ghetto gelebt hatten, ist ein ähnlich spektakulärer Aufstieg im Laufe von ein oder zwei Generationen in jedem Land und in jeder Gesellschaft möglich. Wenn der Enkel eines Grubenarbeiters zu einem Ronald Firbank werden konnte oder der Enkel eines Dorfschmiedes zu einem Cecil Beaton, stellt Schnitzlers steiler Lebensweg von der Ebene des großväterlichen Dorftischlers im ungarischen Groß-Kanizsa zum Dichter der kaiserlichen Hauptstadt par excellence keine Ausnahme dar.

Im übrigen hat Schnitzler sich in seinem Roman keineswegs auf das jüdische Problem beschränkt. ›Der Weg ins Freie‹ will darlegen, daß die allgemeine Lage im Wien der Jahrhundertwende in vieler Hinsicht gefährdet war. Die zentrifugalen Kräfte der Monarchie fanden in der Hauptstadt selbst ihren Ausdruck. Für den Adel wie für die Juden und die Künstler »hält die Mitte nicht«. Die dunkle Seite von Schnitzlers Haßliebe zu seiner Vaterstadt und seinen Landsleuten erweist sich in einer Bemerkung, die der einzige Ausländer im Roman, ein englischer Diplomat, machen darf. Mr. Skelton »fragt, ob er zu weit gehe, wenn er sich gestatte, Österreich als Land der sozialen Unaufrichtigkeiten zu bezeichnen«. Hier wie nirgends anderswo gebe es »wüsten Streit ohne Spur von Haß und eine Art von zärtlicher Liebe, ohne das Bedürfnis der Treue«.

Gemessen an Schnitzler und Hofmannsthal erscheinen die anderen Mitglieder der Gruppe »Jung-Wien« von geringerem Rang. Richard Beer-Hofmann, im Juli 1866 geboren, eben jenem Monat, in dem die Schlacht bei Königgrätz geschlagen und verloren wurde, tauchte im Café Griensteidl auf, nachdem er sein Jusstudium abgeschlossen hatte und einem Baron Seckendorf im Duell unterlegen war. Im selben Sommer des Jahres 1890 stellte sich der junge Loris, noch in den kurzen

Hosen des Schulknaben, im Café Arthur Schnitzler vor. Diese vier bildeten, mit Hermann Bahr, den Kern jener literarischen Griensteidl-Besucher, die zu Ruhm gelangen sollten. An einem anderen Tisch nämlich saß, dem Zeitgenossen Richard Specht zufolge, eine zweite Gruppe – »die wirklichen deutschen Dichter, die damals schon verstorben waren, ohne daß sie's wußten: Fritz Lemmermayer, Franz Christel, Hermann Hango, Joseph Kitir, lauter Hoffnungen der Wiener Lyrik, wo sie am arischsten war«. Wer kennt sie heute noch? fragt Specht in seiner Biographie Arthur Schnitzlers im Jahr 1922. »Und doch ist es eine lustige Tatsache, daß diese Dichter sich weigerten, bei einer gemeinsamen Anthologie mitzutun, mit der ausdrücklichen Motivierung, daß es ihnen widerstrebe, in einem Band vertreten zu sein, in dem auch Dilettanten wie Arthur Schnitzler und Hugo von Hofmannsthal mit Beiträgen erscheinen würden.«

Beer-Hofmann muß ein überaus liebenswerter Mensch gewesen sein, denn seine Freunde blieben ihm ein Leben lang treu. Daß sie ihn für einen großen Autor hielten, ist weniger verbürgt. Und obschon er mehrere Novellen schrieb, den feinfühligen Roman ›Der Tod Georgs‹ und eine Reihe von Theaterstücken, lebt er vor allem als Autor eines frühen Gedichtes nach, eines Wiegenliedes für seine neugeborene Tochter, des ›Schlaflieds für Mirjam‹. Unter allen Mitgliedern Jung-Wiens war er sich seiner Vorfahren am stärksten bewußt. Für ihn bestand eine ungebrochene Kontinuität mit dem biblischen Volk, die er seinem Kinde weitergeben wollte.

Schläfst du Mirjam? – Mirjam, mein Kind,
Ufer nur sind wir, und tief in uns rinnt
Blut von Gewesnen, – zu Kommenden rollt's,
Blut unsrer Väter – voll Unruh und Stolz.
In uns sind Alle! wer fühlt sich allein?
Du bist ihr Leben, – ihr Leben ist dein, –
Mirjam, mein Leben, – mein Kind, schlaf ein! –

Zu seiner Zeit hat dieses Gedicht viele Bewunderer gefunden. Selbst Rainer Maria Rilke bat damals Beer-Hofmann, das Wiegenlied öffentlich vortragen zu dürfen, und hat dies danach viele Jahre lang getan.

Als einziger von den Freunden thematisierte Beer-Hofmann das Schicksal und die religiöse Sendung des Judentums. Felix Salten, der als nächster zur Café-Gruppe stieß, bekämpfte in journalistischen Arbeiten jenen erwachenden Antisemitismus, den Bürgermeister Lueger für seine politischen Zwecke schürte, und spürte im übrigen der Wesensart und den Sitten des Volkes nach, in dessen Mitte er lebte. Salten, der neben Hermann Bahr als einziger nicht in Wien zur Welt gekommen war (allerdings hatten ihn seine Eltern schon mit vier Wochen aus Budapest nach Wien gebracht), schrieb am liebsten über die einfachen Menschen dieser Stadt, über die Musikanten, die Rekruten und die »Wiener Früchteln«, die komischen und rührenden Gestalten der Budenbesitzer, der Hutschenschleuderer und der Ringelspielkassiere im Wurstelprater, dem großen Vergnügungspark am Rand der Stadt. Wie seine Freunde schrieb auch er zunächst, neben Theaterkritiken, jene kleinen, zarten, ichsüchtigen Novellen des Fin de siècle und später noch einige Romane. In seinen besten Essays, die er unter dem Titel ›Das österreichische Antlitz‹ erscheinen ließ, werden die Tugenden, Fehler und Laster seiner Landsleute mit viel Intuition und Gefühl geschildert. Zu Weltruhm kam er mit seinem Buch ›Bambi‹, der Geschichte eines Rehs. Frivoler gesinnten Lesern mag die pornographische »Lebensgeschichte« der ›Josephine Mutzenbacher‹, zu deren Autorschaft er sich freilich nie bekannt hat, als Krone seiner Schöpfungen erscheinen. In ihrer Art ist sie zweifellos ein Meisterstück.

Die hohe Literatur ließ sich in den Augen Jung-Wiens durchaus mit trivialen oder zumindest populären Betätigungen verbinden. Ein paar Zeilen von Felix Dörmann, dessen erster Gedichtband ›Neurotica‹ und dessen erste Prosasammlung ›Sensationen‹ betitelt war, wurden als Ausdruck eines Jugendstilmotivs oft zitiert: »Ich liebe die zärtlichen schlanken / Narzissen mit blutrotem Munde.« Doch er war auch der Textautor der Operette ›Ein Walzertraum‹ von Oscar Straus, und Hofmannsthal soll mit einigen der anderen an der reizend naiven Geschichte mitgearbeitet haben. In seinem Tagebuch zählt Schnitzler noch viele Namen auf, die zu der Griensteidl-Clique gehört hatten, darunter Richard Specht, C. Karlweis, Rudolf Lothar und jener tragische junge Mann aus dem mährischen Brünn, Eduard Michael Kafka, ein begüterter Idealist, der literarische Zeitschriften in der Hauptstadt finanzierte, seine schöpferischen Kollegen bewunderte und gleich seinem großen Namensvetter jung an der Schwindsucht starb.

Die schärfste Kritik an Jung-Wien kam aus dem Inneren seines Stammcafés; doch davon später. Ein typischer Angriff von außen auf die weltmännischen Posen dieser Schriftsteller stammt aus einem Brief des mährischen Autors O. F. Chalupka, der sich das teutonische Pseudonym Ottokar Stauf von der March zugelegt hatte, an einen Freund: »Was ist uns, Lebenwollenden, nach Kampf lechzenden Naturen die jeden Tag sich anders schminkende Bahr-Hekuba, welche mit dem Gigerl-Nirwana kokettiert? Nicht wahr? Lassen wir den semigallisch-hispanisch-semitischen Narren aus Linz a/d Donau laufen!... Hoffentlich werden Sie mich in meiner dztgen Bude aufsuchen! Denn ins Kaffée Größenwahn, vulgo Griensteidl komme ich selten – die Gesellschaft ist mir zuwider wegen ihrer Blasirtheit...«

Eine der zwei bedeutendsten literarischen Figuren älteren Jahrgangs, die nach 1900 noch am Leben waren, die edle Marie von Ebner-Eschenbach, geborene Gräfin Dubsky, hätte Chalupkas rassistische, intolerante Haltung scharf verurteilt. Als 1899 der Dreyfus-Prozeß wieder aufgenommen wurde, schrieb sie aus Rom, wo sie sich zufällig aufhielt, an den Psychiater Breuer, den Freund und Mitarbeiter Sigmund Freuds: »Wäre ich jetzt in Wien, ich würde nur noch in jüdischen Geschäften kaufen, den Aufpasser vorher noch recht aufmerksam auf mich machen... Die Verwilderung und Verdummung, die jetzt herrschen, sind notwendig. Die Menschen müssen zu dem Weltkrieg, der bevorsteht, präpariert werden. Zu dem gegenseitigen Auffressen schärft man sich jetzt die Zähne.«

Der andere angesehene Autor, Ferdinand von Saar, war einem jungen Dichter wie Hofmannsthal gegenüber wohlwollend gesinnt, konnte aber sein Unbehagen angesichts dieser neuen Literatur, die seine eigene abzulösen drohte, nicht verbergen: »Was nun Ihr Werkchen selbst betrifft [Hofmannsthals erstes Drama ›Gestern‹], so muß ich gestehen, daß ich nicht recht weiß, was ich darüber sagen soll. Denn trotz des geistvollen Dialogs, trotz der gelungenen (...) Verse habe ich keinen tieferen Eindruck empfangen – und auch nicht herausgefunden, *was* die eigentlich in diesem, wie durch starken Nervenreiz hervorgerufenen Stimmungsbilder haben darstellen und aussprechen wollen. Vielleicht liegt die Schuld nur an mir, wie ich denn offen bekenne, daß ich sehr vielen Schöpfungen der ›neuesten‹ Literatur, wenn auch ganz sine ira, so doch sine consilio – das heißt rathlos gegenüber stehe.«

Es war dies die übliche Reaktion einer Generation, die der nächsten Platz machen mußte. Saar gehörte freilich keineswegs zum alten Eisen; bald darauf veröffentlichte er in der Zeitschrift der Secessionisten, ›Ver Sacrum‹, Gedichte, die so farbglühend und stilisiert waren wie die dort reproduzierten Bilder. Und als er 1903 seinen siebzigsten Geburtstag feierte, trug zu der von Richard Specht herausgegebenen Festschrift eine Phalanx junger Autoren bei. Der Band wurde durch einen Brief von Marie Ebner-Eschenbach eingeleitet: »...wer, glauben Sie, ist gekommen und hat mich eingeladen, an einer Huldigung für unseren altösterreichischen Dichter teilzunehmen? Das haben die jungen Wiener Dichter getan. Ist das nicht schön und soll es mich nicht freuen in Ihrer Seele und in der meinen?« In der Schrift vertreten waren unter anderen Bahr, Schnitzler, Hofmannsthal, Salten, Theodor Herzl und dieses einzigartige Genie Peter Altenberg, der im Café Griensteidl an einem eigenen Tisch saß, bevor er im Café Central seinen Wohnsitz nahm.

Saar starb 1906. Im selben Jahr war ein neuer Name in der Öffentlichkeit bekannt geworden, der nach einem kurzen Aufflackern wieder für die Dauer von zweieinhalb Jahrzehnten verlöschen sollte. Robert Musils ›Verwirrungen des Zöglings Törless‹ hatte einige seiner Zeitgenossen beeindruckt, darunter den berühmten deutschen Kritiker Alfred Kerr, aber niemanden auf die Idee gebracht, sein Autor könnte nach dem Ende der österreichisch-ungarischen Monarchie zu deren größtem Chronisten werden. ›Der Mann ohne Eigenschaften‹ erschien erst 1931, und dies in unvollendeter Form. Sein Vorläufer, jene Schulknabengeschichte, die Musil zwischen zweiundzwanzig und fünfundzwanzig schrieb, kann als ein Kopfsprung ins 20. Jahrhundert gelten – jenes Jahrhundert, in dem de Sades erlesenes Vergnügen daran, anderen Schmerz zuzufügen, zum Zeitvertreib unzähliger Menschen geworden ist. Erst kürzlich wurde der junge Törless, der die empörenden Martern, die einige seiner Schulkollegen dem wehrlosesten unter ihnen zufügen, beobachtet und registriert, »der erste moderne Mensch in der deutschen Literatur« genannt. Dennoch darf nicht übersehen werden, daß diese selbstenthüllenden Überlegungen denen von Schnitzlers Leutnant Gustl nahestehen. In beiden Fällen werden die Vorgänge in einem jugendlichen Geist oder einer jugendlichen Seele offengelegt – nicht unähnlich jener Methode, mit der Sigmund Freud zur gleichen Zeit seine Patienten veranlaßte, tief in ihr Unbewußtes einzutauchen und ihre verdrängten Triebe, ihre verborgenen Wünsche und Ängste in Worte zu fassen.

Schnitzler war nicht Leutnant Gustl, aber Musil war zweifellos Törless. Seine eigenen Erlebnisse an zwei Kadettenschulen, die eine im Burgenland, die andere in Mähren, wo er als »Monsieur le Vivisecteur« – wie er sich selbst mit neunzehn nannte – die sadistischen Ausschweifungen seiner Mitschüler mit stoischem Gleichmut beobachtet hatte, lieferten den Stoff zu seinem ersten Roman. Obschon Musils eigener Charakter von solch mörderischen Praktiken später keinen Schaden genommen hat, ja durch sie wohl ein für alle Mal gegen jeglichen Hang zu einer »unheiligen Allianz von Ästhetizismus und Terror« gefeit war, hatte er doch das Monstrum beschrieben, das bereits auf dem Weg war. Die ästhetische Verfeinerung der neunziger Jahre, die Lehren Machs und das Modell Maeterlincks, aber auch jene analytischen Prozesse, die Schnitzler in der Literatur und Freud in der Psychiatrie nun in Gang setzten, hatten zweifellos Einfluß auf den jungen Kärntner ausgeübt, als er zu beschreiben wagte, was er gesehen, aber nicht gefühlt hatte. Freilich konnte er damals nicht wissen, obschon er es später sehr wohl erkannte, daß er damit die »Triebgrundlage des Dritten Reiches« – ein Wort von Walter Jens – aufgespürt hatte. Und so führte acht Jahre, bevor das Gebäude der österreichisch-ungarischen Monarchie ins Wanken geriet, dieser junge Autor die österreichische Literatur in eine neue, aber keineswegs bessere Zeit.

Zu Anfang des neuen Jahrhunderts beschrieb Egon Friedell, der große Gelehrte, Humorist, Schriftsteller und Schauspieler, den neuen Hang zur Kürze im Leben und in der Kunst: »Wir lassen uns nicht mehr behaglich über den Dingen nieder. Unsere gesamte Zivilisation steht unter dem Grundsatz: Le minimum d'effort et le maximum d'effet!... Wir reisen nicht mehr ausführlich in der Postkutsche, sondern im Schnellzug und empfangen hastige Schnellbilder der Gegenden, die wir passieren... Bücher sind Surrogate für Erlebnisse, Notbehelfe für Menschen, die keine Zeit haben. Daher ist Knappheit und Kürze die erste Forderung, die das moderne Buch erfüllen muß, aber nicht die dürftige oder die aphoristische Kürze, sondern die gehaltvolle, gedrängte Kürze, die gerade dem gedankenreichsten Schriftsteller ein stetes Bedürfnis ist.« Und er fügte hinzu: »Dies ist das Grundprinzip Peter Altenbergs.«

Mit Altenberg, dem bedeutendsten unter jenen, die eine Welt im Tautropfen erblickten und wiedergaben, war ein neues Genre in der Literatur entstanden. Im Journalismus, oder vielmehr in jenen Beiträgen zum Kulturteil der Zeitungen, die man unter dem Namen *Feuilleton* zusammenfaßte, geht die Tradition der knappen, präzisen, treffenden Schreibweise viel länger zurück. Wie im Fall der schöpferischen Prosa läßt sich auch hier ein weit entfernter Ahnherr erkennen. Peter Suchenwirt, Wiens erster Satiriker, lebte nur hundertfünfzig Jahre nach Walther von der Vogelweide, nunmehr in der Residenzstadt der Habsburger, die damals erst Herzöge waren. In seinen gereimten Schmähreden verhöhnte er die eitlen Laffen seiner Zeit und griff die Völlerei, die moralische Schwäche und die Ausschweifungen seiner Mitbürger an; den Verfall der weiblichen Tugenden zu geißeln vergaß er dabei ebensowenig wie die hohen Steuern und die Käuflichkeit des Klerus.

Eine gute Weile später, nachdem Kaiser Joseph II. die literarische Zensur aufgehoben oder zumindest eingeschränkt hatte, brach eine Flut von Pamphleten, Flugblättern, Zeitungen und satirischen Abhandlungen hervor und usurpierte jenen Platz in der Literatur, den schöpferische Schriftsteller noch nicht zu füllen vermochten. Jenes Feuilleton aber, das sich in Wien zu einer hohen Kunst entwickeln sollte, entstand in Frankreich, wo der Abbé de Geoffroy, Herausgeber des ›Journal des Débats‹, am 18. Januar 1800 das erste seiner Art veröffentlicht hatte. In Deutschland griffen sowohl Heinrich Heine wie sein Gegner Ludwig Börne dieses neue Genre auf, das freilich in seinem Schwebezustand zwischen der literarischen Form des Essays und einem pointierten, aber ephemeren Journalismus von Puristen nur gering geschätzt wurde. In seinem großen Angriff auf Heine prägte Karl Kraus später das böse Wort, dieser habe »der deutschen Sprache so sehr das Mieder gelockert, daß heute jeder Kommis an ihren Brüsten fingern kann«. Dennoch hatte, wie wir noch sehen werden, auch Kraus als Verfasser von Feuilletons begonnen, bis er schließlich in anderen hassen lernte, was ihm an sich selbst hassenswert erschien.

Der erste wahre Meister dieser konzisen, gedrängten und oft satirischen Prosaform war der von Kraus bewunderte Ferdinand Kürnberger. Dieser Sohn einer Marktfrau und eines Laternenanzünders hatte sich sein Studium durch eigene Arbeit ermöglicht, hatte an der Märzrevolution teilgenommen und war nach Deutschland ins Exil gegangen, wo er verehrungsvoll zu Schrifstellern des »Jung-Deutschland« wie Heine, Börne und Gutzkow aufblickte. Nach seiner Rückkehr bemühte er sich, die Moral seiner Wiener Zeitgenossen zu heben. Es gelang ihm immerhin, gemeinsam mit dem Bürgermeister von Mödling bei Wien, Josef Schöffel, den Wienerwald davor zu bewahren, abgeholzt und an habgierige Holzhändler verkauft zu werden. Der bittere, einsame, unbestechliche Mann war zugleich ein Liebhaber der Natur und ein Vorläufer der heutigen grünen Bewegung. Obschon er als »Virtuose des Feuilletons« galt, sah er sich selbst nur als »Infanterist des literarischen Kleinkalibers«. Er verachtete die anderen Vertreter dieses Genres und widmete ein ganzes Stück der Verspottung jener »im Kaffeehaus naturalisierten Feuilletonisten«, die er als »Verächter des Publikums, Menschenfeinde, Egoisten, hommes blasés, kurz Mephistos« beschrieb.

In den siebziger Jahren veröffentlichte Kürnberger eine Sammlung seiner kurzen Prosastücke in zwei Bänden, die eine betitelt ›Siegelringe‹, die andere ›Literarische Herzenssachen‹. Dabei erwies sich nicht nur seine brillante Formulierungsgabe, sondern auch seine recht schwankende Urteilsfähigkeit. So hatte er sich etwa nach seiner Rückkehr aus dem Exil derart begeistert von den Deutschen gezeigt, daß man ihn in Wien beschuldigte, er zöge sie seinen eigenen Landsleuten vor. Seine noch vernünftige Antwort darauf hatte gelautet: »So antipathisch mir die Wiener im Vergleich zu den Deutschen sind, so wenig wieder gefallen mir die Deutschen im Vergleich mit anderen Völkern.« Dann aber nennt er diese »ein plumpes, langweiliges Volk, kleinlich, rechthaberisch, störrisch, pedantisch, ohne Heiterkeit der Lebensphilosophie, ohne Anmut noch Höflichkeit«.

Im Licht solcher Aussprüche überrascht seine ambivalente, manchmal höchst widersprüchliche Haltung seinen jüdischen Landsleuten gegenüber keineswegs. In seiner Jugend hatte er viele gute Freunde unter ihnen, darunter Frankl und Fischhof, die beiden Revolutionäre von 1848, den Schriftsteller Emil Kuh und seinen Studienkollegen Samuel Engländer, der eine Zeitlang sein engster Gefährte war. Mit einundfünfzig war er noch fähig, die folgende enthusiastische Vision zu entwickeln: »Wahrlich, es ist eine der schönsten Mischungen – der Jude vom griechischen Geist berührt!... Sah ich eine Persönlichkeit wie Moritz Hartmann an, so versetzte sich meine Phantasie willig und gleichsam wie von selbst in jene Jahrhunderte – wie mir überhaupt die Zeiten nicht vergehen und alles Dasein beständig da ist –, wo die feinen Köpfe des Südens, tolerante Mauren und gelehrte Juden, mit einem Hohenstaufen oder Abencerragen an den lichtumflossenen Höfen zu Palermo oder zu Granada die Symposien einer schönen Menschlichkeit hielten, und aus Ruinen der griechischen Bildung neue Blüten lockten, und heiteren Lebensgenuß übten und verfeinernde Künste trieben und die Natur erforschten und Wissen verbreiteten, als noch die halbwilden Völker der nordischen Wald- und Nebellande in papstumnachteter Barbarei die Knochen der Heiligen anbeteten und ihre Metaphysik mit Scheiterhaufen erleuchteten. Die milden Herzen und verständigen Sinne jener hellenischen Semiten waren die wirklichen Kirchenväter der europäischen Humanität, und gerne möcht' ich die Züge der Väter dem Urenkel leihen, oder die seinigen jenen!« Man darf Kürnberger den Nachsatz zugestehen: »Als endlich auch dem nordischen Boden und dem spröderen Germanenblute ein Hellene entsproßte, so war es dann freilich ein Goethe und er ragte über Palermo und Granada wieder hinaus.«

Dieses Loblied wurde im Mai 1872 geschrieben. Dennoch war Kürnberger ein paar Monate vorher, als Grillparzer begraben wurde, einer gehässigen Attacke auf die jüdischen Bewunderer des Dichters fähig gewesen, die sich den Trauerfeierlichkeiten angeschlossen hatten. Die arme Baronin Todesco, die einen großen Kranz gesandt hatte, wurde gemeinsam mit ihren Glaubensgenossen verspottet: »Lauter gute Gesellschaft, wie Sie sehen. Gutes, altes Blut, längst vor Christus dagewesen... Was bei einer solchen Gelegenheit Wien vertritt, ist ein reiner Großmuthsact von Samaria und Jerusalem, und Wien schaut bewundernd zu. Das ist alles. Ein wirklicher Wiener war bei der ganzen Grillparzer-Totenfeier höchstens eine kleine verschwindende Nebenperson, nämlich Grillparzer.« Damit nicht zufrieden, bekräftigte er seinen Unwillen durch die rhetorische Frage: »... wo hätten wir stärkeres Bedürfnis nach reiner Luft, als in Österreich?«

So konnte selbst ein erklärter Freund der Juden, der, wie sein Biograph Rudolf Holzer betont, »aus den untersten Schichten des Volkes« kam, sich im Nu in einen heftigen Antisemiten verwandeln, wenn seine Phantasie aus Granada in die eigenen Gefilde zurückkehrte. Als ein Jahr darauf die Wiener Börse zusammenbrach und unter denen, deren

Unredlichkeit kleinere Aktienbesitzer um ihre Ersparnisse gebracht hatten, sich auch jüdische Financiers befanden, wandte sich Kürnbergers Empörung nicht nur gegen sie allein, sondern gegen jeden ihres Glaubens oder Ursprungs. Sein Nachfolger in der Meisterschaft des satirischen Feuilletons, Daniel Spitzer, vierzehn Jahre nach Kürnberger im Jahr 1835 geboren, war für derartige Gefühle weniger anfällig – wenn auch nicht völlig gegen sie gefeit –, weil selbst jüdischer Herkunft. In jenen ›Wiener Spaziergängen‹, die er nahezu dreißig Jahre lang in verschiedenen Journalen veröffentlichte und in Buchform sammelte, lehnte er sich ganz bewußt an Dr. Johnsons ›Rambler‹ und an Addisons und Steeles ›Spectator‹ an. Am meisten unter seinen englischen Vorbildern aber schätzte er die ›Junius-Briefe‹, für deren Autor man in Spitzers Tagen noch Sir Philip Francis hielt.

Von Spitzer, nicht von Kürnberger hieß es, »Er war, wenn auch Alles schlief, das allezeit wache Gewissen Wiens« – eine Bezeichnung, die auf den Nachtarbeiter Karl Kraus im buchstäblichen wie im metaphorischen Sinn zutreffen sollte. Spitzer schrieb Polemiken gegen unfähige Minister, bestechliche Abgeordnete, korrupte Journalisten, betrügerische Bankiers, arrogante Aristokraten, eingebildete Gelehrte, unverschämte Wirte, schlechte Poeten, stimmlose Tenöre und – wenn der Anlaß es gebot, ohne Rücksicht auf seine eigene Herkunft – gegen jüdische Missetäter. Ihm war nichts heilig als die Wahrheit. Da er selbst sich von niemandem kaufen ließ, hatte er zwar fast nie Geld, half aber dennoch jenen, die noch weniger als er besaßen. Seinem eigenen Geständnis nach strebte er an, was eines seiner weiteren Vorbilder, der Franzose Rivarol, als die »meilleure espèce d'homme« beschrieb: »Faisant un épigramme contre un sot et donnant un écu à un pauvre.« In der Tat überlebten Spitzers Epigramme und Aphorismen seine häufig allzu zeit- und anlaßgebundene Prosa. In Richard Wagner, dessen Musik ihn nicht weniger abstieß als den Kritiker Hanslick, sah er »den lärmendsten Dulder Deutschlands«. »Ohne die Vergeßlichkeit«, sagte er, »gäbe es keine Originalität.« Und gleich Bertolt Brecht, der es als die schwierigste Aufgabe des Schriftstellers ansah, einfach zu schreiben, betonte Spitzer, man brauche »viel Arbeit, damit man der Arbeit die Arbeit nicht anmerke«.

Der ätzende Witz war, wie Kürnberger bewies, kein Vorrecht des jüdischen Geistes. Indes muß eingeräumt werden, daß eine Reihe von Wiener Feuilletonisten aus Spitzers Zeit – unter ihnen Ludwig Speidel, Friedrich Schlögl und Vinzenz Chiavacci – öffentliche und politische Mängel lieber unmittelbar oder mit harmlosem Humor angriffen als mit jenem beißenden, oft verletzenden Sarkasmus, der etwa Spitzers Vorläufer im Biedermeier, dem Kritiker Moritz Saphir, eigen gewesen war. Speidel, ein gebürtiger Schwabe, war ein sanfter, bescheidener

Mann, ein Kritiker, der lieber mit den Schauspielern des Hofburgtheaters befreundet bleiben wollte, als sie, wenn sie in ihrer Rolle versagt hatten, unbarmherzig zu verreißen. Sein Ausspruch »Das Feuilleton ist die Unsterblichkeit des Tages« hielt ihn nicht davon ab, dreißig Jahre lang Hunderte solcher Prosastücke zu schreiben und die anderer Autoren zu redigieren.

Schlögl dagegen scheute sich nicht, die dunkle, grausame Seite der Wiener anzuprangern – so ihre abscheuliche Gewohnheit, Tiere zum Vergnügen zu quälen –, doch legte er seine Geschichten und Anekdoten zumeist irgendwelchen lustigen Typen in den Mund, Volkssängern, Betrunkenen, Hausmeistern und »G'schaftlhubern«. Der gleichen Methode bediente sich Chiavacci, der zu diesem Zweck die »Frau Sopherl« erfand, ein Naschmarktweib, hinter dessen komischer, pseudonaiver Schlauheit sich ebensoviel Hausverstand verbarg, wie ihn der tschechische Schriftsteller Hašek seinem ›Guten Soldaten Schwejk‹ zuschreiben sollte. Um 1880 ließ Chiavacci diese Kräutlerin vom Naschmarkt nicht nur zukünftige Flugreisen, sondern sogar einen »Krieg der Sterne« voraussagen, wie er erst hundert Jahre später denkbar geworden ist.

Als eine neue Generation von Satirikern, Kritikern und Feuilletonisten, alle in den siebziger Jahren oder kurz davor geboren, auf der Szene erschien, kamen sie alle – mit Ausnahme von Franz Blei – aus der gleichen Welt wie die Mitglieder von »Jung-Wien«. Zwei von ihnen, Felix Salten und Felix Dörmann, gehörten dieser Gruppe sogar an, widmeten sich aber, neben ehrgeizigeren Unternehmungen, jenem gehobenen Journalismus, der früher oder später in Buchform erscheint. Ohne vorerst auf Egon Friedell, Karl Kraus und Peter Altenberg einzugehen – drei literarische Gestalten, deren Persönlichkeit, Interessen und Leistungen die Grenzen dieses Genres weit überschreiten, mag man in dem 1873 geborenen Alfred Polgar den bedeutendsten Autor feuilletonistischer Prosa sehen. Im Alter von zweiundzwanzig Jahren wurde er Redakteur, begann Kritiken zu schreiben und veröffentlichte sein erstes Feuilleton, vermutlich unter dem Einfluß Knut Hamsuns, mit dem Titel ›Hunger‹. In einer Buchbesprechung von 1901 verlangte Polgar vom modernen Schriftsteller »ein mikroskopisches Auge. Ein Auge, das die zarten Zusammenhänge aufspürt. Und ein ähnlich construiertes Ohr.«

Bald wurde er von Karl Kraus gelobt, dem Orakel und selbsternannten Richter über seine Altersgenossen, und dies aus Anlaß eines Artikels, den Polgar über Wedekinds ›Lulu‹-Stück geschrieben hatte: »Aber alles, was ich über die Erdgeistmoral sagen wollte und sagen könnte«, gesteht der um ein Jahr jüngere Kraus, »habe ich in dem Artikel eines jungen Kritikers gefunden, der besser als seine ausgewachsenen Collegen des Dramatikers Meinung und den Charakter der Heldin erfaßt hat.« Etwas später zog Kraus, wie es öfter bei ihm vorkam, sein Lob eines schreibenden Kollegen wieder zurück, der durch einen kleinen Verstoß oder eine unwillkommene Meinung den arbiter moralis verärgert hatte. Inzwischen aber war Polgar als ein Theaterkritiker von Scharfsinn und Esprit bereits anerkannt; und sein Ruf stieg noch im Laufe eines langen, bis zu seinem Gang ins Exil höchst erfolgreichen Lebens. Jene Novellen, die zu schreiben er sich gleich den meisten seiner Zeitgenossen in seiner Jugend bemüßigt fühlte, hatten deren Gefallen nicht gefunden. Über den Band ›Quell des Übels‹ meinte Schnitzler: »Bohrende Intelligenz – und totaler Mangel an Gestaltungskraft.« Sobald Polgar jedoch eingesehen hatte, daß die Würze seines eigenen, beachtlichen Witzes in der Kürze gelegen war, und die Kunst zu vervollkommnen begann, »aus hundert Zeilen zehn zu machen«, hatte er seine wahre Aufgabe entdeckt.

Als Alfred Polak, Sohn eines kleinen Klavierlehrers und Neffe eines Schächters in der Leopoldstadt geboren, stieg er nicht nur zu Ruhm und Ansehen auf, wo immer man Deutsch sprach und las, sondern wurde schließlich für einen typischen österreichischen Grandseigneur gehalten. Sein Werdegang war beispielhaft für manch andere seiner Art und Herkunft. Nachdem er beschlossen hatte, von jenem Zweiten Bezirk, der zumeist von armen, nichtassimilierten Juden bewohnt war, zuerst in den – von Akademikern bevorzugten – Neunten zu übersiedeln, dann in den Ersten Bezirk, die Innere Stadt, und unterwegs auch seinen Namen zu ändern, vollzog sich seine Integration in das Wiener Bürgertum und das intellektuelle Leben der Stadt mit außerordentlicher Geschwindigkeit. Viele Jahre hindurch wurde er vor allem seiner Theaterkritiken wegen geschätzt und auch während seines langen Aufenthalts im theaterbesessenen Berlin um ihretwillen berühmt. Nach und nach aber gewann Polgar immer mehr Bedeutung als ein Kritiker seiner Zeit, dessen Klinge so blitzend wie sie scharf war. Die meisten seiner von der Bühne unabhängigen Schriften entstanden in den zwanziger und dreißiger Jahren, zumeist erzählende oder polemische Stücke, zu denen er durch alltägliche Ereignisse, durch Vorgänge im Gerichtssaal oder in der Politik angeregt worden war. Eine sechsbändige Gesamtausgabe dieser Arbeiten und seiner Theaterkritiken wurde kürzlich abgeschlossen; sie profiliert einen Schriftsteller, dessen stilistische Eleganz selbst seine knappste und nebensächlichste Prosa veredelt hat.

Um 1908 schien er eine Weile unzertrennlich von Egon Friedell zu sein, der zwar fünf Jahre jünger, aber mit dreißig bereits ein Original war. Seine massige Erscheinung, seine unschönen Züge, seine stets zunehmende Bildung und sein schauspielerisches Talent wußte Friedell in jeder Weise zu nutzen und wurde zu einem allseits respektierten Kauz. Die beiden Kulturgeschichten, die er schreiben sollte, die eine von der Antike, die andere von der Neuzeit handelnd, erschienen erst in den späten zwanziger Jahren. Bis dahin studierte Friedell, ein Sproß der wohlhabenden Familie Friedmann, an der Universität Heidelberg, verfaßte eine Dissertation über Novalis als Philosophen und kehrte nach seiner Promotion nach Wien zurück, um eine Weile lang mit anderen das 1907 gegründete und von Josef Hoffmann in vollendetem Jugendstil eingerichtete Kabarett »Die Fledermaus« zu leiten. Hier führte der junge Kokoschka sein erstes – indisches – Märchen, ›Das getupfte Ei‹, auf Lichtbildern vor. Bei der Eröffnung las Lina Loos, Adolf Loos' erste Frau, einen Prolog von Peter Altenberg. Alle bekannten Autoren, von Bahr bis Blei, leisteten einen Beitrag. Bald begann Polgar, gemeinsam mit Friedell, eine Reihe von Sketchs und kurzen Stücken zu schreiben; das berühmteste davon läßt Goethe als Schuljungen durch ein Examen fallen, in dem er über sein Leben und seine Werke befragt wird. Den Schüler spielte natürlich Friedell selbst.

Seine Haupttätigkeit als Historiker, Dramatiker (sein Drama ›Judastragödie‹ wurde am Burgtheater aufgeführt) und, nach einer kurzen Zeit der Theaterkritik, als Schauspieler in Max Reinhardts berühmtem Ensemble fiel in die zwanziger und dreißiger Jahre. Als junger Mann hatte er sich bereits den Ruf erworben, nicht nur ein angehender Weiser zu sein, sondern auch ein »Bursche von unendlichem Humor«. Ein ihm verwandter, wenn auch noch ausgefallenerer Geist war Franz Blei, den Polgar »den bekannten Professor der Erotik mit ambulanter Lehrkanzel« nannte. Es ist bemerkenswert, wie sich in dem ausgefallenen komplexen, kosmopolitischen Klima Wiens dieser Sohn eines schlesischen Schusters, in der Benediktinerabtei Melk an der Donau erzogen, zu einem vielseitigen, häufig frivol angehauchten Historiker entwickeln konnte. Auch als Romanautor erwies sich Blei als fruchtbar und schrieb überdies Dramen, Opernlibretti und Essays in so gelehrter wie anzüglicher Weise. Er übersetzte Lucan, Claudel, Chesterton und Wilde, den er in Paris kennenlernte, sowie André Gide, der ihn in seinem späteren Exil finanziell unterstützte. In seiner Jugend hatte Blei mit dem Sozialismus geliebäugelt und war aus der katholischen Kirche ausgetreten. Nach dem Krieg kehrte er in ihren Schoß zurück, bekannte sich aber gleichzeitig zu kommunistischen Idealen. In einer autobiographischen Erzählung aus dieser Zeit behauptete er, »der kirchliche Baal ist eifersüchtig auf den kommunistischen Belzebub (!), weil dieser weltlich mächtiger ist in seiner Gottlosigkeit als diese gesamte europäische Christenheit, die ihre weltlichen Geschäfte geistlich kamufliert«. Ein Sonderling, ein Narr ist man versucht zu sagen; aber Blei hatte seinen Verstand am rechten Fleck – besonders, als er 1920 in seinem ›Großen

Bestiarium der Literatur‹ zeitgenössische Autoren durch zoologische Vergleiche karikierte. Weit weniger exzentrisch, vielmehr der Tradition eines gutwilligen Feuilletonismus verpflichtet, war Raoul Auernheimer, der sich zwar selbst vor allem als Dramatiker sah, aber jahrzehntelang zur Redaktion der ›Neuen Freien Presse‹ gehörte. Diese 1864 gegründete, führende Tageszeitung Wiens galt als Bindeglied mit den vorgeschobensten Posten der Monarchie, fast wie die k. u. k. Armee. Der eine ihrer beiden Chefredakteure und hauptsächliche Leitartikler, Moritz Benedikt, war einer der zehn oder zwölf mächtigsten Männer in Österreich. Fast allen bisher erwähnten Literaten öffnete die ›Presse‹ entweder ihre Seiten oder räumte ihnen einen redaktionellen Posten ein. Ihr Kulturteil, bis 1896 von Ludwig Speidel überwacht, ging in diesem Jahr auf den bisherigen Pariser Korrespondenten des Blattes, Theodor Herzl, über, der ihn bis zu seinem Tod im Jahre 1904 leiten sollte. Über den Begründer des Zionismus wird an späterem Ort mehr zu sagen sein. In seiner Rolle als Journalist und homme de lettres unterschied er sich kaum von Auernheimer und seinesgleichen – er schrieb einen glatten und geschickten, manchmal anmutigen und sogar pointierten, aber keineswegs herausragenden Stil.

Gab es noch keine weiblichen Autoren? Ganz wie Marie von Ebner-Eschenbach zu jener Zeit vermutlich die einzige österreichische Erzählerin von Rang war, kann Marie Herzfeld als einzige wahrhaft begabte Essayistin angesehen werden, die ihre klugen, ja profunden Einsichten in vollendete Form zu fassen verstand. Neben Hermann Bahr war sie die bedeutendste Interpretin der Fin-de-siècle-Literatur, während eine Reihe von Jahren hindurch die bekannte Gastgeberin und Dame der Gesellschaft Berta Zuckerkandl, neben Ludwig Hevesi – der die Inschrift auf Olbrichs Secessionsbau vorgeschlagen hatte –, die wichtigste Interpretin der Kunst des Jugendstils war. Aus der gleichen Schicht wie die Ebner-Eschenbach kam Enrica von Handel-Mazzetti. 1871, vierzig Jahre nach der großen und edlen Gräfin geboren, lebte sie bis weit in die Zweite Republik. In ihren Ansichten war sie weniger fortschrittlich als ihre Vorläuferin, aber als erfolgreiche Romanschriftstellerin in der Tradition farbiger Historiengemälde wurde sie schließlich zur Doyenne einer Gruppe angesehener katholischer Dichterinnen, die nach und nach auf der Bildfläche erschien.

Wenn die gute und mutige Rosa Mayreder, Musikerin, Malerin, Essayistin und Librettistin, in diesem Zusammenhang Erwähnung verdient, dann weniger um ihrer Talente auf all diesen Gebieten willen als dank ihrer Pionierarbeit für die Emanzipation der Frauen in Österreich. Nicht anders verhält es sich mit Betty Paoli, die zu ihren Lebzeiten als große Novellistin und Essayistin galt, deren heute aber vor allem als bedeutender Sozialreformerin gedacht wird. Ein Jahr vor der 1893 erfolgten Gründung des ersten »frei-denkerischen und bürgerlichen Allgemeinen Österreichischen Frauenvereins« durch Rosa Mayreder brachte die Sozialistin Adelheid Popp bereits ihre ›Arbeiterinnenzeitung‹ heraus. Eine Persönlichkeit von außerordentlicher Wirkung auf ihre Zeitgenossen wie auf künftige Generationen war Bertha von Suttner, geborene Gräfin Kinsky, die 1889 das epochale Werk ›Die Waffen nieder‹ erscheinen ließ. Als Wegbereiterin des Pazifismus und Führerin nationaler und internationaler Friedensbewegungen erhielt sie 1905 den Friedensnobelpreis. Die Bedeutung all dieser hervorragenden Frauen als Vorboten des Fortschritts übertrifft bei weitem ihr Gewicht in Literatur und Kunst.

Nun aber zu Karl Kraus, jenem Mann, den das Londoner ›Times Literary Supplement‹ bereits vor mehr als zwanzig Jahren den »größten Satiriker des 20. Jahrhunderts und Meister deutscher Prosa« nannte, ohne ihn dadurch den Briten näherzubringen. Eine Auswahl aus seinen Werken, zunächst in Kanada, kürzlich auch in England erschienen, hat wegen ihrer eigentlichen »Unübersetzbarkeit« ihrem Bekanntheitsgrad im fremdsprachigen Ausland nicht wirklich aufhelfen können. Man muß sich fragen, ob dies der einzige in der Literaturgeschichte bekannte Fall sei, und wenn ja, warum.

Gewiß sind Kalauer, verbale Scherze und vor allem Anspielungen auf Dinge, die lediglich an einem bestimmten Ort bekannt sind, nur schwer, manchmal auch gar nicht in ein anderes Idiom zu übertragen (einem heutigen Übersetzer Tom Stoppards, des vielleicht witzigsten modernen Dramatikers, ist dies nur allzu klar). Dennoch wird es immer wieder versucht. Es mag wohl sein, daß die alles überragende Bedeutung, ja magische Kraft, die Karl Kraus der Sprache zuschrieb, selbst jetzt, lange nach seinem Tod im Jahre 1936, Anwärter auf eine Vermittlerrolle ebenso abschreckt wie die Archäologen Tutenchamuns Fluch. Für Kraus, der besessen war von der »Reinheit des Wortes«, schien – nicht anders als für Arthur Schopenhauer – schlechte Grammatik der Ausdruck unordentlichen Denkens zu sein. Ihn, von jüdischen Eltern in der böhmischen Stadt Gitschin – im Schatten von Wallensteins Schloß – geboren, hatten freilich noch ältere Einflüsse als der Schopenhauers geprägt. Im Talmud heißt es, daß »die Auslassung oder Hinzufügung eines einzigen Buchstabens die Vernichtung der ganzen Welt herbeiführen« könne. Auch wenn Kraus dies vielleicht nicht wußte – er berief sich statt dessen auf Konfuzius, der sprachliche Sorglosigkeit aus den gleichen Gründen und in ähnlichen Worten verurteilt hatte –, mag ihm doch die religiöse Ehrfurcht, die das Volk der Bibel der Sprache entgegenbrachte, eingewurzelt gewesen sein.

Ein moralischer Präzeptor seiner Zeit, ein kompromißloser Kämpfer gegen Ungerechtigkeit, ein unnachgiebiger Gegner von allem und jedem, was ihm in Kunst, Politik und Gesellschaft falsch oder korrupt erscheint, entsteht nicht über Nacht. Als junger, begabter Literat begann Kraus, unterstützt von einem wohlhabenden Vater, kaum anders als die Ästheten von Jung-Wien. Mit Hugo von Hofmannsthal war er in derselben Klasse jenes Akademischen Gymnasiums gesessen, dessen Schüler einst auch Grillparzer gewesen war. Gleich »Loris« kam er ins »Griensteidl«, bestand allerdings darauf, gleich Peter Altenberg allein an einem Tisch zu sitzen. Dennoch zählte Richard Specht zu den habitués des Zirkels auch »Karl Kraus, pudeljung, médisant, voll artiger Bosheit, alle Schauspieler prachtvoll kopierend, voll parodistisch satirischer Einfälle, immer gern bereit, über unsere ersten Bücher Besprechungen zu schreiben, des eigenen Wegs noch ungewiß«. In jenen Tagen verfaßte Kraus Artikel für eine Reihe von Zeitungen und bot auch anderen seine Dienste an. Er schreckte nicht einmal davor zurück, unter dem Pseudonym »Crêpe de Chine« der ›Neuen Freien Presse‹ Beiträge zu liefern. Und obwohl er die Dekadenz seiner Freunde ablehnte – sein erster Angriff auf Hermann Bahr erschien bereits 1893 in einem Münchner Magazin, wo er ihm eine »verheerende Wirkung... in unserer jungen Litteratur« vorwarf und »Jüngstdeutschland« vor diesem »Französling« warnte, äußerte er sich doch im großen und ganzen zustimmend, wenn auch nicht unkritisch, über die Werke der Bahrschen Schüler, etwa über Hofmannsthals lyrisches Drama ›Gestern‹ oder Schnitzlers ›Anatol‹.

Klein von Gestalt, schmal, schmächtig und etwas verwachsen hatte Kraus dennoch den Ehrgeiz, auch Schauspieler zu werden. Eines Abends durfte er auf einer Wiener Vorstadtbühne als Franz Mohr in Schillers ›Räubern‹ einspringen. Max Reinhardt gab den Spiegelberg, einen seiner Spießgesellen. Am nächsten Abend, Kraus war bereits abgelöst, spielte Theodor Herzl in der gleichen Aufführung einen anderen Räuber, Kosinsky. Dies soll nur andeuten, wie eng verschlungen anfänglich die Pfade gewisser Menschen waren, die später zu erbitterten Feinden werden sollten. Ein Jahr vor seinem Tod hat Kraus sich übrigens daran erinnert, daß sein Franz Mohr damals von einem antisemitischen Kritiker verrissen worden war. Bald entfremdete ihn die Fehde, die er gegen Bahr zu führen begonnen hatte, den anderen jungen Literaten. Schließlich übersiedelte Kraus gemeinsam mit Peter Altenberg ins Café Central und feuerte von diesem sicheren Bollwerk aus Ende 1896, in einer neuen Zeitschrift, der ›Wiener Rundschau‹, eine satirische Breitseite ab. Im November zuvor war den darüber sehr betrübten Gästen des »Griensteidl« angekündigt worden, das Café müsse wegen eines Neubaus des Palais Herberstein, in dem es sich befand, in Kürze abgerissen werden. Dies regte Kraus zu seiner Streitschrift ›Die demolierte Literatur‹ an, in der er, ohne Namen zu nennen, alle Mitglieder von Jung-Wien mit beißender Ironie charakterisierte.

Von Leopold von Andrian sagte er: »Eine der zartesten Blüthen der Decadence sprosste dem Café Griensteidl in einem jungen Freiherrn, der, wie man erzählte, seine Manieriertheit bis auf die Kreuzzüge zurückleitet.« Erst bei der Veröffentlichung als Pamphlet im folgenden Jahr enthielt der Text einen Ausfall gegen seinen Mitschüler Hofmannsthal, den er in der ersten Fassung noch verschont hatte: »Die Tatsache, daß Einer noch ins Gymnasium ging, begeisterte den Entdecker zu dem Ausruf: ›Goethe auf der Schulbank!‹ Man beeilte sich, den Jüngling für das Kaffeehaus zu gewinnen, und seine Eltern selbst führten ihn ein: ... Er ging daran, ein Fragment zu schreiben, und war es seiner Abgeklärtheit schuldig, seine Manuskripte für den Nachlaß vorzubereiten... dann studierte er sich seine ›Letzten Worte‹ ein.« So und schlimmer über den Rest der Gruppe. Nur einer antwortete auf diese Verhöhnung: Felix Salten. In seinem Tagebuch notierte Arthur Schnitzler im Dezember 1896: »Gestern Abends hat Salten im Kf.h. noch den kleinen Kraus (der auch ihn angegriffen) geohrfeigt, was allseits freudig begrüßt wurde. –«

Jedes Urteil über diese gegen seine früheren Gefährten gerichtete Schmähschrift wie über seinen nächsten gehässigen Ausfall im Jahr 1898, als er unter dem Titel ›Eine Krone für Zion‹ Theodor Herzl und dessen Buch ›Der Judenstaat‹ verhöhnte, muß in Betracht ziehen, daß Kraus damals noch nicht fünfundzwanzig Jahre alt war. Gleichwohl waren diese beiden ersten der satirischen Angriffe, die Kraus ein Leben lang führen sollte, keineswegs nur unreife Bubenstreiche, vielmehr fixierten sie ein für alle Mal den Ton seiner Polemiken im öffentlichen Leben. Sein Ziel wurde vollends klar, als er im letzten Jahr des Jahrhunderts die erste Nummer seiner ›Fackel‹ erscheinen ließ, deren Maxime »kein tönendes ›Was wir bringen‹, aber ein ehrliches ›Was wir umbringen‹« war. Überdies versprach Kraus die »Trockenlegung des weiten Phrasensumpfes« in Wien und erklärte, er werde »das schändliche Hausirertreiben unserer Literaten, die Zusammenhänge von Theater und Journalistik« aufdecken, wie es ihm andere Zeitschriften nicht gestattet hatten.

Die Wirkung dieser ersten, rotkartonierten Nummer der ›Fackel‹, aber auch jener der in den nächsten siebenunddreißig Jahren folgenden 921 Hefte, auf die intellektuelle Jugend Wiens kann nicht hoch genug eingeschätzt werden. In mancher Hinsicht dem Vorbild von Henri de Rocheforts ›La Lanterne‹ verpflichtet, entwickelte sich die ›Fackel‹ zu einem einzigartigen Instrument für ein unzweifelhaftes Genie – mit all den Launen, Irrtümern und Idiosynkrasien, die einem solchen eignen. Erst nach 1911, sobald sie gänzlich von Kraus verfaßt wurde, vertrat sie

Theodor Herzl mit seinen Kindern

einzig und allein seine eigene Meinung. Doch sowohl die Wahl seiner Mitarbeiter wie die Art, auf die Kraus sie nach einiger Zeit um irgendwelcher geistiger oder sprachlicher Verfehlungen willen wieder fallenließ, sagte fast ebensoviel über seine Absichten und Überzeugungen aus wie seine eigenen Schriften. Seine politischen Meinungen änderten sich mit den Jahren; seine Weltanschauung, seine Ethik und Ästhetik nie. Manchmal schienen diese einander zu widersprechen. So stand sein konservativer Geschmack im Bereich der Bühne, noch diktiert vom alten Hofburgtheater seiner Jugend, ganz im Gegensatz zu seiner Förderung neuer literarischer Formen, wie sie die jungen expressionistischen Dichter Albert Ehrenstein, Berthold Viertel, C. Ch. Kulka, Franz Werfel oder die deutsche Lyrikerin Else Lasker-Schüler vertraten. Im Theater hing er nach wie vor an einem gleichsam ornamentalen Pathos; in der Literatur und den visuellen Künsten haßte er alles, was ihm als geziert und überladen, eklektisch und dekorativ erschien – kurz gesagt Klimts Bilder, Hoffmanns Architektur und die Prosa Hofmannsthals.

Die Summe seiner Sprachphilosophie – wie der englische Literaturwissenschaftler J. P. Stern sie prägnant definiert hat – war sein Glaube an eine »prästabilierte Harmonie zwischen Sprache und Moral«. Das ist freilich reine Metaphysik, wie Professor Stern auch nicht leugnet, und daher den Lehren Wittgensteins, und noch mehr jenen des Wiener Kreises der Neopositivisten, diametral entgegengesetzt. Jedoch war diese Theorie eine geeignete Grundlage für Kraus' Angriffe auf korrupte oder dumme Politiker, Schriftsteller, Journalisten und andere öffentliche Figuren. Eine falsche Metapher genügte, um einen Mann zu verdammen. Da er sich zumeist Personen zum Opfer wählte, die sich bereits in anderer Hinsicht als Schurken oder Idioten erwiesen hatten, konnte er in der Aufdeckung ihrer sprachlichen Fehltritte nicht weit fehlgehen. Gleich Kürnberger, den er sich, obwohl Daniel Spitzer ihm vielleicht näher gestanden wäre, zum Leitbild erwählt hatte, war Kraus in seinen Zuneigungen oder Abneigungen oft starrköpfig und irrational. Er richtete deshalb auch viel Schaden an, denn die ständig wachsende Menge seiner Schüler, im Bann seiner Sprachgewalt, seines Witzes und seines Charmes, übernahm unkritisch seine Bewunderung oder Verachtung, und damit jedes Vorurteil, jede Parteinahme für oder gegen seine Mitmenschen, die zu verkünden Kraus nicht müde wurde. Sein Charme äußerte sich weniger in seinen Schriften als in den Hunderten von öffentlichen Auftritten, die er in seinem Leben vollzog. Sehr früh hatte er damit begonnen, auf der einen oder anderen Plattform (später zumeist im Mozartsaal des Wiener Konzerthauses) Lesungen nicht nur aus eigenen Schriften zu halten, sondern auch aus Werken von Shakespeare, Nestroy und seinem geliebten Offenbach. Die Lieder der

Operetten wußte er mit hoher, etwas krächzender, aber wohlmodulierter Stimme gleichfalls vorzutragen. Kraus war, wie schon erwähnt, kein ansehnlicher Mann. Aus seinen Zügen aber sprachen Feinfühligkeit und ein scharfer Verstand. Wenn er seine funkelnde Metallbrille abnahm, um einen Satz besonders zu betonen, sah man das magnetische Blau seiner Augen, und seine Hände, mit denen er ausdrucksvoll gestikulierte, waren schön. Seine Freunde bezeugen, daß er im privaten Umgang freundlich und großzügig war, ja gütig. Doch er war erbarmungslos in seinem Kampf gegen alles, was ihm von Übel erschien, vor allem gegen die »Journaille« und gegen all jene Vertreter mächtiger Institutionen, deren Verirrungen bereits von Kürnberger, Spitzer und anderen Satirikern vor ihm der Lächerlichkeit preisgegeben worden waren.

Noch heute, mehr als fünfzig Jahre nach seinem Tod, bekennen so achtbare Überlebende seiner Zeit wie der Schriftsteller und Nobelpreisträger Elias Canetti, der an einem Nobelpreis knapp vorbeigegangene Biochemiker Erwin Chargaff und der Komponist Ernst Křenek, ihr ganzes Leben lang unter seinem Bann gestanden und daraus hohen Gewinn gezogen zu haben. Eine Anzahl anderer, weniger bekannter Menschen im deutschen Sprachraum oder anderwärts, wohin immer ihr Exil sie führte, trägt in Geisteshaltung und literarischem Geschmack noch die Spuren einer frühen Indoktrination durch Karl Kraus. Hat man sie einmal seinen Namen nennen gehört, dann darf man mit Sicherheit annehmen, daß sie Shakespeare, Matthias Claudius, Goethe, Nestroy und Offenbach bewundern, Heine, George Bernard Shaw, Hofmannsthal, den späteren Werfel und Stefan Zweig aber ablehnen, ohne sich in allen Fällen der Gründe dafür zu erinnern. In der Politik fällt es ihnen zumeist schwerer, seinem Beispiel zu folgen. Denn Kraus hielt es um die Jahrhundertwende mit den Sozialisten, wurde dann unter dem Eindruck der reizvollen Baronesse Sidonie Nádherný und ihres Kreises zum Konservativen, zog den Thronfolger Franz Ferdinand dem Kaiser Franz Joseph vor, war im Ersten Weltkrieg überzeugter Pazifist, erneuerte in den zwanziger Jahren seine Freundschaft mit der Linken, und als im Dollfuß-Regime die Demokratie in Österreich ihr Ende fand, wurde er zum Advokaten des »Diktators im Taschenformat« und dessen Nachfolgers Schuschnigg. Diesem scharfen, brillanten Verstand war es nicht gelungen, die Theorie des »kleineren Übels« mit all ihren fatalen Folgerungen zu durchschauen.

Trotz seiner unzweifelhaften Fehler muß man jedoch in Kraus einen der großen Moralisten dieser Erde sehen, einen Mann, der zwar oft über das Ziel schoß, aber zugleich, mehr als irgendeiner seiner Zeitgenossen, Maßstäbe für allgemeinen Anstand setzte und Heuchler, Betrüger und Halunken in allen Lebensbereichen entlarvte, wo immer er sie fand. Schon früh trat er für die Frauen ein, empörte sich gegen ihre schlechte oder unwürdige Behandlung und verteidigte ihre sexuelle Freiheit – dennoch war er kein Feminist. Ebenso leidenschaftlich bewegte ihn, wie bereits erwähnt, der Kampf seines Freundes Adolf Loos gegen die secessionistische Kunstauffassung. Um 1908, als Kraus erst Anfang Dreißig war, stürzte er sich mit jugendlichem Eifer in diese Kontroverse. Eines seiner Schlagworte war: »Ich fege die Straßen, ich lockere die Bärte, ich rasiere die Ornamente.« Und später erklärte er: »Adolf Loos und ich, er wörtlich, ich sprachlich, haben nichts weiter getan als gezeigt, daß zwischen einer Urne und einem Nachttopf ein Unterschied ist, und daß in diesem Unterschied erst die Kultur Spielraum hat.« Hunderte von Glossen und Spottschriften, die er in der ›Fackel‹ publizierte, wurden später in Büchern gesammelt, die bis zum Kriegsausbruch Titel wie ›Sittlichkeit und Kriminalität‹ und ›Die chinesische Mauer‹ sowie drei Aphorismenbände umfaßten. Sein größtes Werk, das Drama ›Die letzten Tage der Menschheit‹, lag damals noch vor ihm, wie auch seine wachsende Besessenheit mit einem Mystizismus der Sprache.

Es wurde bereits betont, daß Kraus in seinen Zeitgenossen entweder rückhaltlose Gefolgschaft oder rücksichtslose Gegnerschaft erweckte. Will man ihm sine ira et studio gerecht werden, muß man auf Kritik von beiden Seiten gefaßt sein. Eine der Möglichkeiten, seinen damaligen Angriffen zu begegnen, bestand darin, ihn zu ignorieren. Die ›Neue Freie Presse‹ tat eben dies, gemäß dem biblischen Fluch, in Kraus' eigenen Worten: »Nicht genannt soll er werden.« Im Hause Hugo von Hofmannsthals ist, wie seine Tochter Christiane einmal enthüllt hat, der Name Kraus nie gefallen. Der ehemalige Schulkollege, der den gemeinsamen Abschluß der Matura mit Hofmannsthal in dem kleinen Park vor dem Akademischen Gymnasium gefeiert hatte, ihn aber wenige Jahre darauf zu schmähen begann, »war kein Gesprächsthema« in dem Barockschlößchen von Rodaun.

Eine vernichtend offene Attacke auf Karl Kraus kam indes von dem 1891 geborenen Anton Kuh, dem jüngsten unter den Causeurs und geistreichen Spöttern der hier behandelten Epoche. Kuh war ein großartiger Rhetoriker, der vor einem ähnlichen Publikum wie jenem, das sich bei Kraus' Lesungen oder Schmähreden einfand, funkelnde Diskurse über jedes verlangte oder selbstgewählte Thema spontan zu halten vermochte. Die denkwürdigste dieser Improvisationen fand im Oktober 1925 statt und wurde in späteren Jahren – einmal auch in Gegenwart der Verfasserin – entsprechend abgewandelt wiederholt. In ihr gelang es Kuh, die Autorität, die Kraus als selbsternannter Lehrmeister der intellektuellen Jugend Wiens genoß, nicht nur ins Lächerliche zu ziehen, sondern ernsthaft zu untergraben. Es war eine Glanzleistung voll Ironie und Spott, von messerscharfer Beobachtung und mit einigen unschlagbaren Argumenten. Kuh selbst entstammte, gleich Kraus, einer in Böhmen ansässigen Familie; die seine stand freilich der literarischen Tradition Prags näher als die Papiertüten erzeugenden Vorfahren von Kraus. Kuhs Onkel Emil war Kürnbergers Freund gewesen. Sein Großvater David war als »leidenschaftlicher Vorkämpfer des Deutschtums in Böhmen« bekannt, der erste, der die »mittelalterliche« ›Königinhofer Handschrift‹ anzweifelte – eine tschechische Fälschung, die als Beweis einer sechshundertjährigen Tradition der slawischen Kultur hatte dienen sollen und deren mangelnde Echtheit schließlich von Tomas G. Masaryk, dem zukünftigen ersten Präsidenten der Tschechoslowakei, aufgedeckt wurde. Ein noch früheres Mitglied der Familie Kuh war Ephraim Moses aus Berlin gewesen, ein enger Freund jenes Moses Mendelssohn, der während Deutschlands kurzer Aufklärungsepoche den Juden in die Emanzipation vorausgegangen war.

Wenn Anton Kuh auf einem seiner vielen Besuche in Berlin und im Romanischen Café den Spitznamen »Hirnzigeuner« erhielt, dann war sein Verstand wohl geerbt, sein bohémienhafter Lebensstil aber eine Folge der lockeren, lässigen Atmosphäre jenes Wien, in dem er zur Welt gekommen war. Mehr als tausend verstreute Prosastücke – zumeist humoristische Skizzen, Anekdoten und Aphorismen – und reichliche Beweise seiner virtuosen Rednergabe mögen ihn Zeitgenossen wie Friedell oder Polgar dennoch nicht gleichrangig zur Seite stellen. Aber Kuh schrieb auch Bücher von ernster Thematik, darunter eine lange Abhandlung über ›Juden und Deutsche‹ und eine andere über Physiognomie. Außerdem gab er eine Anthologie von Schriften Ludwig Börnes heraus, dem er sich verwandt fühlte. Gleich Peter Altenberg posierte Kuh als Habenichts, der für erwiesene Wohltaten, freie Mahlzeiten und viele nie zurückgezahlte Anleihen mit Charme und Witz bezahlt. Dabei war er durchaus imstande, sich schreibend selbst zu erhalten. Das großzügigste Einkommen bezog er in den Anfängen der Ersten Republik aus seinen Beiträgen zu der Zeitung eines brillanten, aber korrupten Journalisten, des Ungarn Emmerich Békessy. Als diese typische Nachkriegserscheinung (übrigens der Vater des so begabten wie kontroversen Publizisten und Romanciers, der unter dem Pseudonym Hans Habe schrieb) im Jahr 1926 von einer in seltener Einmütigkeit verbundenen Phalanx aus der ›Neuen Freien Presse‹, dem sozialistischen Rathaus und Karl Kraus aus der Stadt vertrieben wurde, verlor Kuh den einzigen regelmäßigen Verdienst, den er jemals besaß.

Daß er im Dienste Békessys stand, scheint nicht für Kuh zu sprechen. Doch darf sein großer Angriff auf Kraus, zehn Monate vor dem erzwungenen Abgang seines Brotherrn, nicht als Teil des Kampfes angesehen werden, der längst zwischen jenen beiden tobte. Kuh hielt den magnetischen Einfluß, den Kraus auf die Jugend der Stadt ausübte –

die mit beiden befreundete Schriftstellerin Gina Kaus hatte ihren Beinahe-Namensvetter »den Rattenfänger von Wien« genannt –, allen Ernstes für verderblich. Vor einer zumeist feindseligen Menge von Kraus-Verehrern (in eben jenem Mozartsaal, in dem sonst ihr Idol seine Vorlesungen hielt) sezierte er dessen Absonderlichkeiten und Schwächen, dessen Manie, immer recht behalten zu müssen, das letzte Wort in jeder Debatte zu haben, auf allen Gebieten Richtlinien aufzustellen und von seinen Anhängern zu verlangen, daß sie diese blind befolgten. »Das letzte Wort ist ein Dreck, das erste Wort ist alles«, rief Anton Kuh in den Saal. Die »intelligenten Plebejer«, die Kraus auf diese Weise züchte, würden dazu erzogen, alles abzulehnen, was oder wen ihr Meister haßte, von Heinrich Heine bis zur Psychoanalyse. Er gestand Kraus zu, jene »im guten Sinn bösen Fremdlingsaugen« zu besitzen, durch die er die graziöse, schöne, edle Wiener Kulturatmosphäre als grundsätzlich verschlampt und oberflächlich durchschaute. Zugleich warnte Kuh seine Zuhörer, nicht an die von Kraus verfochtene »Metaphysik des Kommas« zu glauben; den verschachtelten und »präventiven« Stil des Satirikers, der jedes Gegenargument vorwegzunehmen sucht, nicht nachzuahmen; und nicht auf die eigenen Verstandeskräfte zu verzichten, indem sie die ihnen vorgelegten Ideen einfach akzeptierten.

Zuletzt zitierte Kuh Nietzsches Prosa-Poem ›Also sprach Zarathustra‹ und verglich Kraus mit dem Narren, den Nietzsche »Zarathustras Affen« nennt. Der Weise fragt den Narren: »Warum wohnest Du so lange am Sumpfe, daß Du selbst zum Frosch und zur Kröte werden mußtest? Fließt Dir nicht selber nun ein faulichtes, schaumichtes Sumpf-Blut durch die Adern, daß Du also quacken und lästern lerntest? Warum gingest Du nicht in den Wald? Oder pflügtest die Erde? Ist das Meer nicht voll von grünen Eilanden?«

Mit einem verächtlichen Schlußwort verabschiedete sich Kuh von dem Gegenstand seiner Polemik, indem er versicherte, er habe nicht die Absicht, mit dem »schäumenden Narren« zu wetteifern: »Ich räume ihm hiemit das Feld, der Herr der Rede – ›dem Diener am Wort‹!« Zufolge der gedruckten Version von ›Der Affe Zarathustras‹, die auch Reaktionen des Publikums einschließlich höhnischen Gelächters und Ablehnung verzeichnet, endete der Abend mit »lebhaftem, lange anhaltendem Beifall«. Einmal wenigstens war Kraus' treue Gefolgschaft durch die sprachliche Meisterschaft eines anderen beeindruckt und umgestimmt worden.

Die Zeit hat gleichwohl Kuhs Gegner das letzte Wort zugestanden. Das Werk von Karl Kraus, vor allem sein meisterhaftes Drama ›Die letzten Tage der Menschheit‹, hat ihn triumphal überlebt und ist heute auch außerhalb von Mitteleuropa bekannt, während von Kuh nichts geblieben ist als ein paar bescheidene kleine Neuauflagen in seiner Heimat. Weltweiter Nachruhm – von den germanistischen Instituten amerikanischer Universitäten abgesehen – ist auch dem einzigen wahren Poeten und schöpferischen Dichter unter jenen, welche die »Welt im Tautropfen« einfingen, nicht zuteil geworden: Peter Altenberg. Ihm, der mit kindlichem Vertrauen und ebensolcher Schlauheit zwischen den beiden feindlichen Lagern hin- und herging, war es gleichwohl gelungen, sich aus den internen Fehden der Wiener Künstler und Intellektuellen herauszuhalten. Karl Kraus selbst hatte 1894 eine erste Sammlung von Altenbergs impressionistischer Prosa an den Verleger Samuel Fischer nach Berlin gesandt. Um die Jahrhundertwende sah Arthur Schnitzler Altenberg in einem Prater-Café »mit seinen widerlichen Schülern Pollak (Polgar) und Grossmann sitzen« – denen auch Kraus bald nichts mehr abgewann. Sein Leben lang blieb Altenberg nicht nur mit Klimt wie mit Loos auf freundlichem Fuße, sondern auch mit einigen Todfeinden seines ersten Förderers und lebenslänglichen Bewunderers, wie dem Berliner Kritiker Alfred Kerr.

Peter Altenberg entstammte einer Kaufmannsfamilie namens Engländer und borgte sich sein Pseudonym, das er selbst gern auf P. A. verkürzte, von einem hübschen kleinen Dorf an der Donau. In einem 1901 veröffentlichten, kurzen autobiographischen Text gab er eine einfache Erklärung seiner literarischen Absichten: »Sind denn meine kleinen Sachen Dichtungen? Keineswegs. Es sind Extrakte. Extrakte des Lebens. Das Leben der Seele und des zufälligen Tages in zwei bis drei Seiten eingedampft, vom Überflüssigen befreit wie das Rind im Liebig-Tiegel.«

Das war kein geschmackvoller Vergleich. Doch was sein Vokabular und seine Bilder anlangt, ist Altenberg nie sehr wählerisch gewesen. Er schrieb, wie der Vogel singt, wie man in Wien sagt, und mischte wunderbare Schilderungen und beschwörende Metaphern mit saloppen Sätzen. Im Druck sind etwa zehn Bände gesammelter Skizzen erhalten, verbale moments musicaux, die oft schon im Titel den zutiefst persönlichen, ja egomanischen Weg ihrer Entstehung ausdrücken: ›Wie ich es sehe‹, ›Was der Tag mir zuträgt‹, ›Vita Ipsa‹, ›Fechsung‹ oder ›Mein Lebensabend‹. Viele Große seiner Zeit, darunter Hofmannsthal, Kokoschka, Hermann Hesse und Thomas Mann, waren von seinen Wortgemälden und Träumereien bezaubert. Nur Bertolt Brecht beeindruckten sie nicht. »Entschuldigen Sie«, sagte er zu Karl Kraus, »aber wenn ich den lese, da geht bei mir ein eiserner Vorhang herunter.« Dieses Wort erscheint heute so verfrüht wie prophetisch, obschon damals weder Brecht noch Kraus die historische Ironie seiner Worte vorausahnen konnten.

Was von Peter Altenberg geblieben ist, vielmehr nach Jahrzehnten des Vergessens wiederbelebt wurde, ist nicht so sehr das Œuvre als die

Legende dieser Figur, die von solcher Leuchtkraft war, daß sie über seinen Tod im Jahr 1919 hinaus noch lange strahlte. Der heilige »Idiot« im Sinne Dostojewskis; der unerschütterliche Bohémien; der Verehrer sehr junger Mädchen und »gefallener« Frauen; ganz allgemein der Freund und Beschützer der unschuldig verdorbenen, hübschen und sentimentalen kleinen Huren des kaiserlichen Wien; der erste, der nach dem Besuch eines zeitweilig im Prater errichteten Aschanti-Dorfes verkündete: »Black is beautiful!« und auch Liebhaber eines afrikanischen Mädchens namens Akolé wurde; der passive Paedophile, der sein Zimmer mit Photos spärlich bekleideter Kindfrauen tapezierte, ähnlich wie Lewis Carroll und mit dem gleichen Maß an sexueller Zurückhaltung – all diese Facetten Peter Altenbergs waren vorübergehend in Vergessenheit geraten, sind aber ausgegraben worden und dem Publikum neu vorgelegt.

Sein Zimmer lag nicht in einem Privathaus oder einer Wohnung, sondern in einem Hotel – winters mitten in der Stadt, in bequemer Nähe des Café Central, seiner einzigen permanenten Adresse, sommers an den Hängen naher Gebirgszüge wie der Rax oder dem Semmering, oder aber an einem der Seen des Salzkammergutes. Altenberg war gleich Kürnberger ein früher Naturapostel. Aber nicht minder als die Alpenwiesen liebte er die Wiener Parks, vor allem den Volksgarten, wo er in der Nähe des klassizistischen Theseustempels kleinen Mädchen beim Spielen zusah. Er trug weite Gewänder und Sandalen, weigerte sich, jene steifen Hüte aufzusetzen, die in seinen Tagen »de rigueur« waren, legte niemals ein Nachthemd an und ließ, wie er gern betonte, sein Fenster »auch in der kältesten Nacht« weit offen. Es geht die Sage, daß Friedell, als er eines frühen Wintermorgens am Grabenhotel vorbeikam, Altenbergs Fenster fest geschlossen sah. Als er ihn darauf ansprach, antwortete der Poet mit einem Augenzwinkern: »Nun, Egon, es war ja nicht die kälteste Nacht.«

Um so makabrer war die Art seines Todes. In einer Dezembernacht war er, nicht ganz nüchtern, in seinem Bett im Grabenhotel eingeschlafen. Zuvor hatte er ein volles Weinglas auf seinem Leintuch verschüttet, das in der Zugluft, nachdem die Daunensteppdecke heruntergeglitten war, eisige Feuchtigkeit abgab. Drei Wochen später starb Altenberg an einer Lungenentzündung. Der Mann, der nach eigenen Angaben arm wie eine Kirchenmaus war, hinterließ ein kleines Vermögen von 100 000 Friedenskronen, das er einer Gesellschaft zum Schutz von Kindern vermachte. All dies ist charakteristisch für einen Mann, in dessen Leben Wahrheit und Phantasie, Fakten und Erfindungen, Ehrlichkeit und Lüge sich eigenartig mischten. Altenberg war ein Hypochonder, dessen Gesundheit zugleich wirklich nicht die beste war; er gab sich exzentrisch, mußte aber in der Tat einige Zeit, als Paranoiker diagnostiziert, in der städtischen Irrenanstalt verbringen. Hofmannsthal hat erzählt, wie einmal eine Versammlung von Freunden einberufen wurde, um zu beraten, auf welche Weise Altenberg in seiner gegenwärtigen Armut geholfen werden könne. »A. selbst, in einem Fauteuil, etwas abseits der anderen, wohnte der Beratung bei. Er verdeckte das Gesicht mit der Hand. ›Ich bin ein Bettler und ein Sterbender‹, murmelte er vor sich hin, ›was wollt ihr von mir? Laßt mich ruhig sterben!‹... Da steht die hübscheste Frau des Kreises auf (...): ›O rührt nicht an das Wunder dieses Sterbens. Pauvre Lélian! wer wollte ihn um die Schönheit seines Endes bringen?‹ – Da schnellt A. wütend aus seinem Fauteuil auf: ›Dumme Gans‹, schreit er sie an, ›verfluchte dumme Gans! Ich will nicht sterben! ich will leben! ich will ein warmes Zimmer und einen Gasofen, einen amerikanischen Schaukelstuhl, eine Rente, Orange Jam, Kraftsuppe, Filets mignon; ich will leben!‹«

Angesichts einer derart liebenswerten, wenn auch aufreizenden Theatralik ist es manchmal erheiternd, Altenberg in modernen Interpretationen zur großen Kultfigur des Feminismus, der sozialen Gerechtigkeit, des Antirassismus und der Idee des reinen, einfachen Lebens erhoben zu sehen. Natürlich hat er all dies gepredigt und hin und wieder seine eigenen Gebote auch befolgt. Doch er war immer wieder versucht, in Ausbrüchen von kindlichem Egoismus oder Überdruß an seinen eigenen Überzeugungen den Clown und Narren zu spielen und genußvoll alle Gesetze zu brechen, die er selbst aufgestellt hatte. Das Wien seiner Zeit verstand ihn. Die Nachwelt, in ihrem unvermeidlichen Abstand von Zeit und Ort, läuft Gefahr, jene Selbstironie, frivolen Scherze und witzigen Übertreibungen, wie sie P. A. und seinen schreibenden Landsleuten stets nahelagen, zu übersehen. Sie bekämpften oder verspotteten sogar ihre besten Freunde. Wenn aber einer von ihnen starb, war ihr Schmerz tief und echt.

An Altenbergs Grab hielt Karl Kraus, der große Hasser, eine warmherzige, ergreifende Rede. Er erinnerte daran, »daß Du, Peter Altenberg, einer der großen Dichter warst, die ihrer Zeit nur geliehen sind«. Doch er beklagte auch den Verlust des »Narren, der uns Normen gab«, den Künstler und seine »Treue im Unbestand, rücksichtslose Selbstbewahrung im Wegwurf. Ich aber«, versprach er seinem toten Freund, »will, so lange ich Deiner gedenken kann, zu Deinem reichen Werk Dich in all Deiner Unbegreiflichkeit hinzu nehmen, um Dich zu lieben und um einer Zeit zu trotzen, die anders täte!« Wenn schon jene, die Altenberg am nächsten standen, nicht den Anspruch erhoben, ihn zu begreifen – wie könnte es uns jetzt gelingen? Sein Rätsel ist das jedes echten Dichters. Seine Tautropfen schimmern bis zum heutigen Tag.

Im Jahr 1900 war Wien eine der fünf größten Städte der Welt. Der Stolz seiner Einwohner aber beschränkte sich nicht auf die prunkhaften öffentlichen Bauten – das Parlament, das Rathaus, das Kunsthistorische und das Naturhistorische Museum, die Hofoper und das Musikvereinsgebäude, alle leuchtend von Gold und Marmor und üppigen Fresken, wie es der Kapitale eines gewaltigen Reiches angemessen war –, sondern galt auch dem großartigsten und höchstgeachteten Theater im deutschen Sprachraum: dem Hofburgtheater.

Die Wiener, denen es bis in die jüngste Vergangenheit schwergefallen war, ihr Denken und Fühlen der Sprache anzuvertrauen, hatten seit je die Anschaulichkeit des Theaters geliebt, wie jede Unterhaltung, die ihnen von einer Bühne oder einem Podium aus dargeboten wurde. Sie glichen darin den Italienern, deren viele ja unter ihnen lebten, und teilten mit ihnen das Vergnügen an immer wiederkehrenden Typen wie jenen der Commedia dell'arte. Der österreichische Kasperl oder Hanswurst, ein Gegenstück zu Punch und Arlecchino, belustigte Jahrhunderte hindurch das einfache Volk, indes Hof und Adel sich zu prunkvollen Opernspektakeln begaben oder ernste Jesuitendramen über sich ergehen ließen, die lateinisch geschrieben und aufgeführt wurden.

Die Aufklärung, so ehrenvoll sie sich um eine Hebung der Sitten bemühte und den leichtlebigen, aber durchaus nicht vorurteilsfreien Wienern Toleranz gegenüber ihren Mitmenschen beizubringen unternahm, wollte ihnen zugleich ihren teuren Kasperl rauben. Wie wir gesehen haben, war es Joseph von Sonnenfels, Maria Theresias Ratgeber und ein getaufter Jude, der ihn vertreiben wollte, zugunsten des zu jener Zeit entstehenden klassizistischen Dramas von Weimar, Jena, Hamburg und Berlin. In ferner Zukunft sollte Hermann Bahr, der im Alter, wenn auch in milderer und vorsichtigerer Form, zu dem gelegentlichen Antisemitismus seiner Jugend zurückgekehrt war, eine posthume Attacke gegen Sonnenfels richten. Wie er 1920 schrieb, konnte sich nur »der Enkel eines Berliner Rabbiners, Sohn des Nikolsburger Juden Perlin Lippmann, aus Mähren zugewandert«, ein Mann, »der selber Ressentiment in Person war, des verruchten Muts erdreisten, die Stadt, in der damals noch jedes Haustor ein Denkmal lebendigster Kultur war, beim Geiste Gottscheds und Nicolais in die Schule zu schicken«. Mit Sonnenfels, sagte Bahr, »wandert in Österreich ein, was sich seitdem ›Bildung‹ nennt«. Durch diese Bildung sollte »die ganze sinnliche Welt, ja der Mensch selbst, der... zur Abstraktion verblaßt ist, abgesetzt und durch das Wort ersetzt werden«.

Trotz dieses späten Ausfalls gegen den theresianischen Reformer hatte die Theatergeschichte in Wahrheit einen anderen Weg genommen. Die simpelsten Kasperlstücke verschwanden – nicht nur dank Sonnenfels, sondern aus eigenem Antrieb; aber die alte Wiener Volkskomödie blühte weiter und behauptete sich neben der Form des ernsten Theaters. Aus ihren Reihen erhoben sich zwei der größten Stückeschreiber unter den nicht allzu reichlichen dramatischen Genies Österreichs: Johann Nestroy und Ferdinand Raimund. Gleichwohl mußte das sogenannte Bildungsdrama den Wienern in der Tat von oben aufgezwungen werden, wenn nicht von Maria Theresia und ihrem Berater, dann von ihrem Sohn und Nachfolger Joseph II., der 1776 das damalige Hoftheater zu einem deutschen Nationaltheater erhob, vorerst noch nächst seiner eigenen Residenz mitten in der Stadt. 1888 übersiedelte es, anfänglich zum großen Verdruß von Schauspielern und Publikum, in ein riesiges neues Haus am Ring.

Nach und nach wuchs, sowohl in seiner ersten bescheidenen wie in seiner späteren palastartigen Wohnstatt, dieses auf kaiserlichen Befehl entstandene »Hofburgtheater« den Wienern ans Herz – vor allem als dem gewohnten Repertoire großer Tragödien bald leichtere Kost hinzugefügt wurde, wie Goldoni und Gozzi oder Komödien des Deutschen Kotzebue und des Franzosen Scribe. In seinem Theateredikt hatte seine Majestät der Kaiser erklärt, daß er »keine Stücke dargestellt wissen wolle, in welchen Leichenbegängnisse, Kirchhöfe, Totengrüfte und solche traurigen Auftritte vorkommen« – eine Formel, die Hofmannsthal später durch den Majordomo in seiner ›Ariadne‹ parodieren ließ. ›Romeo und Julia‹ wurde zu Josephs II. Lebzeiten vermutlich nicht aufgeführt, hingegen unter anderem drei Mozart-Opern, darunter die ›Entführung aus dem Serail‹, die für des Kaisers Geschmack, wie er dem Komponisten gesagt haben soll, »zu viele Noten« enthielt. Aber selbst wenn die Anekdote wahr sein sollte, darf nicht vergessen werden, daß Maria Theresias ältester Sohn ein Mann von Bildung und einigem ästhetischen Feingefühl war, der in diesem Fall, obschon sonst nicht für seinen Humor bekannt, Mozart wohl nur scherzhaft rügte.

Das Burgtheater galt von Beginn an als erste und bedeutendste Bühne deutscher Sprache und hält bis heute an diesem Anspruch fest. Für die Wiener erwarb es sich eine zusätzliche Funktion – auch diese (bereits um 1906 und in weniger polemischer Stimmung) von Hermann Bahr festgestellt. Im Theater will der Wiener, so meinte er, »erfahren, wie man sich benimmt... Der eine sieht dem Fichtner oder dem Sonnenthal ab, wie man sich im Salon zu bewegen, den Hut zu tragen, den Stock zu halten hat; die Wiener Eleganz wird immer aus dem Burgtheater bezogen. Der andere horcht hin, wie zu fühlen vornehm ist. Der Wiener braucht immer ein Beispiel. Dazu geht er ins Theater. Es ist kein Abbild des Lebens. Das Leben ist sein Abbild.« Nicht nur die Schauspieler, so Bahr, würden nachgeahmt – gewisse Stimmungen, selbst in der Wiener Lyrik, seien nicht erfahren, sondern fix und fertig von der Bühne übernommen. Wenige Jahre nach ihm vertrat Felix Salten die gleiche Ansicht in einem Essay über zwei zeitgenössische Schauspieler, den Komiker Alexander Girardi und den Tragöden Josef Kainz.

In einem fiktiven Brief an einen Berliner Freund nimmt Salten an, der Empfänger habe schon gehört, daß Girardi der Inbegriff des typischen Wieners sei. »Wenn er spricht, hören wir aus seiner Stimme die Urlaute des Volkes, wenn er singt, aus seiner Fröhlichkeit jenes niederösterreichisch-jauchzende Johlen trunkener Rekruten, das im Frühling und im Herbst immer durch unsere Straßen hallt... und wenn die Leute von Girardi reden, schleppen sie auch sofort alle Wiener Typen zum Vergleich heran; den Fiaker, den Deutschmeister, den Zahlkellner, den Sportbaron. Aber das Wienertum, das er gibt, ist im Grunde nicht das wirkliche, sondern es ist ein Wienertum, das er ganz allein erfunden hat.« Ähnliches habe es vordem nicht gegeben: »Seit er es ersonnen hat, wird es nachgeahmt. Die Leute haben im Theater von ihm gelernt, wie man wienerisch ist und haben es nachher kopiert. Hunderte seiner Einfälle, seiner plötzlichen Ideen vom Wienertum laufen jetzt verwirklicht und lebendig umher... zuletzt war denn auch jeder zweite junge Herr, den man auf der Straße traf, jeder Fiakerkutscher, jeder Briefbote, jeder Spießbürger eine Girardi-Rolle.«

In Josef Kainz – einem Schauspieler, dem er eine »österreichisch-italienische Mischung musikalischer Anmut und tänzerischer Biegsamkeit« nachsagte – fand Salten »dieses dauernde und leidenschaftliche Bedürfnis, über sich selbst hinweg zu Höherem, und auf höheren Gipfeln wieder zu sich selbst zu gelangen«. Da Kainz mehr als ein Jahrzehnt lang erster Held und Liebhaber am Burgtheater war, darf man annehmen, sein Vorbild habe das Publikum zu jener charakterlichen Verbesserung der Sitten geführt, die der Gründer des Theaters, der aufgeklärte Monarch, sich erhofft hatte. In der Tat haben vor und nach Kainz Generationen von Schülern und anderen ernsten Theaterbesuchern in diesem Tempel der dramatischen Kunst geistige Höhenflüge erfahren, wie sie nur einem religiösen Erlebnis zu vergleichen sind. Sobald das 20. Jahrhundert in seine brutale Phase eintrat, mußte dieses Theater freilich seine Aufgabe als »moralische Anstalt« – deren sich auch die Autorin dieses Buches in ihrer Kindheit bewußt war – immer mehr verlieren. Dennoch hat es unter den verschiedensten Direktionen seine erzieherische Mission nicht ganz aufgegeben: als »notwendiger Maßstab« traditioneller Werte, an denen alle experimentellen Fortschritte der modernen Bühne angelegt werden können, wie ein führender Ästhetiker der Avantgarde, Bazon Brock, es einmal genannt hat. (In seiner jüngsten Ära macht freilich sein neuer Direktor Claus Peymann das Burgtheater und das dazugehörige kleinere Akademietheater mit eben diesen Errungenschaften bekannt.)

Während der hier behandelten Epoche war es das höchste Ziel jedes Wiener Dramatikers, sein Werk am Burgtheater aufgeführt zu sehen. Bis dahin hatte die nach kaiserlichem Wunsch als Heimatstätte für das neoklassizistische Schauspiel deutscher Sprache geschaffene Institution ihren einzigen klassizistischen Dramatiker am Ort in Franz Grillparzer gefunden, dem Leiter des Hofkammerarchivs. Selbst als er längst berühmt war, verblieb er im Amt, bis er fünfundsechzig wurde und mit dem begehrtesten österreichischen Titel eines Hofrats in Pension ging. Immerhin versuchte er sich zumindest an einer Komödie, ›Weh dem der lügt‹, deren mangelnder Erfolg bei der Uraufführung im Jahr 1838 der Anlaß für ihn wurde, sich aus der Öffentlichkeit zurückzuziehen und alle weiteren Arbeiten in der Schreibtischlade zu vergraben. Zwei Jahre zuvor hatte er bereits in einem dramatischen Gedicht nach Calderóns ›La Vida es sueño‹ die Vorzüge der Einsamkeit gepriesen. Es liegt nahe, das Stück ›Der Traum ein Leben‹ als Schlüssel nicht nur zu Grillparzers eigener Seele, sondern auch zu der Gemütshaltung einer kleinen, aber nicht unbedeutenden Zahl seiner Landsleute zu sehen – ein Grund, sich kurz darauf einzulassen.

Im Lauf einer Nacht macht ein junger Mann die Erfahrungen eines ganzen Lebens. Er verliebt sich in eine wunderschöne Prinzessin, siegt in ruhmreicher Schlacht und verstrickt sich in Intrigen, bis er schließlich wegen Mordes zum Tod verurteilt wird. Als er im letzten Augenblick erwacht, ist er für immer von seiner Sehnsucht nach der großen Welt geheilt und bescheidet sich mit der idyllischen Abgeschiedenheit seines Heimes. Denn, so heißt es in dem Stück, »die Größe ist gefährlich, und der Ruhm ein leeres Spiel«. Dieser Satz könnte als Motto für Grillparzers eigenes Leben gelten, das von Ängsten aller Art geprägt war, vor allem von der Furcht, sich auf irgend etwas festzulegen oder an irgend jemanden zu binden. Das beste seiner Geschichtsdramen war zweifellos ›Ein Bruderzwist in Habsburg‹, das um die Kaiser Rudolph II. und Matthias kreist. Und doch war Grillparzers eigenes Leben – obschon er es nicht ahnte und auch nicht hätte wahrhaben wollen – nicht weniger eine österreichische Tragödie als jene von den beiden feindlichen Habsburger Brüdern. Er selbst kann als Urbild einer besonderen Art von Österreicher dienen – nicht der bekannten leichtlebigen, derbfröhlichen, ungehemmten Art, sondern einer, die aus feinerem Stoff gemacht und darum desto verletzlicher ist. Er hätte die erste in einer langen Reihe von Figuren sein können, wie Hofmannsthal, Musil und Heimito von Doderer sie später schufen – Männer von Talent, ja Genie, die der Wirklichkeit nicht ins Auge sehen, sich einer

Frau nicht erklären können, die nicht imstande sind, sich einem Vorgesetzten gegenüber zu behaupten, und nicht fähig, das rechte Wort im rechten Augenblick herauszubringen, obwohl sie längst vor allen anderen darauf gekommen sind.

In Hofmannsthals Stück ›Der Schwierige‹ hat dieser Prototyp seinen liebenswertesten literarischen Ausdruck gefunden. Graf Bühl, ein Mann von vierzig Jahren, der sich ständig aus emotionellen Schlingen zu winden sucht, gerät dadurch um so tiefer ins Dickicht der Gefühle. Obschon er nichts sehnlicher wünscht, als durchs Leben zu gehen, ohne irgend jemandem weh zu tun, läßt er einen Schwarm von Mißverständnissen und eine Reihe beinahe gebrochener Herzen zurück. Er ist überzeugt, daß man den Mund nicht auftun kann, ohne die gräßlichste Verwirrung anzurichten: »Alles, was man ausspricht, ist indezent. Das simple Faktum, daß man etwas ausspricht, ist indezent. Und wenn man es genau nimmt... liegt doch geradezu etwas Unverschämtes darin, daß man sich heranwagt, gewisse Dinge überhaupt zu erleben.«

Das ist vielleicht, wie sein Neffe meint, eine Bizarrerie, doch es führt den Grafen Bühl beinahe ins Verderben. Immerhin befinden wir uns in einer Komödie, und so endet alles gut. Verwunderlicherweise gelangte dieses anmutige Werk, das von äußeren politischen Ereignissen völlig unbelastet scheint, erst drei Jahre nach dem Untergang der Monarchie an die Öffentlichkeit. Es spielt nicht in einem Niemandsland, aber in einer Niemals-Zeit, in der die aristokratische Hierarchie und ihr Lebensstil intakt sind, der Krieg jedoch vorüber sein muß, da Graf Bühl von seinen Erfahrungen im Schützengraben spricht. Zugleich ist ›Der Schwierige‹ ein vollkommenes Beispiel für jene Autonomie einer österreichischen Literatur innerhalb der deutschsprachigen Sphäre, die so oft geleugnet worden ist, gelegentlich von Hofmannsthal selbst. Kein Wunder denn, daß der Berliner Kritiker Alfred Kerr – dessen Bewunderung für Wiener Eigenheiten und Launen auch vor Peter Altenberg nicht haltmachte – diesem Meisterwerk hilflos gegenüberstand: »Hach, Drei Akte, Gesellschaftsstück. In österreichisch-pikfeiner Luft. Aristokratie, na! Wo sich alles beim Vornamen ruft, weißte.«

Obschon zu Beginn jener Periode entstanden, die hier nur als Nachspiel der größten kulturellen Glanzzeit Wiens zusammengefaßt werden kann, muß ›Der Schwierige‹ als späte Krönung des Hofmannsthalschen Werks für das Theater gelten. Als er mit sechzehn Versdramen zu schreiben begann – das erste, ›Gestern‹, unter dem Pseudonym Theophil Morren –, stellte er sich selbst in mannigfacher Verkleidung dar. In ›Gestern‹ war er der Renaissance-Jüngling Andrea, trunken von Worten, aber an deren Fähigkeit zweifelnd, die Fülle seiner Gefühle zu vermitteln. In ›Der Tod des Tizian‹ mag er Gianino gewesen sein, von dem er sagt, »er ist sechzehn Jahre alt und sehr schön«. In ›Der Tor und der

Tod‹, seinem berühmtesten frühen Stück, wird Claudio – auch dieser eine Spiegelfigur seiner selbst, wie Werther Goethes Spiegelfigur war – zum Vorbild für seine Generation, nicht weniger als Werther es für eine frühere gewesen war.

All diese Stücke geben die Stimmung der neunziger Jahre wieder. »Ohnmächtig sind die Taten«, sagt Andrea zwar, »und jedes Fühlen ist unsäglich« – doch er fährt gleichwohl fort, die flüchtige Gegenwart in leuchtenden Farben zu beschreiben, denn »das Gestern lügt und nur das Heut ist wahr!« Gianino, Schüler des sterbenden Tizian, ist in einer lauen venezianischen Nacht so erfüllt von seiner Vision vom süßen Duft von Frauenhaar und dem Duft der Aloe, daß ihre »überstarke, schwere Pracht, die Sinne stumm und Worte sinnlos macht«. Denn »das Leben, das lebendige, allmächtige – man kann es haben und doch sein' vergessen!« Und Claudio, vom Tod gerufen, bevor er gelernt hat zu fühlen, zu lieben, zu beten, wird sich in seiner Todesstunde seiner Existenz bewußt: »Wenn einer träumt, so kann ein Übermaß / Geträumten Fühlens ihn erwachen machen / So wach ich jetzt, im Fühlensübermaß, / Vom Lebenstraum wohl auf im Todeswachen.«

Obschon sie die geistige und seelische Haltung seiner Zeitgenossen zum Ausdruck brachten, ja beeinflußten, wurden Hofmannsthals frühe Lyrikdramen nie öffentlich aufgeführt. Er trug sie, wie wir gesehen haben, einem ausgewählten Kreis in den Salons der Gomperz-Schwestern vor, im Palais Todesco und in der Villa Wertheimstein; oder sie wurden von anderen in Privathäusern vorgelesen, wenn nicht gar gespielt. Erst 1899 erreichten zwei seiner späteren Einakter, ›Der Abenteurer und die Sängerin‹ und ›Die Hochzeit der Sobeide‹, das Burgtheater. Trotz – oder wegen – ihrer poetischen Schönheit, formalen Grazie und erhabenen Gedankenflüge fanden weder diese noch spätere Werke in gebundener Rede den Beifall eines breiten Publikums. Mit Ausnahme seiner Paraphrasen alter Mysterienspiele – dem ›Jedermann‹ nach dem mittelenglischen ›Everyman‹ oder dem ›Salzburger Großen Welttheater‹ nach Calderón – erreichten Hofmannsthals Bühnenstücke erst dann größere Popularität, als er das Idiom seiner eigenen Zeit und sozialen Umwelt zu verwenden begann, wie im ›Schwierigen‹ und im ›Unbestechlichen‹. Diesen reizendsten aller österreichischen Komödien war 1911 ›Der Rosenkavalier‹ vorausgegangen. Damals aber, genaugenommen fünf Jahre zuvor, hatte er bereits in Richard Strauss einen kongenialen, wenn auch übermächtigen Partner gefunden, dessen Musik seine erlesenen Texte mit der ihnen mangelnden dramatischen Wucht erfüllte.

Von den beiden großen Schriftstellern Wiens in unserer Epoche wurde Schnitzler zu seinem Dramatiker katexochen. Über ihn sagte Egon Friedell: »Er hat... das Wien des Fin de siècle eingefangen und für

Arthur Schnitzler und seine Familie, 1910

spätere Geschlechter konserviert; eine ganze Stadt... ist durch ihn klingend und leuchtend geworden... Seine Werke sind ein unverlierbares Stück seelische Kostümgeschichte.« Dies rührte freilich daher, daß Schnitzler sogleich nach seinem ersten Versdrama, ›Alkandis Lied‹ – das ganz im Stil von Hofmannsthals lyrischen Szenarios gehalten war und wie diese niemals aufgeführt wurde –, seine eigene Umgebung abzubilden begann, vielmehr jenen Teil von ihr, den er kannte und in dem er sich bewegte. Die neunziger Jahre waren ja nicht ausschließlich die Zeit der Pariser und Wiener Dekadenz, sondern auch die jenes Naturalismus, der in der vorhergehenden Dekade in die Prosa und das Drama eingedrungen war. Wenn Bahr im Jahr 1891 den Naturalismus »überwinden« wollte, so hatte diese literarische Schule dennoch weiter Bestand und überlebte – wie in den Werken Hauptmanns selbst – die kurze neoromantische, symbolistische Phase. Um die Jahrhundertwende hatte das zeitgenössische lyrische Versdrama mehr oder weniger ausgespielt. In den sechs Jahren, bevor Strauss sie vertonte, war Hofmannsthals ›Elektra‹, einer poetischen tour de force, nur wenig Erfolg vergönnt.

In dem zwischen 1888 und 1891 entstandenen Zyklus ›Anatol‹ zeichnete Schnitzler, in einer Reihe knapper und prägnanter Skizzen, typische Figuren und Situationen der leichtlebigen und leichtherzigen, aber modisch melancholischen Jugend der Wiener bürgerlichen Gesellschaft nach. Er schuf dadurch eine Fülle neuer Legenden – die Legende des liebenswürdigen, lässigen, empfindsamen, selbstsüchtigen und sanft rücksichtslosen jungen Müßiggängers und Dandys, wie ihn sein Held Anatol verkörpert; die Legende des *süßen Mädels*, eines hübschen, gutgläubigen, weichherzigen Vorstadtkindes, das am Ende jeder Affäre verlassen wird; und die Legende der *Femme fatale*, einer schönen, gut verheirateten, aber zumeist raffinierten und treulosen Person, die sich weit besser zur Gefährtin des leidenschaftlichen, aber herzlosen Anatol eignet. Diese Einakter, die man heute immer an einem Abend zeigt, fanden zunächst einzeln rasch den Weg auf diese oder jene Bühne. Der reizendste von ihnen, ›Abschiedssouper‹, wurde zum ersten Mal im Juli 1893 im kleinen Theater von Ischl aufgeführt, während sich der Kaiser in dieser seiner Sommerresidenz aufhielt.

Zwei Jahre darauf erreichte Schnitzlers ›Liebelei‹, gemeinsam mit einem Einakter des Italieners Giacosa, das Burgtheater. Und wenn er auch nicht all seine Premieren dieser ehrwürdigen Bühne anvertraute – oder dazu aufgefordert wurde –, bewirkten die früher oder später an ihr erfolgten Inszenierungen der meisten seiner Werke, daß er bald als der bedeutendste, wenn auch keineswegs am wenigsten umstrittene Wiener Dramatiker galt. Ein Stück, das keine Aussicht hatte, auf die geheiligten Bretter zu gelangen, vielmehr zeitweilig Schnitzlers Ruf ernstlich bedrohte, war der ›Reigen‹ (1921): ein sexuelles Ringelspiel, das mit soviel zynischem Witz wie Mitgefühl geschildert war. Nach über dreihundert Vorstellungen in Berlin verursachte es bei seiner Erstaufführung auf einer kleinen Wiener Bühne einen Skandal, wurde daraufhin vom Autor zu seinen Lebzeiten zurückgezogen und blieb noch Jahrzehnte danach von seinem Erben aus dem Theater verbannt.

Aus Schnitzlers reichem dramatischem Schaffen sind zwei Werke herauszuheben. Das eine, ›Professor Bernhardi‹, eine Studie klerikaler Beschränktheit und nationalistischen Antisemitismus' im Bereich der Medizin, wie Schnitzlers eigener Vater sie erlebte, hat hier bereits Erwähnung gefunden. Seine Figuren und Wesenshaltungen sind noch heute relevant. Das andere Stück, ›Das weite Land‹, ist zwar mehr als der ›Bernhardi‹ zeitgebunden, weil sein von einem Duell bestimmter tragischer Ausgang nicht mehr möglich wäre, doch sind seine psychologischen Einsichten alles andere als überholt. Schnitzlers Skepsis in Hinsicht auf menschliche Treue, Loyalität und Zuverlässigkeit – wie vieles in Hofmannsthals elegischer Lyrik von den Theorien Ernst Machs ausgelöst – findet hier ihren Niederschlag in den Beziehungen zwischen seinen Helden. Die Seele ist ein weites, unerforschtes Land: aus oberflächlichen Tändeleien entstehen Ehetragödien, und ein junger Mensch wird vom Gemahl seiner Geliebten im Zweikampf getötet, nicht so sehr aus Eifersucht, sondern weil der ältere Mann seine herausfordernde Jugendlichkeit nicht ertragen kann. Eigenliebe, ja Selbstsucht sind hier die Beweggründe aller Figuren. Im Lauf des Jahres 1911 wurde dieses Stück, neben Wien und Prag, in sieben größeren deutschen Städten gespielt. Sechs Jahre zuvor hatte Sigmund Freud in einem Brief an Schnitzler die »weitreichende Übereinstimmung« hervorgehoben, »die zwischen Ihren und meinen Auffassungen mancher psychologischer und erotischer Probleme besteht«. Aber Schnitzlers Pessimismus ging tiefer als der Freuds. In einigen Notizen zur Psychoanalyse aus dem Jahr 1922 zweifelte er an der überragenden Bedeutung der Libido: »Der Gegensatz von Sehnsucht nach Lusterfüllung scheint geradezu nicht zu sein: Sehnsucht nach Schmerz, sondern Sehnsucht, irgend jemandem Übles zuzufügen«.

Ein berühmter, oft zitierter Ausspruch, in dem Schnitzler den damals vorherrschenden Ideen Ausdruck verleiht, findet sich freilich nicht in diesen beiden Werken. Er steht am Ende von ›Paracelsus‹, einem gereimten Vorspiel, das 1899 mit zwei anderen Schnitzlerschen Einaktern im Burgtheater uraufgeführt wurde. Hier verabschiedet sich der große Quacksalber und Philosoph Theophrastus Bombastus von Hohenheim, alias Paracelsus (jene historische Gestalt, die heute als Vorläufer der psychosomatischen Medizin gilt), von Basel, wo er durch Wunderheilungen von Körper und Geist viel Staub aufgewirbelt hat, mit den Worten: »Ein Sinn / wird nur von dem gefunden, der ihn sucht. / Es fließen ineinander Traum und Wachen, / Wahrheit und Lüge. Sicherheit ist nirgends. / Wir wissen nichts von andern, nichts von uns; / Wir spielen immer, wer es weiß, ist klug.« Nicht Sein, sondern Schein – das ist zweifellos eine der Polaritäten, die in Schnitzlers Dramen und Prosa zu entdecken sind. Eine andere ist die von Eros und Thanatos, einem Gegensatzpaar, das auch bei Freud eine bedeutende Rolle spielt. Ob Schnitzler unmittelbar davon angeregt war oder lediglich dem Zeitgeist seine Reverenz erwies, ist strittig, aber letzten Endes irrelevant.

Trotz seiner düsteren Ansichten vom Leben und von der Menschheit war Schnitzler durchaus zur Ironie fähig, ja manchmal selbst der Karikatur nicht abgeneigt, wie etwa im mittleren Akt des ›Weiten Landes‹ oder in der Komödie ›Fink von Fliederbusch‹, einem Stück, das den Journalismus verspottet. Im Handwerklichen wurde Schnitzler von keinem seiner Zeitgenossen übertroffen, besonders nicht von jenen seines eigenen Kreises, die hin und wieder gleichfalls den Ritterschlag einer Burgtheateraufführung empfingen. Paradoxerweise schenkte gerade der Ostpreuße Paul Schlenther während seines Direktoriums an der kaiserlichen Bühne den österreichischen Dramatikern besondere Aufmerksamkeit. So ließ er neben Werken von Saar und Ebner-Eschenbach, Schnitzler und Hofmannsthal auch Werke minderen Ranges wie Hermann Bahrs ›Apostel‹ oder, im Jahr 1900, eine Komödie von Theodor Herzl mit dem englischen Titel ›I love you‹ aufführen. Dagegen mußte ein ernsthafterer Autor, Richard Beer-Hofmann, bis 1919 warten, um sein Stück ›Jaakobs Traum‹ an der »Burg« zu sehen. Schlenther war entschlossen, mit der anspruchsvollen Tradition des Hauses zu brechen, der zufolge Shakespeare und das deutsche klassische Schauspiel gefördert, französische Konversationsstücke geduldet, Ibsens und Hauptmanns Naturalismus nur widerstrebend angenommen, die alten heimischen Komödienschreiber aber gänzlich ferngehalten wurden, und öffnete nun auch Raimund und Nestroy sein Haus. In ihrem Gefolge kamen dort alsbald neuere Dramatiker zu Wort, die sich mit den Nöten der einfachen Städter und Bauern befaßten – darunter der moralische Reformer Ludwig Anzengruber, damals schon zehn Jahre tot, und Karl Schönherr, ein Verfasser leidenschaftlicher Bauerntragödien, der zu jener Zeit noch jung und höchst lebendig war.

Es läßt sich nicht behaupten, daß die Mimen des Hofburgtheaters, Könige ihrer Profession, all dies ruhig hingenommen hätten. So war weder Stella Hohenfels, die erste sentimentale Heroine des Ensembles, noch eine ihrer Kolleginnen gewillt, die Christine in Schnitzlers ›Liebelei‹ zu spielen – jenes arme Mädchen, das am Ende in den Tod läuft, weil ihr Geliebter in einem Duell, das er um einer anderen willen ausgetragen hat, gefallen ist. Schließlich wurde eine Schauspielerin aus dem Deutschen Volkstheater geholt, um diese Rolle zu übernehmen. Ein hohes Gefühl von eigener Würde mußte überwunden werden, bevor diese stolzen Thespier, verwöhnt durch die Huldigungen ihres Wiener Publikums, sich dazu herabließen, von ihren Kothurnen zu steigen und Alltagsmenschen darzustellen. Immerhin war eine von ihnen, Katharina Schratt, von 1886 bis zu seinem Tod dem Kaiser in einer amitié amoureuse verbunden. Unter jenen, die zu ihnen wie zu Göttern aufsahen, war Karl Kraus. Bis zuletzt verklärte er die Erinnerung an Schauspieler wie Zerline Gabillon, Charlotte Wolter, Friedrich Mitterwurzer und Adolf von Sonnenthal, schrieb Gedichte auf sie und verurteilte jeden Darsteller und jeden Darstellungsstil, der von dem oft hochtrabenden und gestelzten Habitus des alten Hofburgtheaters abwich.

In den achtziger Jahren fand es ein neues selbstbewußtes Bürgertum an der Zeit, ein eigenes Theater zu gründen. Bald nach der Übersiedlung der Burg an die Ringstraße wurde das Deutsche Volkstheater, von privaten Mäzenen finanziert, an der Gürtellinie parallel zum Ring mit einem volkstümlichen Anzengruber-Stück eröffnet. Das neue Haus stellte eine wirkliche Alternative zu dem imperialen Kunsttempel dar. Wenn es auch fast ebenso prunkvoll ausgestattet und in Bühne und Zuschauerraum so geräumig wie das andere Gebäude war, wurde hier das Publikum nicht eingeschüchtert: dieses sollte nicht nur erzogen, sondern vor allem unterhalten werden. Die Erziehung bestand in einem viel umfassenderen Einbezug moderner Autoren – viele Stücke Schnitzlers, die an der Burg keine Gnade fanden, wurden an dieser weniger voreingenommenen, fortschrittlicheren Bühne uraufgeführt. Die Unterhaltung schloß nicht nur eine ständige, liebevolle Pflege der Alt-Wiener Komödienschreiber ein, sondern auch die Bildung eines Ensembles großer Komiker und Charakterdarsteller. Der bedeutendste von ihnen, Alexander Girardi, wechselte 1918, wenige Monate vor seinem Tod, ans Burgtheater über. Gleich ihm wurden die meisten hervorragenden Schauspieler des Volkstheaters früher oder später von der Burg wegengagiert – ein Prozeß, der bis vor kurzem noch im Gang war.

Auch Professor Anton Bettelheim, der Initiator der Gründung eines neuen Theaters »für die Wiener Bürger und Handwerker«, hatte einer jener aufgeklärten Familien jüdischen Ursprungs angehört, denen wir hier so oft begegnen. In seinem Sinn blieb die Tradition des Volkstheaters viele Jahrzehnte lang liberal. Auch die Bewunderung seiner Kreise für die deutsche Kultur wurde auf die neue Bühne übertragen, darum führte sie vor ihrem Namen ausdrücklich das Adjektiv *deutsch.* Noch vor der Jahrhundertwende wurde in Mariahilf, einer damals noch entfernteren Vorstadt, ein ähnliches Unternehmen begründet. Bis weit in die Erste Republik hinein pflegte das Raimundtheater einen noch wagemutigeren Spielplan. Hier wurden Pirandello, Hofmannsthals ›Der Unbestechliche‹, später selbst Brecht aufgeführt. Doch die Entfernung zur Inneren Stadt erwies sich als zu groß, um ernsthafte Theaterbesucher anzulocken; so fiel das Raimundtheater schließlich auf die überaus leichtgewichtigen Darbietungen zurück, die es seinen Stammgästen immer noch vorsetzt.

Das Theater, in dem zur Biedermeierzeit Nestroy und Raimund selbst auf der Bühne standen, ein reizendes kleines Haus in der Josefstadt, hat eine noch viel ältere Geschichte. 1788, zwei Jahre nach Josephs II. Hof- und Nationaltheater, war es eröffnet worden und erfüllte seinem Vorstadtpublikum jeden Wunsch an Kasperliaden, Singspielen und selbst volkstümlichen Opern. Zu Beginn unseres Jahrhunderts übernahm Josef Jarno, ein begabter Impresario aus Budapest, das hübsche Theater in der Josefstadt und spielte dort mehr als zwei Jahrzehnte hindurch französische Farcen »für die Kasse«, Strindberg und Wedekind aber »für seinen Ehrgeiz und Herzensbedarf«. Seine Frau, Hansi Niese, war eine der großen, unvergessenen Wiener Volksschauspielerinnen – ein Beispiel, wenn auch keineswegs das letzte, für jene lange Reihe von Chanteusen, Diseusen und Komödiantinnen, die stets in dieser Stadt aus dem Boden zu wachsen scheinen. Sie war 1913 die Julie in dem neuen Stück ›Liliom‹ des Ungarn Ferenc Molnár, das bei ihm im Budapester Stadtwäldchen angesiedelt war, bei seinem Übersetzer Alfred Polgar aber im Wiener Prater. Jarno selbst war Liliom, der grobe »Hutschenschleuderer« mit dem weichen Herz. Zeitweilig mietete Jarno zwei weitere Theater und versuchte es sogar, nachdem er in der Inflation der ersten Nachkriegsjahre Bankrott gemacht hatte, mit einem dritten, das gleichfalls zugrunde ging. In der Monarchie, als aus allen Ecken und Enden österreichische Untertanen in die Residenzstadt strömten, um deren Sehenswürdigkeiten zu bewundern und ins Theater zu gehen, gab es keine Krisen in der Welt der Unterhaltung. Nach 1918 mußte sich die einstige Kapitale eines Kaiserreiches, nunmehr verarmt inmitten einer auf ein Achtel gesunkenen Bevölkerung von früher, an ihre neue Stellung als Hauptstadt eines kleinen und vergleichsweise unbedeutenden Staates gewöhnen. Der Theaterleidenschaft der Wiener war es zu verdanken, daß immer noch viele Schauspielhäuser übrigblieben und sogar neue gegründet wurden, während andere ihre Türen schlossen. Vor dem Krieg hatten sie zu Dutzenden floriert, doch immer waren es die Darsteller, nie die Dramatiker gewesen, die das Publikum anzogen und jeder Bühne ihre eigene Gefolgschaft gaben.

Stückeschreiber brauchte man trotzdem, und nicht nur solche aus der Vergangenheit. Es bedurfte einer Schar von Autoren geringeren Ranges, um das zu liefern, was all diese Theater neben klassischen und ausländischen Stücken spielten – vor allem Salonkomödien in einem Wiener Ambiente –, gleichsam der Pseudo-Schnitzlers oder sogar der Pseudo-Bahrs. Am bekanntesten unter diesen waren Raoul Auernheimer und Otto Soyka. In seinen Anfängen hielt es auch Alfred Polgar nicht für unter seiner Würde, jene leichte Kost zu liefern, die er später, als Rezensent, verhöhnte oder verdammte. Ernste Dramatiker waren in Wien dünn gesät und wurden kaum gefördert. Nachdem Felix Salten mit einem frühen Versuch gescheitert war, schrieb er nur noch Prosa. Theodor Herzl hatte, bevor er sich an Lustspiele hielt, ein Ideendrama mit dem Titel ›Das neue Ghetto‹ verfaßt; es kam erst drei Jahre später auf die Bühne und fiel bei den Kritikern durch. Beer-Hofmanns erstes und bestes Drama, ›Der Graf von Charolais‹, war vom Burgtheater abgelehnt worden und fand nach triumphaler Aufnahme in Deutschland erst nach dem Krieg seinen Weg nach Wien.

Schriftsteller, die sich mit dem Los der armen und einfachen Leute befaßten (wie Anzengruber dies bis zu seinem Tod im Jahr 1899 tat, vor allem von der Bühne eines weiteren altehrwürdigen Theaters herab, des Theaters an der Wien), waren in den letzten zwei Jahrzehnten der Monarchie alles andere als zahlreich. Gleichwohl hätte die soziale Lage jener Zeit viele Beispiele von Ungerechtigkeit und Elend geboten. Immerhin beschloß ein ehemaliger Untersuchungsrichter namens Anton Wildgans, der das Elend und die unwürdige Behandlung der Menschen, die mitten im prosperierenden Kaiserreich Not litten, mit eigenen Augen gesehen hatte, gegen diese Zustände in dramatischer Form Klage zu führen. Sein Stück ›Armut‹ ging ihnen auf den Grund. In ›Dies Irae‹ geißelte er die moralischen Verfallserscheinungen in ihrem Gefolge. Und in seiner Tragödie ›Liebe‹ entlarvte er die auf schwankenden Beinen stehende Ethik einer heuchlerischen Zeit. Obwohl Wildgans sich vor allem als Lyriker sah, scheint im Rückblick sein wahres Verdienst in diesen Bloßlegungen der Schattenseiten seiner Zeit zu bestehen, die er im Jahr 1920 in drei Bänden mit dem Titel ›Die bürgerlichen Dramen‹ herausgab.

Der relative Mangel an Theaterautoren in Österreich bis 1918 und darüber hinaus ist offenkundig. Unter anderen hat der spätere Chronist des zerfallenden österreichisch-ungarischen Reiches, Robert Musil, ausdrücklich betont, daß »Wien keine Theaterstadt sei, sondern eine Schauspielerstadt«. Wenn man zuhört, was vom Glanz vergangener Zeiten erzählt wird, sind es Namen von Schauspielern, niemals Theaterdirektoren und niemals Dichter. Bis heute gedenkt man großer Interpreten, während viele von jenen, die ihnen Rollen schrieben, in denen sie brillieren konnten, vergessen sind. Ein weiteres Hindernis war den Stückeschreibern der alten Monarchie in den Weg gelegt: die Zensur. Gewiß hatte sich ihre Anwendung seit den Tagen Maria Theresias nach und nach gelockert, doch es gab sie immer noch, und sie war zuweilen unberechenbar. Es kam vor, daß das Mißvergnügen irgendeiner Erzherzogin, die am Tag der Premiere zufällig in der kaiserlichen Loge gesessen war, die sofortige Absetzung des Stückes nach sich zog. Ein Fall für die k. u. k. Zensur war eine Komödie des großen Humoristen Roda Roda und seines Mitautors Carl Rößler, ›Der Feldherrnhügel‹. Als diese heitere Persiflage des Militärlebens, 1909 von der Neuen Wiener Bühne uraufgeführt, die Gefühle einer einflußreichen Gräfin verletzt hatte, wurde sie nach der neunzehnten Vorstellung aus dem Theater verbannt. Immer wieder bemühten sich die Autoren um die Aufhebung des Verbotes. Doch der Zensor blieb hart. Als sie gegen Kriegsende wieder einmal bei ihm vorstellig wurden, rief er schließlich rabiat: »Solang Österreich-Ungarn steht, wird dieses Stück nicht aufgeführt.« Darauf erwiderte »Väterchen Rößler« lächelnd: »Na, dann warten wir halt noch die paar Wochen.« Seine Voraussage ging nicht allzu weit fehl. Ob dies aber den einstigen Artillerieoffizier Roda Roda – geborenen Alexander Rosenfeld –, einen schneidigen Herrenreiter und begeisterten Schilderer der alten k. u. k. Armee, wahrhaft freute, sei dahingestellt.

Seit geraumer Zeit wird die hier behandelte Kulturepoche immer wieder in eingehenden Studien ideengeschichtlich untersucht. Dieses Buch erhebt keinen Anspruch darauf, sich mit ihnen zu messen. Es soll lediglich als Führer durch ein Territorium dienen, das in Teilgebieten oft erforscht, aber selten in seiner Gesamtheit dargestellt worden ist – und dies an der Hand einer Eingeborenen, die mitten in dem geschilderten Zeitraum das Licht der Welt erblickt hat. Angesichts so vieler gründlicher Quellenarbeit heimischer und ausländischer Gelehrter, ihrer tiefgreifenden Analysen der damals erbrachten Leistungen sowie deren Motivationen, kann ich weder wünschen noch hoffen, es ihnen gleichzutun. Was hier angestrebt wird, ist denn nicht mehr als ein Überblick über die Gedanken, Ideen und Konzepte der Periode, der sie dem Leser möglichst klar und einsichtig machen soll.

Um die Jahrhundertwende wurde in Wien, wie längst erkannt, so gut wie jede neue und folgenreiche Theorie im Bereich der Kunst und Wissenschaft begründet oder entscheidend weiterentwickelt, mit Ausnahme – obschon Meitner, Schrödinger, Pauli hier geboren wurden – der modernen Physik. Wenn mir in meinem Unterfangen stets der Rat des englischen Romanschriftstellers E. M. Forster, »Only connect« (stellt nur die Verbindungen her), vorgeschwebt war, schien es mir vor allem geboten, den vielfachen Verflechtungen ideologischer und kultureller Aktivitäten auf jeder Ebene nachzugehen. Freilich käme es einer »horriblen Vereinfachung« gleich, zu behaupten, Theodor Herzl hätte, wäre er als Dramatiker ebenso erfolgreich gewesen wie Schnitzler, den Zionismus nicht begründet oder zumindest nicht die letzten Jahre seines kurzen Lebens in den Dienst dieser Idee gestellt. Dennoch mag ein Körnchen Wahrheit darin liegen. Andererseits ist der unmittelbare Zusammenhang der Wittgensteinschen Philosophie mit dem schon erwähnten Haus, das er für seine Schwester erbaute, ein Beispiel für die Wechselwirkung von Denkart und Kunstgeschmack.

Jede Schilderung des Einflusses, den Wissenschaftler auf schöpferische Menschen im Wien des Fin de siècle ausübten, muß mit Ernst Mach beginnen. Noch bevor dieser große, in Mähren geborene Physiker und Erkenntnistheoretiker 1895 aus Prag nach Wien kam, hatten sich seine Ideen unter der jungen Intelligenz verbreitet. Als er an der Wiener Universität vorzutragen begann, besuchte auch Hofmannsthal – in den letzten Jahren seines Studiums – Machs Vorlesungen. Jenes Werk, das Jung-Wien am nachhaltigsten beeinflußte, war ›Die Analyse der Empfindungen und das Verhältnis des Physischen zum Psychischen‹, erschienen im Jahr 1886.

In diesem Buch, das bei seiner Neuauflage im Jahr 1900 eine noch größere Wirkung hervorrief, vertrat Mach die Ansicht, daß das Ich keine substantielle Einheit sei, sondern lediglich aus einem Komplex von sinnlichen Wahrnehmungen bestehe. Da seine Gedanken, Gefühle, Stimmungen und Erinnerungen täglich anders strukturiert seien, komme dem Ich nur eine relative Beständigkeit zu, ja, es existiere bloß als ein ständig sich wandelndes Bündel von Eindrücken und Empfindungen. Aus diesem Grund sei es für seine Handlung auch nicht verantwortlich. Laut Mach versucht die Physik, mit Hilfe der Mathematik zu ordnen, was die Sinne aufnehmen. Auch seine Ablehnung der Metaphysik, die er von seinem philosophischen Vorfahr, dem Bischof Berkeley, übernommen hatte, führte Mach dazu, das Konzept eines festen, in sich geschlossenen Ich zu verwerfen und als »nutzlose Hypothese« einzustufen.

Dem Geist Wiens, der seit je von der Vorstellung durchdrungen war, die Wirklichkeit könnte nicht mehr sein als eine Illusion, kam diese Theorie entgegen. Daß Machs Empiriokritizismus später zur Grundlage so verschiedener Denkrichtungen wurde wie des Positivismus, des Materialismus, ja sogar der Phänomenologie, blieb ohne Bedeutung für seinen Einfluß auf die Schriftsteller der Jahrhundertwende. Sie beriefen sich allein auf Machs Konzept einer beständigen, fluktuierenden Identität – ein Konzept, das durchaus der Zerstörung des ungeteilten, autoritativen Ich in den Lehren Sigmund Freuds entsprach. Wie Mach den Bestand eines einheitlichen Bewußtseins leugnete, einer inneren Welt – um mit Shakespeare zu sprechen – »aus einem ganzen klaren Chrysolit«, so spaltete Freud die Seele in Segmente. Seine Entdeckung, daß die Menschen nicht allein aus ihren bewußten, sondern auch aus ihren unbewußten Gedanken und Gefühlen heraus handeln und daß selbst ihr Gebrauch der Vernunft häufig instinktiven Trieben unterworfen ist, die sie kaum beherrschen können, revolutionierte die Psychologie und war von größerer Wirkung auf künftige Generationen von Künstlern als jede andere Theorie jener Zeit. Im ersten Jahr des neuen Jahrhunderts erschien Freuds ›Traumdeutung‹ im Druck. Zugleich kam sowohl Schnitzlers ›Leutnant Gustl‹ heraus – jene Novelle, in der ein Autor zum ersten Mal den »Inneren Monolog« bewußt als literarische Technik einsetzte – wie sein Stück ›Reigen‹, in dem der Geschlechtstrieb als hauptsächlicher Beweggrund menschlicher Beziehungen bloßgelegt wird. 1906 hatte Freud, wie wir uns erinnern, Schnitzler mitgeteilt, daß er sich seit langem der weitgehenden Übereinstimmung ihrer Ansichten über psychologische und erotische Probleme bewußt sei. Er gestand, sich oft erstaunt gefragt zu haben, »woher Sie diese oder jene geheime Kenntnis nehmen konnten, die ich mir durch mühselige Erforschung des Objektes erworben, und endlich kam ich dazu, den Dichter zu beneiden, den ich sonst bewundert«. Zu Schnitzlers 60. Geburtstag im Jahre 1922 schrieb Freud ihm noch einmal und sagte, daß er ihn aus einer Art von »Doppelgängerscheu« gemieden habe.

»Ich habe mich mit der Frage gequält, warum ich eigentlich in all diesen Jahren nie den Versuch gemacht habe, Ihren Verkehr aufzusuchen und ein Gespräch mit Ihnen zu führen.« Nachdem er eben jene Doppelgängerscheu als Grund angibt, fährt er fort: »Ich habe immer wieder, wenn ich mich in Ihre schönen Schöpfungen vertiefe, hinter deren poetischem Schein die nämlichen Voraussetzungen, Interessen und Ergebnisse zu finden geglaubt, die mir als die eigenen bekannt waren. Ihr Determinismus wie Ihre Skepsis – was die Leute Pessimismus heißen –, Ihr Ergriffensein von den Wahrheiten des Unbewußten, von der Triebnatur des Menschen, Ihre Zersetzung der kulturell-konventionellen Sicherheiten, das Haften Ihrer Gedanken an der Polarität von Leben und Sterben, das alles berührte mich mit einer unheimlichen Vertrautheit... So habe ich den Eindruck gewonnen, daß Sie durch Intuition – eigentlich aber infolge feiner Selbstwahrnehmung – alles das wissen, was ich in mühseliger Arbeit an anderen Menschen aufgedeckt habe.« Damit wiederholte er nicht nur, was er nahezu zwanzig Jahre früher bereits geschrieben hatte, sondern betonte auch, wie er es immer wieder in diesem oder jenem Zusammenhang tat, daß die spontane Einsicht der wissenschaftlichen Entdeckung überlegen sei.

So hatte er etwa in einem kleinen, 1907 veröffentlichten Buch über Wilhelm Jensens Erzählung ›Gradiva‹, die auf ein von Freud gleichfalls geschätztes Relief einer schönen Griechin im Vatikanischen Museum zurückging, deutlich festgestellt: »Wertvolle Bundesgenossen sind aber die Dichter, und ihr Zeugnis ist hoch anzuschlagen, denn sie pflegen eine Menge von Dingen zwischen Himmel und Erde zu wissen, von denen sich unsere Schulweisheit nichts träumen läßt. In der Seelenkunde gar sind sie uns Alltagsmenschen weit voraus, weil sie da aus Quellen schöpfen, welche wir noch nicht für die Wissenschaft erschlossen haben.« Ja, er ging sogar so weit, zu behaupten: »Leider muß die Analyse vor dem Problem des Dichters die Waffen strecken.« Womit er sagen wollte, daß sie gleich allen Künstlern eine unerklärliche Gabe besäßen, die er aus der Ferne bewundern, deren Geheimnis er aber nicht lösen könne.

Will man Ernest Jones Glauben schenken, dann war der Vater der Psychoanalyse, der oft als ein autoritärer, selbstbewußter und strenger Verfechter seiner eigenen Theorien beschrieben wird, in Wahrheit ein sehr bescheidener Mensch. Im Hinblick auf die ›Traumdeutung‹ und seine ›Drei Abhandlungen zur Sexualtheorie‹, jene beiden Werke, die ihm selbst am wichtigsten waren, sagte Freud seinem Biographen Ernest Jones, »er scheine dazu bestimmt, nur Selbstverständliches zu entdecken: daß Kinder sexuelle Gefühle hätten, was jedes Kindermädchen wisse, und daß nächtliche Träume genau so sehr eine Wunscherfüllung seien wie Tagträume«. Es war wohl ebensowenig ernst gemeint, daß er nach dem Erscheinen der ›Traumdeutung‹ seinen damaligen Freund Wilhelm Fließ in einem Brief fragte, ob es denkbar wäre, daß der Ort, an dem er fünf Jahre zuvor deren Grundidee entwickelt habe (das Bellevue-Restaurant im Wienerwald), einmal eine Tafel mit der Inschrift tragen würde: »Hier enthüllte sich am 24. Juli 1895 dem Dr. Sigm. Freud das Geheimnis des Traumes.« In der Tat bestand damals, und noch viele Jahrzehnte lang, nur wenig Grund zur Annahme, etwas dergleichen könnte je geschehen. Dennoch wurde Freuds scherzhafte Hoffnung erfüllt, als am 6. Mai 1977 an der Stelle des mittlerweile abgerissenen Restaurants ein Gedenkstein mit ebendieser Inschrift errichtet wurde.

Von der ›Traumdeutung‹ wurden sechshundert Exemplare gedruckt, zu deren Verkauf man acht Jahre brauchte. Als Hofmannsthal 1904 an Bahr schrieb, um sich von ihm »das Buch von Freud und Breuer über Heilung der Hysterie durch Freimachen einer unterdrückten Erinnerung« (›Studien über Hysterie‹, 1895) auszuborgen, war ihm weder der genaue Titel bekannt, noch daß das, was er in dieser frühen Publikation zu finden hoffte, weit eher in der ›Traumdeutung‹ aufzuspüren war. Dieses Buch, nach Ansicht von Ernest Jones Freuds originellstes Werk, enthält nicht nur die fundamentale Idee, daß Träume die verhüllten Erfüllungen unbewußter Wünsche sind, sondern auch ein erstes Modell des psychischen Apparates, wie er später von seinem Autor entwickelt wurde. Auch der Oedipus-Komplex wird hier (mit einer berühmten Fußnote zum ›Hamlet‹) zum ersten Mal beschrieben und nebenbei so manche Entdeckung gemacht, der später gründlicher nachgegangen werden sollte. Von allen Schriften Freuds hat vermutlich dieses Werk am stärksten und nachhaltigsten auf Künstler und kreative Menschen eingewirkt. Wenn Freud in seiner Abhandlung über die ›Gradiva‹ bemerkt, »der Dichter... war jederzeit der Vorläufer der Wissenschaft und so auch der wissenschaftlichen Psychologie«, dann versteht er diesen Informationsfluß als wechselseitig. »So kann der Dichter«, sagt er im gleichen Zusammenhang, »dem Psychiater, der Psychiater dem Dichter nicht ausweichen.« Und da diese Worte ein Jahr nach Freuds erstem Brief an Arthur Schnitzler zu Papier gebracht wurden, darf man annehmen, daß er dabei an eben diesen Autor gedacht hat.

In dem beschränkten Rahmen des vorliegenden Buches können das Leben und Werk Sigmund Freuds – des weltbekanntesten Österreichers, wie es heißt, nach Johann Strauß – nur in groben Zügen dargestellt werden. Zu Ende seiner Tage, im Juli 1938, hatte er selbst begonnen, seine Entdeckungen und Lehren in einem kurzen ›Abriß der Psychoanalyse‹ zusammenzufassen, den er nicht vollenden konnte. Gleichwohl enthalten die Kapitel des kleinen Buches alle wichtigsten Aspekte der Freudschen Theorie. Sie behandeln den psychischen Apparat mit seiner Einteilung in Es, Ich und Über-Ich; das Konzept der Trieblehre; die Entwicklung der Sexualfunktionen; deren Verdrängung und Sublimierung; die psychischen Qualitäten; und erläutern schließlich die Traumdeutung. Zwei Kapitel beschäftigen sich mit der praktischen Rolle des Analytikers, zwei weitere mit dem theoretischen Gewinn seiner Einsichten in den psychischen Apparat im Hinblick auf die Außen- und Innenwelt. Wenngleich das Manuskript an diesem Punkt ohne Hinweis darauf abbricht, wie der Autor es zu beenden gedachte, wird ein von den Gesammelten Werken Freuds eingeschüchterter Leser nahezu alles, was er zu deren Verständnis braucht, im Kern darin finden.

Obschon die Psychoanalyse, insgesamt wie in ihren Teilen, heftig angegriffen wurde und immer noch wird, befassen wir uns hier nur mit Häresien, die Freud selbst noch erlebte. Unter seinen Wiener Trabanten, die ihn im Jahr 1911 und in der darauffolgenden Zeit verließen, war Alfred Adler die führende Gestalt. Dieser Abfall eines Mitglieds jenes frühesten Kreises, der sich 1902 um Freud als »Psychologische Mittwochsgesellschaft« geschart hatte, war ein harter Schlag für ihn. Doch entließ er ihn mehr in Trauer denn im Zorn, und Adler wurde keines jener verbalen Bündel von Blitzen nachgeschleudert, wie sie Carl Gustav Jung, Freuds einstigen Kronprinzen, nach dessen Schisma treffen sollten: »Jetzt sind wir ihn endlich los, den brutalen, scheinheiligen Jung und seine Jünger.« Sein Schweizer Anhänger, der 1906 zu ihm gestoßen war und sich 1914 von der Psychoanalytischen Gesellschaft wieder zurückzog, begründete in der Folge seine eigene Schule, die zeitweilig von ebenso großer Bedeutung war wie jene Freuds. Wir aber haben uns Adlers Individualpsychologie zuzuwenden, die zwar geringere Breitenwirkung erreichte als Jungs Theorie des kollektiven Unbewußten und der archetypischen Determinanten, aber als zweite große Richtung der neuen Psychologie von Wien ihren Ausgang nahm.

Adler, um vierzehn Jahre jünger als Freud, war in Wien zur Welt gekommen und hatte Medizin studiert. Seine englische Biographin Phyllis Bottome versichert, er sei eine Zeitlang Freuds Hausarzt gewesen, doch es gibt dafür keinen Beweis. Gemeinsam mit fünf anderen bildete er den Kern der »Mittwochsgesellschaft«. Er nahm teil an dem stetigen Fortschritt der kleinen Gruppe und ihren Versammlungen, die immer mehr wuchsen und sich international ausbreiteten, bis sie zu Kongressen wurden; und er war, mit Wilhelm Stekel, dem zweiten

»ältesten Anhänger« Freuds, Herausgeber ihres Organs, des ›Zentralblatts‹. Adler, »die stärkste Persönlichkeit der Gruppe«, wie Jones ihn nannte, fand einen neuen Zugang zur Natur der Neurosen, eine Psychologie des Ichs allein, die viel weniger auf der Erkenntnis des sexuellen Faktors beruhte als auf dem von ihm neu eingeführten Motiv der Aggression, welches er dem »männlichen Protest« zuschrieb.

Freud nahm Adlers Ideen sehr ernst, war aber nicht bereit, seine eigenen für sie aufzugeben. Er legte vielmehr Wert darauf, daß Adlers Theorie nicht eigentlich Psychoanalyse sei, sondern »etwas anderes«, und warf ihm seine »antisexuelle Tendenz« vor. Anstelle der Psychologie des Unbewußten, fand Freud, vertrete Adler eine »Oberfläche- und Ich-Psychologie«, statt der Psychologie der Libido einfach eine allgemeine Psychologie. Dennoch sagte er Adlers Ideen große Wirkung voraus. Als im Jahr 1911 zwei Abende der Gesellschaft diesen Häresien gewidmet wurden, erklärte Freud geradeheraus, er halte »die Adlerschen Lehren für falsch und für die Entwicklung der Psychoanalyse gefährlich«. Trotz seiner Überzeugung, es handle sich hier um »wissenschaftliche Irrtümer, die durch falsche Methodik hervorgerufen sind«, betonte er jedoch, sie seien »Irrtümer, die ihrem Urheber alle Ehre machen«.

So verließ Adler den Schoß der Psychoanalytischen Gesellschaft und nahm sechs weitere Renegaten mit. Er nannte seine eigene neue Gruppe zunächst »Gesellschaft für Freie Psychoanalyse«, was Freud besonders empörend fand. Noch ärger war, daß er den Amerikaner Stanley Hall auf seine Seite gebracht hatte, was dazu führte, daß seine Lehren zur gleichen Zeit, wenn nicht früher als jene Freuds, die Vereinigten Staaten erreichten. Adlers Anhänger, die jetzt ihm so leidenschaftlich ergeben waren wie zuvor dem Gründer der Bewegung, waren der Meinung, Freud habe Adler während ihres Bruches höchst ungerecht behandelt. Diese Auffassung wurde selbst noch sechzig Jahre später in der Autobiographie des Schriftstellers Manès Sperber vertreten, der 1921 mit sechzehn Jahren Adlers jüngster Schüler geworden war. Obschon die Bewegung sich schließlich als »Individualpsychologie« ausgab, konzentrierten sich ihre Vertreter eher auf die soziologischen Aspekte des Bewußtseins als auf das verdrängte Unbewußte – das Studium der Beziehungen zwischen dem Individuum und dem Kollektiv erschien ihnen interessanter als das Individuum per se. Adler selbst war Sozialist und mit einer Russin verheiratet, die mit Trotzki befreundet war. Er gewann darum leichter und logischer als Freud Anhänger aus den Kreisen der gemäßigten marxistischen Linken.

Zu seinen bleibenden Konzepten gehört der des »Minderwertigkeitskomplexes«, den kompensieren zu wollen ein Fehlverhalten im Rahmen der Gemeinschaft auslösen kann. Ein weiterer Begriff, dem

Dauer beschieden war, umspannte eine pansexuale Auffassung des menschlichen Geistes, gestützt auf die Annahme (wie sie auch von Freuds früherem Freund Wilhelm Fließ und von Otto Weininger vertreten wurde), daß die Seele jeweils aus sowohl männlichen wie weiblichen Komponenten besteht. Die ersteren behaupteten sich, Adler zufolge, durch Aggression, doch sie wurden auch von dem »Willen zur Macht« – einem Postulat Nietzsches – gesteuert. In einem Aufsatz über Adler aus dem Jahr 1927, den er später teilweise widerrief, nannte der junge Manès Sperber seinen Lehrer »das soziale Genie unserer Zeit, das sich gedrängt fühlte, jene Lehre zu schaffen, die alle, die sie kennenlernen, mit einer Lebensaufgabe belastet: voranzugehen bei dem Abbau des Strebens nach Macht und bei der Erziehung zur Gemeinschaft...« Adler verwandelte den Satz von Marx, »Das Leben«, andernorts definiert als das materielle Sein, »bestimmt das Bewußtsein« (und nicht umgekehrt, wie Hegel annahm), in seine eigene Maxime »Das gesellschaftliche Sein bestimmt das Bewußtsein«. Seine Theorie konnte daher von Marxisten, die das Freudsche Konzept einer alles beherrschenden Libido ablehnten, wesentlich leichter angenommen werden.

Mit fünfzig war Adler als Begründer und Haupt der Individualpsychologie allgemein anerkannt. Um ihn scharten sich Anhänger, die inzwischen ihre eigene Zeitschrift herausgaben und Neurosen nach seinen Grundzügen behandelten. Zu seinen Freunden zählte auch Sophie Lazarsfeld, ein maßgebliches Mitglied der feministischen und sozialistischen Bewegung der zwanziger Jahre. In ihrem und ihres Gatten Haus trafen Arbeiterführer wie Victor Adler und Otto Bauer mit Alfred Adler, aber auch mit dem Freudschüler Siegfried Bernfeld zusammen. Auf Anraten von Victor Adlers Sohn Friedrich, einem Naturwissenschaftler von Beruf, hatte Sophies Sohn Paul Lazarsfeld Physik und Mathematik studiert. Bernfeld aber brachte den jungen Akademiker und Lehrer an das Psychologische Institut der Universität Wien, das von Karl Bühler geleitet wurde. Dort konnte Lazarsfeld seine Interessen für Mathematik, Psychologie und Soziologie vereinen – mit erstaunlichem, weitreichendem Erfolg.

Im Österreich der Vorkriegszeit gab es ebensowenig wie in den meisten anderen mitteleuropäischen Ländern eigene Fakultäten für Psychologie. Als jedoch der aus Meckesheim bei Heidelberg stammende Karl Bühler 1922 einen Ruf an die Universität Wien erhielt, wurde ihm an der Philosophischen Fakultät ein Lehrstuhl für dieses Fach eingeräumt. Er errichtete alsbald ein Psychologisches Institut, das zu einem der fortschrittlichsten seiner Art werden sollte. Bühler und sein Werk verdienen besondere Aufmerksamkeit, weil er in Österreich die offizielle akademische Psychologie zu einer Zeit verkörperte, in der außerhalb der Universität Sigmund Freud die Psychoanalyse weiterentwikkelte und praktizierte. Charlotte Bühler, neben ihm Dozentin an der Fakultät, seine enge Mitarbeiterin, aber auch eine eigenständige, äußerst vielseitige Forscherin, hat ihren Ehemann als einen ursprünglich »präfreudianischen Denker« bezeichnet, dessen spätere neue Konzepte zum Teil im Gegensatz zu jenen Freuds stehen, häufig aber über sie hinausgehen.

Bühler sah sich selbst in der Tradition der »Experimentalpsychologie«, die auch in Wien bisher in jeder Form von wissenschaftlicher Seelenforschung vorgeherrscht hatte. Das will heißen, er neigte wie Ernst Mach oder der Schweizer Richard Avenarius dazu, psychischen Vorgängen immer im Zusammenhang mit körperlichen nachzuspüren. Dies ging teilweise mit Hilfe technischer Apparate vor sich, wie er sie selbst noch vor dem Ersten Weltkrieg am »Psychologischen Laboratorium« in München entwickelt hatte. Von einem österreichischen Lehrstuhl aus förderte Bühler auch, unterstützt von jungen Mitarbeitern wie (Graf) Egon Brunswik, Else Frenkel und Käthe Wolf, die verschiedensten Vorstöße ins Reich der Ästhetik, darunter einen Versuch, eine Darstellungstheorie der neuen Kunst des Films zu entwerfen. Seine gesamte wissenschaftliche Arbeit war von zwei Forschungsgebieten beherrscht: eines betraf die für ihn überragende Rolle der Biologie für das Verständnis des menschlichen Geistes, das andere die Natur des schöpferischen Denkens. Zur gleichen Zeit wie Freud, dessen Tochter Anna und dessen Schülerin Melanie Klein befaßten sich Bühler und seine Frau mit den frühen Entwicklungsjahren des Menschen – in ihrem Fall wiederum ausgehend vom biologischen Aspekt.

Neben seinem Buch über ›Die geistige Entwicklung des Kindes‹ und einer kritischen Würdigung der drei zeitgenössischen Formen der psychologischen Theorie – Behaviorismus, Psychoanalyse und seine eigene Experimentalpsychologie – unter dem Titel ›Die Krise der Psychologie‹ erläuterte Bühler auch in langen Abhandlungen die Grundzüge seiner Sprach- und Ausdruckstheorie, die von den Kollegen in deutschsprachigen Ländern und in der angelsächsischen Welt wohlwollend aufgenommen wurden. Seine Vorlesungen und Seminare wurden auch von Studenten und Gelehrten besucht, die einmal bedeutende Psychoanalytiker werden wollten oder solche bereits waren, darunter Heinz Hartmann, Rudolf Ekstein, Siegfried Bernfeld und René Spitz. Immer aber war in jener Zeit die Gestalt Sigmund Freuds unsichtbar gegenwärtig – des großen alten Weisen und Propheten, der in seiner geräumigen, aber bescheiden bürgerlichen Wohnung in der Berggasse hofhielt und den Gegenpol zur akademischen Psychologie darstellte. Die Vorlesungen, die er zwischen 1915 und 1917 als außerordentlicher Professor an der Wiener Universität gehalten hatte (später als ›Vorlesungen zur Einführung in die Psychoanalyse‹ veröffentlicht), waren nach dem Krieg nicht wiederaufgenommen worden. Nun waren es sein Haus und seine Praxis, zu denen all jene in Scharen strömten, denen das Studium der Freudschen Theorie für das Verständnis der menschlichen Seele unerläßlich schien.

Es liegt eine gewisse Tragik in dem Umstand, daß Karl Bühler, ein origineller Denker, anregender Lehrer und grundanständiger Mensch (1938 wurde er von den Nazis vorübergehend eingesperrt und dann zur Emigration gezwungen, nicht nur auf Grund der jüdischen Abstammung seiner Frau, sondern auch wegen seines eigenen mutigen Widerstands gegen die neuen Herren), kaum einen einzigen seiner Studenten dazu angeregt hat, seine Forschungen weiterzuführen, geschweige denn eine eigene Schule hinterließ. Einige seiner Assistenten unterzogen sich hinter seinem Rücken Lehranalysen, arbeiteten aber gleichzeitig für ihn am Psychologischen Institut. Andere, die nach Hitlers Einmarsch in Österreich nach Amerika emigrieren mußten, hatten sich mit Freuds Begriffswelt vertraut zu machen, bevor sie Lehrstellen für Psychologie an amerikanischen Universitäten erhalten konnten. Bühlers Hauptargument gegen die Psychoanalyse war gewesen, daß ihre Methode der Neurosenbehandlung für ein Verständnis der fundamentalen Lebensvorgänge nicht genüge. Während Freud, wie Bühler in ›Die Krise der Psychologie‹ argumentierte, den Menschen ständig im Kampf gegen psychische Störungen begriffen und um sein seelisches Gleichgewicht ringen sah, ging er selbst von dem vordringlichen Wunsch des Menschen nach Erfüllung seines kreativen Dranges aus. Den Schülern Bühlers allerdings erschien diese Betrachtungsweise nicht so fruchtbar wie die Freuds. Als Sprachtheoretiker ist dieser Gelehrte auch heute noch in achtbarer Erinnerung. Unter dem Titel ›Bühler-Studien‹ sind vor einigen Jahren Arbeiten von Sprachwissenschaftlern erschienen, die gewisse seiner Lehren wiederaufgenommen haben. Es scheint, daß die moderne Linguistik und Semiotik ihm einiges verdankt.

Wäre es ungerecht, sein größtes Verdienst in der Hilfe und Förderung zu erblicken, die er Paul Lazarsfeld angedeihen ließ – einem der Pioniere der modernen Sozialpsychologie und wissenschaftlichen Marktforschung in Österreich wie in den Vereinigten Staaten? Zunächst hatte Lazarsfelds mathematisches Wissen Charlotte Bühler dazu bewogen, ihn als Vortragenden über Statistik und Datenanalyse am Psychologischen Institut anzustellen. Als der junge Mann ein eigenes Institut für Sozial- und Wirtschaftsforschung auf psychologischer Basis gründen wollte, versprachen ihm beide Bühlers ihre Unterstützung. Karl Bühler wurde Präsident der »Wirtschaftspsychologischen Forschungsstelle«, aber im Vorstand saßen neben anderen Universitätsprofessoren auch hervorragende Industrielle und Vorsitzende der Handels- und Landwirtschaftskammern.

Die eigentliche Absicht der Forschungsstelle war es, den schwerwiegenden Problemen der weltwirtschaftlichen Rezession in dieser kummervollen Zwischenkriegsperiode auf den Grund zu gehen. Sie finanzierte sich jedoch weitgehend selbst durch Marktanalysen für wichtige Firmen in Österreich und der Schweiz. Die meisten Mitarbeiter des Instituts, in der Mehrzahl Studenten der beiden Bühlers, waren zugleich aktive junge Sozialisten. Als größte Leistung Paul Lazarsfelds, seiner damaligen Ehefrau Marie Jahoda und seines Mitarbeiters Hans Zeisel gilt heute noch ihre Studie über ›Die Arbeitslosen von Marienthal‹, ein soziologisches Meisterwerk und überaus bewegendes Dokument des Lebens in einem industrialisierten Dorf, nachdem dessen einzige Fabrik geschlossen wurde. Lazarsfeld selbst ging im Herbst 1933 mit einem Rockefeller-Stipendium in die Vereinigten Staaten. Wenige Monate später, nach der Niederwerfung der Sozialistischen Bewegung durch die österreichischen Faschisten, wurde sein Institut durchsucht, einige seiner Mitarbeiter wurden verhaftet, und schließlich löste man es überhaupt auf. Lazarsfeld kehrte nicht mehr in seine Heimat zurück. In Amerika mäßigten sich unvermeidlich seine politischen Ansichten. Er unterstützte die liberalen Demokraten, während sich sein ruhmreicher Aufstieg auf vielen Gebieten der empirischen Sozialforschung vollzog. Wie so oft war auch hier Österreichs Verlust eines anderen Landes Gewinn.

In diesem Kapitel ist es ebensowenig möglich, zwischen Gedanken und Träumen, visionärer Theorie und therapeutischer oder sozialer Praxis zu unterscheiden, wie sich an einen chronologischen Ablauf der Ereignisse zu halten. Bisher erschien es angebracht, die Zeit bis zum Ausbruch des Ersten Weltkriegs mehr oder weniger getrennt von jener der Ersten Republik zu behandeln. Für den Fluß der Ideen gilt diese Wasserscheide nicht. Was sich um die Jahrhundertwende in den Bereichen der Philosophie, der Psychologie und der reinen Ideologie begab, hatte Folgerungen bis hin zum Anschluß, durch den die meisten der überlebenden Urheber zusammen mit ihren Theorien aus Österreich fortgeschwemmt wurden. So wurde die Auswirkung von Freuds revolutionären Entdeckungen auf seine Schüler, seine Gegner sowie Forscher der verschiedensten Richtungen zumindest andeutungsweise bis in die zwanziger Jahre und darüber hinaus verfolgt. Und wenn hier auch dem Leben und Werk nicht aller seiner Wiener Mitarbeiter nachgegangen werden kann, müssen zumindest die großen Leistungen seiner Tochter Anna in der Erkenntnis der »Abwehrmechanismen« und in der Kinderpsychologie hervorgehoben werden, eine Arbeit, die sie bis zum Tod in ihrem Londoner Exil fortgesetzt hat. Auch ihre Rivalin auf diesem Gebiet, Melanie Klein, ist zu erwähnen, deren Behandlung kindlicher Neurosen ebensoviel Aufmerksamkeit erregt und ebenso viele englische und amerikanische Analytiker beeinflußt hat wie jene von Anna Freud. Der umstrittenste von Freuds Anhängern freilich war ohne Zweifel Wilhelm Reich.

Diesem außerordentlichen Mann, der gleich Adler sehr jung zu der Bewegung gestoßen war, wurde bereits im Alter von fünfundzwanzig Jahren die Leitung des Seminars für Psychoanalytische Therapie in Wien anvertraut. Freud hatte eine hohe Meinung von ihm, bis Reichs politische Aktivitäten ihn zu verdrießen begannen. Durch seine Definition des Menschen als eines sozialen, wenn nicht rein materiellen Wesens hatte Alfred Adler einer Verständigung mit den Marxisten den Weg geebnet. Strenggläubige Schüler Freuds dagegen standen bei dem Versuch, seine Theorie mit dem dialektischen Materialismus zu versöhnen, vor einer schier unlösbaren Aufgabe. Während einer Debatte in Berlin im Jahr 1928 wollten einige Analytiker, darunter Siegfried Bernfeld, nicht nur beweisen, daß Freud und Marx miteinander in Einklang gebracht werden konnten, sondern sogar, daß beide Systeme einander ergänzten. Als Bertrand Russell sich viel später dieser Frage zuwandte, zog er den entscheidenden Schluß, daß keine Möglichkeit für eine solche Verbindung bestand, daß nämlich, »selbst wenn wir nur große Gemeinschaften in Betracht ziehen, der ausschließlich ökonomische Gesichtspunkt eine Simplifizierung bedeutet und daß politische Klugheit unbedingt einer psychologischeren Auffassung bedarf«.

Freud dachte nicht anders und trat wiederholt gegen Versuche auf, seine Lehren mit denen des Marxismus zu verbinden. Mit der wirtschaftlichen Kritik des kommunistischen Systems wollte er nichts zu tun haben, »aber seine psychologische Voraussetzung vermag ich«, wie er schrieb, »als haltlose Illusion zu erkennen«. Er war darum alles andere als erfreut, als Reich für das offizielle Organ der Psychoanalytiker einen Artikel vorbereitete, in dem er diese verhaßte Amalgamierung forderte und die – nach Freuds Meinung unsinnige – Behauptung aufstellte, »was man für Todestrieb halte, sei eine Auswirkung des kapitalistischen Systems«. Nach heftigen Diskussionen wurde die Arbeit veröffentlicht, jedoch eine ausführliche Kritik eben jenes Siegfried Bernfeld hinzugefügt, der vier Jahre zuvor für das rapprochement eingetreten war. Als 1934 die Entfremdung zwischen Freud und ihm unwiderruflich geworden war, trat Reich von der Gesellschaft zurück. Nicht zufrieden damit, durch seinen »politischen Fanatizismus« den Zorn des Gründers erregt zu haben, führte er das psychoanalytische Konzept der alles beherrschenden Libido in einer Weise zum Extrem, die für Freud ebenso unannehmbar war. Reichs Libido-Begriff war in den Augen von dessen ursprünglichem Erfinder »rein anal«, Reichs Verkündung von der Heilkraft des Orgasmus zeigte eine »simple, mechanistische Sicht«. In den Vereinigten Staaten verfocht Reich nach

Links Sigmund Freud mit seiner Tochter Anna

Unten links
Richard Weininger

Unten rechts
Otto Weininger

1939 seine Theorie von der »Orgon-Energie« – einer gesundheitsspendenden Kraft, wie er behauptete, die mittels seiner Orgon-Akkumulatoren angezapft werden konnte. Nun freilich geriet der brillante Geist, der eine Reihe glänzender Bücher hervorgebracht hatte, darunter ›Massenpsychologie des Faschismus‹ (1933) und ›Die sexuelle Revolution‹ (1945), zunehmend in Verwirrung. Der Starrsinn, mit dem Reich selbst schwere Krankheiten mit seinen »Orgonkästen« oder »-decken« – nach amerikanischem Gesetz eine Quacksalberei – kurieren wollte, führte schließlich zu seinem Fall. 1954 wurde er wegen Nichtachtung des Gerichts verurteilt und ins Zuchthaus geschickt, wo er mit sechzig Jahren als gebrochener Mann starb.

Der Bericht über Reichs seltsame Unternehmungen hat uns aus den frühen Dekaden des 20. Jahrhunderts bis fast in die Gegenwart geführt. Als verstiegenster Außenseiter der psychologischen und philosophischen Schulen unserer Epoche hatte ihn ein Vorläufer bereits übertroffen. Das Gedankengebäude Otto Weiningers, der sich mit dreiundzwanzig, kurz nach der Veröffentlichung seines grundlegenden Werkes ›Geschlecht und Charakter‹, im Jahr 1903 das Leben nahm, wird zur Zeit wieder einmal aufgewertet. Sein höchst fragwürdiges Buch, ein Elaborat seiner Dissertation, das mit den Anhängen fast sechshundert Seiten umfaßt, war von so bedeutenden Zeitgenossen Weiningers wie Strindberg, Wittgenstein und Karl Kraus begeistert begrüßt worden. Später soll es auch Arnold Schönberg, Italo Svevo, de Chirico, D. H. Lawrence und Leo und Gertrude Stein beeindruckt und beeinflußt haben. Im Zuge der Neuentdeckung und zuweilen übertriebenen Einschätzung jeder seltsamen Blüte, die in jenem Wiener Treibhaus des Talents um die Jahrhundertwende aus dem Boden schoß, wird nun von Skandinavien bis Israel eine Wiederbelebung der Weiningerschen Begriffswelt vorgenommen.

Zu Recht werden viele leuchtende Ideen, Überlegungen und Einfälle, die in ›Geschlecht und Charakter‹ zu finden sind, hervorgehoben und wohlwollend kommentiert. Dennoch sind nur wenige jener späten Bewunderer Weiningers bereit, klar und deutlich zuzugeben, daß die zwei Hauptthesen seines Buches, in ihrer »Beweisführung« für Antifeminismus und Antisemitismus, blanker und gefährlicher Unsinn sind. Seine Schriften einen »großartigen Irrtum« zu nennen, wie Wittgenstein dies tat, oder gar einen »wertvollen Irrtum«, als den jüngst der Italiener Roberto Calasso sie bezeichnet hat, heißt eben jene contradictio in adiecto zu verschulden, die Weininger in den Worten »weibliches Genie« erblickte. Dieser Sohn eines gebildeten jüdischen Goldschmiedes war nicht nur überaus gescheit und kenntnisreich, sondern auch zutiefst neurotisch. Zweifellos neigte er zu einer verborgenen, mit Schuldgefühlen beladenen Homosexualität und versuchte, seine Abneigung gegen Frauen mit jeder Art von wissenschaftlich maskierter Verfälschung und philosophischer Kasuistik zu rechtfertigen, deren er fähig war. Und wenn er den jüdischen Charakter geißelte, geschah es mit all dem Selbsthaß eines unattraktiven jungen Mannes – wie Stefan Zweig ihn einmal schildert, der Weiningers ganze Einstellung auf ein »gereiztes Minderwertigkeitsgefühl« zurückgeführt hat.

An Weininger läßt sich die à l'outrance getriebene Unsicherheit eines Wiener Juden erkennen, der sich auf halbem Weg zwischen Orthodoxie und Assimilation befand. Indem er, wie bereits sein Vater ein Freidenker und Wagner-Verehrer, den Hafen einer soliden jüdischen Identität hinter sich gelassen hatte, ohne gleich Hofmannsthal und dessen Freunden zu voller Integration in die christliche Gesellschaft gelangt zu sein, litt Weininger an allen Leiden eines Menschen im Stadium des Übergangs. Wenn er sich in seinen Anwürfen gegen seine eigenen Artgenossen zu der Behauptung verstieg, einen »jüdischen Gentleman« könne es nicht geben, konnte er nicht ahnen, daß sein jüngerer Bruder Richard einst zum vollendeten Beispiel eines solchen werden sollte.

Otto Weininger, 1880 geboren, hatte den großen Vorteil, die Universität zu einem Zeitpunkt zu betreten, in dem das Wiener akademische Leben auf einem Höhepunkt stand und Gelehrte wie Ernst Mach, Richard Avenarius und Friedrich Jodl einen aufgeklärten Empirismus in Wissenschaft und Philosophie verfochten. Er, der nach Wissen dürstete, begann alle Disziplinen in diesem Bereich zu erkunden. Das seiner Dissertation angefügte curriculum vitae erhellt nicht nur Weiningers kindliche Altklugheit, sondern auch seinen frühen Größenwahn. So hatte er darin »nur anzuführen, daß ich mit dreizehn Jahren über philosophische und kosmologische Dinge nachzudenken anfing«, und teilte ferner mit, er habe neben seinen Hauptfächern auch Mathematik, Physik und Chemie, Zoologie und Botanik studiert sowie Vorlesungen über verschiedene Zweige der Medizin, darunter Anatomie, Physiologie, Histologie, Embryologie, Neurologie, Psychiatrie und Pathologie, gehört.

Man ist hier versucht, nicht so sehr an Goethes Faust zu denken, der sich nach vielen Studien nicht für klüger hält denn der arme Tor, der er zuvor gewesen ist, als vielmehr an den Schüler, der sich bei ihm Rat holen will. In ›Faust‹ fragt Mephistopheles den Jüngling, welche Fakultät er zu wählen gedenke. Der Schüler kann sich nicht entscheiden; er möchte recht gelehrt werden und »gern, was auf der Erden / und in dem Himmel ist, erfassen, / die Wissenschaft und die Natur«. Doch als der Teufel ihn vor den Verwicklungen einer »Gedankenfabrik« mit ihren tausend Fäden warnt, die hin- und herschießen wie auf einem Webstuhl, wird dem Schüler »von alle dem so dumm, als ging' mir ein Mühlrad im Kopf herum«.

Otto Weininger hätte niemals zugegeben, daß zuviel Gelehrtheit den Geist verstören und auf gefährliche Abwege führen kann. Seine Dissertation, die er im Juni 1902 den Professoren Jodl und Lorenz Müller von der philosophischen Fakultät vorlegte, zeugte von so verblüffenden Ideen, einem solch ständigen Aufblitzen psychologischer Einsichten, daß seine Lehrer gehörig beeindruckt waren. Dennoch mißbilligte Jodl, wiewohl er »manch fein Beobachtetes« lobte, gewisse »phantastische« Einfälle Weiningers, wie dessen »Leugnung der Seele im transcendentalen Sinn beim Typus Weib«. Er fragte sich auch, ob die »subjective und comparative Methode« des Studenten sich ernsthaft mit der Experimentalpsychologie messen konnte und »ob sie sich von der Gefahr allzu willkürlicher Annahmen und jener phantastischen Speculation freizuhalten vermag, welche das Ansehen der deutschen Psychologie im Zeitalter des speculativen Idealismus so tief geschädigt hat«. Müller ging noch weiter: »So geistreich aber die Hypothese Weiningers… erscheint, führt sie dennoch… in eine grund- und bodenlose Metaphysik… Die Abhandlung macht mehr den Eindruck einer durch starke Persönlichkeitsakzente wirksamen Rhapsodie als den einer wissenschaftlichen Gedankenentwicklung.«

Trotz dieser Vorbehalte akzeptierten beide Professoren Weiningers Dissertation, die damals ›Eros und Psyche‹ betitelt war und die letzten Kapitel von ›Geschlecht und Charakter‹, über die Schädlichkeit der Juden und ›Das Wesen des Weibes und sein(en) Sinn im Universum‹, noch nicht enthielt. Als sein Autor nach Erlangung des Doktorgrades das Werk veröffentlichen wollte, stieß er auf unerwartete Schwierigkeiten. Sigmund Freud, dem er das Manuskript respektvoll zugesandt hatte, war davon keineswegs angetan und weigerte sich, es zu empfehlen. Friedrich Jodl verlangte »bedeutende Änderungen«, zu welchen Weininger sich nicht bereit fand. Nach dessen Selbstmord berichtete Jodl dem Münchner Psychiater Löwenfeld, er habe Weininger, der »unstreitig hoch begabt« gewesen sei, auch »im höchsten Grade unsympathisch« gefunden. »Eines direkten Einflusses auf sein Denken kann ich mich nicht rühmen. Er kam zu mir als überzeugter Anhänger des Empiriokritizismus von Avenarius und hat im Laufe einiger Jahre die Metamorphose vollzogen, die ihn zum vollen Mystiker gemacht. Seine Seele ist mir ein Rätsel.« Vielleicht, fuhr er fort, habe sich Weininger in den eigenen Schlingen gefangen. Während jedoch andere annahmen, der junge Doktor habe sich erschossen, weil er den Juden in sich gehaßt oder auch den Irrtum, ja die kriminelle Verblendung seiner Theorien erkannt habe, lehnte Jodl es ab, sich über die möglichen Ursachen zu äußern.

Der funkelnde Mischmasch von Ideen in Weiningers Buch stammt aus so widersprüchlichen Quellen wie Kants Ethik, Schopenhauers

Misogynie, Nietzsches metaphysischem Genie-Begriff, Richard Wagners ästhetischem Mystizismus, Houston Stewart Chamberlains Antisemitismus und vielen mehr. So verlockend es wäre, dieses Theoriengeflecht näher zu betrachten, das so viel Bannkraft besitzt wie das Haupt der Medusa, aber ebenso rasch besiegt wird, sobald man methodisch einen Schlangenkopf nach dem anderen erledigt – im Rahmen dieses Buches kann es nicht geschehen. Weiningers faszinierendste und überzeugendste Idee war die von der permanenten Bisexualität aller Menschen. In seinen Augen gibt es weder Mann noch Frau, nur männliche und weibliche Substanzen – kurz M und W genannt –, die jedem Individuum in ungleichem Maße und unzähligen Abstufungen zugeteilt sind. Obschon Weininger in seinem Werk jedweden Gelehrten oder Schriftsteller zitiert, der seine Gedanken angeregt hat, verabsäumt er hier zu erwähnen, daß er den Begriff der Bisexualität einem der frühesten Freunde Sigmund Freuds verdankt, dem Laryngologen Wilhelm Fließ.

Die »Fließ-Affäre«, die zu einer offenen Kontroverse über Weiningers »Plagiat« und zum Bruch zwischen dem Berliner Arzt und Freud führte, war in vieler Weise unerfreulich. Zweifellos ging es auf eine Indiskretion Freuds während seiner Behandlung von Weiningers engstem Vertrauten Hermann Swoboda zurück, daß Weininger von der noch unveröffentlichten Theorie von Fließ Kenntnis erlangte. Die Polemik begann erst nach Weiningers Selbstmord, als Karl Kraus in der ›Fackel‹ Weiningers Partei ergriff und Freud, der in fünf Briefen an ihn die Sache zu klären versuchte, keiner Antwort würdigte. Kraus, obwohl nach eigener Aussage ein »Frauenverehrer«, hatte Weininger ausdrücklich wissen lassen, er stimme »den Argumenten Ihrer Frauenverachtung mit Begeisterung zu«. Ebenso bewunderte er, von der Fließ-Affäre keineswegs erschüttert, die kantianische Ethik und asketische Haltung des jungen Mannes, vor allem in Fragen der Sexualität. Diese Haltung nahm, wie schon erwähnt, auch Ludwig Wittgenstein ein – vermutlich gleichfalls ein Kryptohomosexueller, der seine Neigungen verdrängte und sublimierte, wie Weininger es tat.

Jene Periode des Übergangs, in der sich um 1900 viele jüdische Wiener auf dem Weg zur Assimilation befanden, brachte die verschiedenartigsten Versuche einer Lösung ihres Problems. Richard Weininger mag als Beispiel für eine Methode dienen, die der des um sechs Jahre älteren Otto Weininger diametral entgegengesetzt war – ihm gelang ein triumphaler Sieg, wo sein armer, pathologischer Bruder versagte. In den Erinnerungen, die er in seinem neunzigsten Jahr diktierte, gestand Richard, von seinem Vater nach Richard Wagner benannt, er habe nie begriffen, »wie ein Mann so viel Wissen, so viel Weisheit besitzen könne wie mein Bruder«. Gleichwohl gelang es Richard, der im übrigen zumindest so viele Sprachen beherrschte wie Otto – mit Ausnahme von Sanskrit –, das praktische Leben um vieles besser zu meistern als Otto seine existentielle Theorie.

Nach einer angenehmen Kindheit – »unendlich glücklicher als die meines Bruders« – wurde Richard mit achtzehn von seinem Vater in die Vereinigten Staaten geschickt. Während eines dreijährigen Aufenthaltes wurde er von Otto H. Kahn in die oberste Geschäftswelt eingeführt, kaufte auf dessen Rat hin Aktien, gewann eine Million Dollar und verlor sie wieder. Nach Wien zurückgekehrt, begab er sich auf eine etwas solidere kommerzielle Laufbahn, heiratete, übersiedelte nach München, studierte Volkswirtschaft und Politologie und gab sich nebenbei künstlerischen Neigungen hin. Den Krieg verbrachte er in der Uniform eines Offiziers der Berittenen Artillerie im österreichisch-ungarischen Kriegsministerium, beendete danach zwar nicht seine Münchener Studien, vollbrachte statt dessen aber eine Reihe großer Finanzcoups, wie sie möglich waren in jener inflationären Nachkriegszeit.

Eine zweite Heirat mit einer reichen Prager Erbin erleichterte ihm noch das Dasein eines wahren Grandseigneurs. Obschon er zwischendurch Quäker geworden war, konnte sein Lebensstil keineswegs frugal genannt werden. In Europa wie, nach 1947, in den Vereinigten Staaten bewegte sich Richard Weininger, ein großer, schöner, eindrucksvoller Mann, in der aristokratischen, politischen und kulturellen Elite. In Berlin finanzierte er in den hektischen zwanziger Jahren Berthold Viertels Avantgardetheater »Die Truppe«. Er spielte Polo mit König Alfonso von Spanien, Lord Louis Mountbatten, dem Fürsten Fugger und dem Maharadscha von Kaschmir. Gemeinsam mit dem britischen Parlamentsabgeordneten Robert Boothby wurde er in London in einen Skandal verwickelt, genoß aber die Unterstützung von Harold Macmillan und Lloyd George. In Amerika machte er Geschäfte mit Howard Hughes, erwarb mehrere Dampfschiff-Gesellschaften und saß im Aufsichtsrat einer Anzahl exklusiver Firmen. In den letzten Jahrzehnten seines Lebens wahrte er seine Interessen in einem Büro in der Madison Avenue und residierte in einem Landhaus unweit New Yorks inmitten eines mehrere hundert Hektar großen Parks. Dort waren die Weiningers zumeist in österreichischer Tracht zu sehen – Richard im Steireranzug, seine Frau Gertrude im Dirndl.

Wenn Wiener Juden vor 1938 die bäuerliche Volkstracht trugen, war dies nicht demonstrativ gemeint, sondern ein Zeichen ihrer Anpassung an die herrschenden bürgerlichen Sitten. Österreichische Städter zogen diese Kleider an, wenn sie auf dem Land, im Garten oder beim Heurigen waren, und ihre Kinder liefen meist dauernd in ihnen herum. Eine Photographie Theodor Herzls, heute im Stadtmuseum von New York, zeigt ihn in seinem Arbeitszimmer, umgeben von seinen Kindern Hans,

Trude und Pauline, alle drei in Tracht. Herzl selbst, der als »extrem assimilierter jüdischer Dandy« beschrieben wurde, hatte sich in Wahrheit nicht weitgehend in die österreichische Gesellschaft integriert. Zwar waren seine Eltern in Budapest, wo er 1860 zur Welt kam, reich geworden und hatten die Strenggläubigkeit ihrer Vorfahren abgelegt. Doch jene »Eleganz«, die Herzls Mitschüler im Gymnasium ihm nachsagten, war ungarischer Art und vermutlich eine Spur zu übertrieben für jene Wiens. Als sein Vater, der durch den Börsenkrach von 1873 einiges an Wohlstand eingebüßt hatte, Jahre später nach Wien zog, ließ sich die Familie mit dem achtzehnjährigen Theodor zuerst in der Leopoldstadt nieder – zu keiner Zeit eine sehr gute Adresse, selbst an oder in der breiten, stellenweise prunkvollen Praterstraße, der Hauptstraße des Bezirks, in deren Nähe auch der Aufstieg der Familien Freud und Schnitzler begonnen hatte.

Ein Kapitel, das sich mit den Denkern und Träumern Wiens befaßt, darf selbst auf die Gefahr hin, hierbei allzu summarisch zu verfahren, nicht auf eine Würdigung Theodor Herzls verzichten – jenes einzigen großen Mannes der Epoche, dessen utopische Vision Wirklichkeit geworden ist. Schon der bloße Ablauf seines tragisch kurzen Lebens ist außerordentlich. Nachdem Herzl die ersten siebzehn Jahre seines erwachsenen Lebens der Verfolgung einer Karriere gewidmet hatte, die seinen zwanghaften Ehrgeiz befriedigen und seinen möglichst schnellen gesellschaftlichen Aufstieg herbeiführen sollte (und sich zwischendurch kindische Maßnahmen gegen den Antisemitismus ausdachte wie eine Massentaufe aller seiner Glaubensbrüder im Stephansdom, von der allein er sich als letzter stolzer Jude Österreichs fernhalten würde), setzte er sich in den letzten neun Jahren seines Lebens mit unermüdlicher Hingabe für den Zionismus ein. Sein Werdegang ist bekannt: Nachdem er die beiden wichtigsten Kulturbastionen des Burgtheaters und der ›Neuen Freien Presse‹ bezwungen hatte und ein hochmütiger Kosmopolit, ein wahrer Europäer geworden war, der gleichwohl deutsche Kultur, germanisches Aussehen und die Musik Wagners am höchsten schätzte, machte er eine Kehrtwendung und schwang sich zum Retter der bis dahin verachteten Ostjuden auf. Eine unwahrscheinlichere Wahl hätte man sich für diesen Erlöser, der sein Volk zurück nach Palästina führen wollte, bis zum Jahr 1895 und dem Dreyfus-Prozeß nicht vorstellen können. Und doch erwies sich Herzl, mit all seinen verfeinerten Manieren, seiner würdevollen Haltung und bewußten Theatralik, als der einzige Mensch, der imstande war, diesem grandiosen Ziel den Weg zu bereiten.

Herzls Stellung als ehemaliger Auslandskorrespondent und gegenwärtiger Redakteur der einflußreichsten Zeitung Mitteleuropas öffnete ihm Türen, die jedem anderen verschlossen geblieben wären. Der türkische Sultan, ein täglicher Leser der ›Neuen Freien Presse‹, empfing aus diesem Grund den Mann, der für eine jüdische Einwanderung ins Heilige Land eintrat – damals noch unter der Herrschaft des Ottomanischen Reiches. (Vorübergehend hegte Abdul Hamid sogar die Hoffnung, mit Herzls Hilfe Moritz Benedikt dazu zu bewegen, die Zeitung in ein heimliches Organ türkischer Propaganda zu verwandeln.) Vermutlich hätten ohne sein internationales journalistisches Ansehen weder Kaiser Wilhelm II. noch Papst Pius X. Herzl empfangen und seine Bitten um Unterstützung angehört. Wenngleich letztlich keiner von beiden, auch der Sultan nicht, nur eine Hand hoben, um den Juden zu helfen, fühlte sich der Zionistenführer doch durch all die langwierigen Verhandlungen mit den Mächtigen dieser Welt darin bestärkt, seinen mühseligen, heftig umstrittenen Kampf nicht aufzugeben. Unter den emanzipierten Wiener Juden trat ihm niemand zur Seite: Schnitzler zog sich nach einigem anfänglichen Interesse zurück, Beer-Hofmann war nicht mehr als ein passiver Anhänger, und der Oberrabbiner Güdemann widerrief bald seine ursprüngliche Zustimmung und verurteilte zuletzt ausdrücklich Herzls Unternehmen.

Herzls aufopfernde Bemühungen im Dienste des Zionismus, sobald er sich dieser Bewegung geweiht und sie in seiner Broschüre ›Der Judenstaat‹ dargelegt hatte, können nicht hoch genug eingeschätzt werden. Unermüdlich antichambrierte er bei zahllosen Herrschern, Staatsmännern und Millionären; dauernd bereiste er Europa und Nahost, organisierte und leitete sechs Zionistenkongresse in ebenso vielen Jahren und stieß dabei auf die größte Opposition im eigenen Lager. Er wurde nicht nur zum Ziel ätzender Attacken von Karl Kraus, sondern erfuhr auch in der ›Neuen Freien Presse‹, deren Redaktion er jedoch weiter angehörte, schockierten Widerstand. Ab und zu brachte er sogar immer noch leichte Komödien zu Papier, um Geld zu verdienen und seinen Namen nicht zu verlieren – all dies untergrub die körperliche Verfassung eines Mannes, der vor Beginn seiner Kampagne bei bester Gesundheit gewesen war.

Die große Philanthropin und Friedenskämpferin Bertha von Suttner, die auch immer wieder für die Juden eintrat, verglich Herzl in der Blüte seiner Jahre mit einem »assyrischen König von majestätischer Größe«. Doch in weniger als einer Dekade hatte er seine gesamte Kraft verbraucht. Als sein Widerstand erlahmte und er mit vierundvierzig Jahren an einer Lungenentzündung starb, war es ihm noch nicht gelungen, seinen Brüdern auch nur einen einzigen Quadratmeter des gelobten Landes zu sichern. »Aber schon als Herzl«, wie sein Biograph Amos Elon es so ergreifend beschreibt, »auf dem Döblinger Friedhof nahe den grünen Hügeln des Wiener Waldes begraben wurde, packten im fernen Rußland und Polen, in vielen vergessenen Kleinstädten und Dörfern, junge Juden ihre Bündel und Pappkoffer«, um sich heimlich und einzeln ins ottomanische Palästina durchzuschlagen. Unter ihnen war Ben Gurion, Israels künftiger erster Ministerpräsident. Doch obschon die Balfour-Deklaration des Jahres 1917 den Juden eine »Heimstatt« in Palästina versprach, mußte erst der Holocaust geschehen, bevor ihr Staat entstehen konnte. Weiningers Diktum, »der Jude sei, genauso wie die Frau, asozial, werde nie fähig sein, einen dauerhaften Staat oder eine dauerhafte Gesellschaft zu gründen. Er schließe sich lieber den Bewegungen an, die die Grundlagen des Rechtsstaates untergraben, das heißt dem Anarchismus und dem Kommunismus«, erwies sich als der gleiche gefährliche Unsinn wie so viele andere seiner Theorien.

Eines freilich hat die Geschichte gezeigt: Von den drei Verhaltensweisen, die den Juden der Diaspora, zumindest in Mittel- und Osteuropa, offenstanden – sich in dem Land ihres Wohnsitzes auf einer Insel der Orthodoxie zu verschließen; sich zu bemühen, dem Staat ein loyaler Bürger zu sein, ohne die eigenen religiösen und ethnischen Bindungen aufzugeben; oder aber, durch ein Ablegen des Glaubens ihrer Väter und christliche Heiraten nach und nach, eines Tages dann spurlos, in der übrigen Bevölkerung aufzugehen –, hat lediglich die letzte, damals wie heute, Aussicht auf Erfolg. Als Hitler nach Österreich kam, wurde eine kleine Anzahl von Familien mit jüdischen Vorfahren, deren Namen sie noch trugen, auf Grund ihres geringen Prozentsatzes »nichtarischen« Blutes von der Verfolgung ausgenommen. (Selbst in unseren Tagen können nur jene, die nicht sichtbar als Juden zu erkennen sind, darauf hoffen, niemals der aggressiven Spielart jenes Antisemitismus zu begegnen, der in bestimmten Gruppen des Volkes noch immer latent vorhanden ist. »Der Schoß ist fruchtbar noch, aus dem das kroch«, schrieb Bertolt Brecht. In dieser Hinsicht hat sich seit seinem Tod im Jahr 1956 nicht viel geändert.)

Ein Clan, der das Dritte Reich vergleichsweise unbeschädigt überstand, waren die Wittgensteins. Nachdem sie den Namen der deutschen Fürstenfamilie Sayn-Wittgenstein angenommen hatten (etwa so, wie Schwarze in den amerikanischen Südstaaten nach ihren Herren benannt wurden), ließen sie sich in Österreich nieder und gelangten im Verlauf des 19. Jahrhunderts zu Wohlstand, obwohl sie erstaunlicherweise niemals, wie so viele andere ihres Standes, geadelt wurden. Karl Wittgenstein, der Vater des Philosophen, wuchs in angenehmen Verhältnissen auf, nahm als junger Mann Reißaus nach Amerika und begründete nach seiner Rückkehr ein eigenes Vermögen in der Stahl- und Eisenindustrie. Als Mann von künstlerischen Neigungen finanzierte er 1897 den Bau der Secession. Von seinen acht Kindern wurde außer Ludwig auch Paul, der »einarmige Pianist«, berühmt. Seine Tochter Margarete wurde durch Klimts Porträt unsterblich. Und zwei oder möglicher-

Moritz Schlick

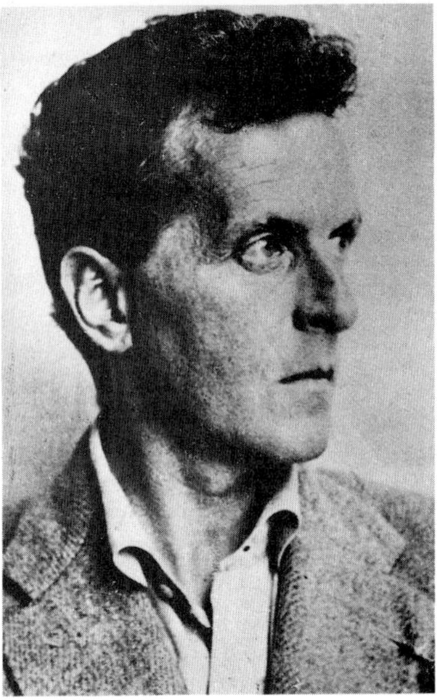

Ludwig Wittgenstein

Egon Wellesz und seine Familie

weise drei seiner anderen Söhne endeten durch Selbstmord. Heute wollen ihre Nachkommen, die in christliche Familien eingeheiratet haben und zum protestantischen Glauben übergetreten sind (einige von ihnen haben selbst nach deren Aufgehen in Hitlers Wehrmacht in der österreichischen Armee gedient), nicht mehr an ihre Vorfahren erinnert werden. Ludwig, der zum Katholizismus übergetreten war, dachte vorübergehend ernsthaft daran, Priester zu werden. Man mag sich dabei erinnern, daß Hofmannsthals Schwager, der Maler Hans Schlesinger, ins Kloster ging und Hofmannsthal selbst, seinem Wunsch gemäß, in der Kutte des Tertius Ordo der Franziskaner begraben wurde.

Im Hinblick darauf, was an früherem Ort über Otto Weininger gesagt wurde, ist es peinlich, zu berichten, daß Wittgenstein ihn als einen jener Menschen bezeichnet hat, deren Gedankengänge ihn angeregt hätten, sie »leidenschaftlich« zu seinem »Klärungswerk aufzugreifen«. Die anderen waren Schopenhauer, Bertrand Russell, Karl Kraus, Adolf Loos und Oswald Spengler – eine seltsam gemischte Ahnenreihe, die Männer von streng wissenschaftlicher und logischer Denkart mit solchen vereint, die sich auf Mutmaßungen und a priori aufgestellte Behauptungen stützten. Beide Gruppen haben in seinem philosophischen Werk ihre Spuren hinterlassen. Während Wittgenstein in seinen frühen Schriften die erste Vorgangsweise exemplifiziert, erlaubt er sich später, trotz seines fortdauernden Beharrens auf sprachlicher Reinheit als Voraussetzung aller Reflexion, die Suche nach dem *Wesen* der Sprache – eine Suche von metaphysischer Natur. Ja, er bedient sich hier sogar eben jenes Wortes, das er früher aus allen seinen Überlegungen verbannt hatte: »Wie alles Metaphysische ist die Harmonie zwischen Gedanken und Wirklichkeit in der Grammatik der Sprache aufzufinden.«

Mehr als alle anderen seiner Zeitgenossen war Wittgenstein ein echter Exzentriker. Nach einem Studium des Maschinenbaus ging er 1908 nach England und saß dort zu Füßen der Philosophen Bertrand Russell und G. E. Moore. Bald entdeckte er in sich selbst ebenso viele Widersprüche zu ihren Ideen wie Übereinstimmung mit diesen. Als fünf Jahre später in Wien sein Vater starb, verschenkte Ludwig Wittgenstein sogleich sein beträchtliches Erbe und meldete sich nach Kriegsausbruch rasch zur Armee. In den Pausen zwischen dem aktiven Dienst vertiefte er sich in Tolstois Evangelienkommentare, spielte mit dem Gedanken an einen Eintritt ins Kloster, schlug sich mit Depressionen und Selbstmordgedanken herum und arbeitete an der Formulierung der Grundfesten seiner Philosophie. Schließlich landete er in einem italienischen Kriegsgefangenenlager, wo er seinen ›Tractatus logicus-philosophicus‹ vollendete, das einzige seiner Werke – mit Ausnahme eines ›Wörterbuchs für Volksschulen‹ –, das er selbst im Druck sehen sollte. In den zwanziger Jahren führte er ein ganz und gar asketisches Leben als Volksschullehrer im niederösterreichischen Hügelland, in Trattenbach, Puchberg und Otterthal, wo er seine kleinen Schüler zwar liebte, aber sehr beanspruchte und gelegentlich ohrfeigte. Das führte schließlich zu seiner Entlassung, ohne daß er einer Schuld bezichtigt worden war.

Nachdem er eine Weile als Laiengärtner in einem Wiener Kloster gelebt und dann jenes Haus für seine Schwester gebaut hatte, das man dank seines strengen Funktionalismus und seiner Nüchternheit als »steingewordene Logik« bezeichnet hat, ließ er sich in England nieder, um in Cambridge Philosophie zu lehren. Während des Zweiten Weltkriegs meldete er sich zum Hilfsdienst in einem Krankenhaus, arbeitete aber zugleich an den ›Philosophischen Untersuchungen‹, der zweiten wichtigen Dokumentation seiner Gedanken. Ein oder zwei Jahre später, nachdem er zeitweilig zu Frieden und einem »einfachen Leben« in abgelegenen Gegenden Irlands gefunden hatte, wurde ein Krebsleiden bei ihm festgestellt. Mit stoischem Gleichmut blickte er dem Tod entgegen und versicherte dem Arzt, der ihn im letzten Stadium seiner Krankheit bei sich aufgenommen hatte, er habe ein »wundervolles Leben« hinter sich. Nichts wurde über eine tiefergehende Freundschaft oder gar Liebe bekannt, die Wittgenstein mit einem anderen Menschen, sei es ein Mann oder eine Frau, verbunden hätte. Welche Neigungen immer er gehabt haben mochte – sie wurden zweifellos sublimiert. Da er sich selbst, auf die Frage eines Dorfbewohners in Trattenbach, als »nichtchristlichen Evangelisten« bezeichnet hatte, nimmt sein Biograph W. W. Bartley an, er habe eine Art von Nachfolge Christi angestrebt. Das scheint ein wenig abwegig zu sein. Eine Nachfolge Tolstois scheint Wittgenstein allerdings im Auge gehabt zu haben, und trotz seiner geistigen Arroganz und plötzlichen Wutanfälle, die ihn dazu trieben, kleine Kinder zu schlagen, war er offenbar bemüht, ein Leben der Selbstverleugnung, heiligmäßigen Armut, Mildtätigkeit und Moral zu führen – sei es im christlichen oder im kantischen Sinn.

Wittgensteins gesamtem Denken war die Ethik übergeordnet. In einem Brief über den ›Tractatus‹ betonte er sogar, »der Sinn des Buches ist ein ethischer«, obwohl dessen sichtbarer Teil der Reinigung der Philosophie von der Metaphysik gewidmet ist. Sein berühmter Kommentar zu diesem Werk lautet: »Ich wollte nämlich schreiben, mein Werk bestehe aus zwei Teilen: Aus dem, der hier vorliegt, und aus alledem, was ich nicht geschrieben habe. *Und gerade dieser zweite Teil ist der wichtige.*« Dem fügte er hinzu, der ethische Teil sei »gleichsam von innen her begrenzt«. Wenn er im ›Tractatus‹ selbst sagt, die Ethik sei in Worten nicht auszudrücken, so stimmt dies mit seiner Unterscheidung zwischen sinnvollen und sinnlosen Aussagen überein. Doch wenn er dann erklärt: »...die Ethik ist transcendental«, verrät dies eine bereits in seinem Frühwerk vorhandene Tendenz, über die Grenzen der Sprache hinaus in etwas Unbeschreibbares, Unergründliches vorzustoßen, das dennoch aus dem Bereich des Philosophierens nicht ausgeschlossen werden kann.

Diese Tendenz brachte Wittgenstein, wie wir noch sehen werden, in Widerspruch zu dem Wiener Kreis Logischer Positivisten, deren Grundsätze er teilte und noch vor ihnen formuliert hatte. Dazu gehört die Auffassung von der Philosophie als einer Tätigkeit, nicht einer Theorie – wobei die Tätigkeit in einer kritischen Analyse der Sprache besteht, mit deren Hilfe das Sagbare vom Nicht-Sagbaren, das Sinnvolle vom Sinnlosen getrennt wird. Auch Wittgenstein begriff – gleich dem Wiener Kreis – die Philosophie als etwas, das sich außerhalb der Wissenschaft befindet, darüber oder darunter, aber niemals in ihr selbst. Sobald die Logik ihrer Sprache durchleuchtet ist, so betonte er, können bestimmte Fragen einfach nicht mehr gestellt werden. Alles, was sinnvoll gesagt werden kann, kann nur innerhalb der Grenzen der Sprache gesagt werden. Aber sinnvolle Aussagen können nur auf das hinweisen, was sie mit der Wirklichkeit gemeinsam haben, die Wirklichkeit selbst können sie nicht ausdrücken. Einer seiner berühmtesten Aussprüche wird zumeist in vereinfachter Form wiedergegeben: »Die Grenzen meiner Sprache bedeuten die Grenzen meiner Welt.« In Wahrheit schrieb er im ›Tractatus‹: »Daß die Welt *meine* Welt ist, das zeigt sich darin, daß die Grenzen *der* Sprache (der Sprache, die ich allein verstehe) die Grenzen *meiner* Welt bedeuten.« Das klingt etwas komplizierter, aber der Wortlaut ist von jener Präzision, die jeder seiner Äußerungen eignet.

Es ist richtig, daß der ›Tractatus‹ dennoch einige dunkle oder undurchsichtige Stellen enthält (selbst Moore und Russell traute der Autor nicht zu, alles verstanden zu haben), im großen und ganzen aber wurde hier unmißverständlich jene Grundregel aufgestellt, die nicht nur Wittgenstein, sondern damals bereits auch die logischen Positivisten befolgten: Die Aufgabe der Philosophie ist Analyse, nicht Spekulation. Sie ist dazu da, jene metaphysischen Spinnweben zu entfernen, die seit eh und je allen Versuchen der Menschheit, die Rätsel des Universums zu lösen, im Wege waren. Und es gelingt ihr, indem sie Probleme, die vernünftigerweise nicht gelöst werden können, beiseite schiebt. Was der Laie bis dahin für die Sache der Philosophen gehalten hatte – die Existenz oder Nicht-Existenz Gottes, die ethischen Werte, die Frage nach Willensfreiheit oder Determination, die Natur des Bewußtseins und der Sinn des Lebens –, galt jetzt als empirisch nicht überprüfbar, daher selbst den größten Geistern verschlossen und am besten aus jeder ernsthaften Überlegung verbannt. Dies war ein so vollständiger Bruch mit der philosophischen Tradition, daß selbst der junge Wittgenstein, weit mehr aber noch der Autor der ›Philosophischen Untersuchungen‹, Schlupflöcher offenließ, durch die das Transzendentale sich wieder einschleichen konnte. Der berühmte letzte Satz des ›Tractatus‹, »Wovon man nicht sprechen kann, darüber muß man schweigen«, wurde von Otto Neurath, dem radikalsten Mitglied des Wiener Kreises, in Frage gestellt. Wenn es um Metaphysik gehe, sagte er, müsse man in der Tat schweigen, »aber nicht über etwas«.

Wenn hier von den wichtigsten und fruchtbarsten Ideen berichtet wird, die von Wien ausgingen, bevor die Stadt – zwar nur zeitweilig, darum jedoch nicht minder verhängnisvoll – von Hitlers Drittem Reich verschlungen wurde, muß schließlich auch von dem schon genannten Kreis der Logischen Positivisten die Rede sein. Dieser Kreis hatte sich um die eindrucksvolle Gestalt Moritz Schlicks gebildet, der in Berlin geboren und, wie es hieß, aristokratischer Herkunft war, obwohl er selbst seinen Titel nie gebrauchte. Er war mit Bertrand Russell befreundet und ein Adept des Mathematikers Gottlob Frege. Gleich diesen Naturwissenschaftlern und Philosophen sah auch er sich in der Tradition der englischen Empiriker und strebte eine peinlich genaue Klarheit des Denkens an. Wenn er im Grunde poetisch, ja selbst metaphysisch gesinnt war, wie sein engster Mitarbeiter und geistiger Erbe Friedrich Waismann behauptet hat, erlaubte er dieser Neigung nicht, seine philosophische Argumentation zu beherrschen. Vieles, was später als charakteristisch für den logischen Positivismus galt, wurde von ihm bereits 1918 in seiner ›Allgemeinen Erkenntnislehre‹ zusammengefaßt und nahm damit einige Lehrsätze von Wittgensteins ›Tractatus‹ vorweg. Als Schlick vier Jahre darauf, zur selben Zeit wie Karl Bühler, einen Ruf an die Wiener Universität erhielt, sammelte er eine Reihe gleichgesinnter Denker um sich, darunter – neben Waismann – die Philosophen Rudolf Carnap, Otto Neurath, Herbert Feigl und Victor Kraft sowie die Mathematiker Hans Hahn, Karl Menger und Kurt Gödel.

Ohne Zweifel hat der ›Tractatus‹, der eben erschien, als Schlick seinen Lehrstuhl in Wien einnahm, diesen und seine Gruppe stark beeinflußt, obschon Wittgenstein, der Einzelgänger, niemals ein Mitglied des Wiener Kreises war. Er und Schlick lernten einander erst zu Ende der zwanziger Jahre kennen, kurz bevor Wittgenstein nach England ging. Dennoch blieben sie mehrere Jahre lang miteinander in Kontakt, und Wittgensteins Thesen wurden im Schlick-Seminar, dem bedeutendsten und anregendsten Sammelplatz ausgewählter Studenten und Absolventen der Philosophie in Wien, regelmäßig diskutiert. Die Mitglieder des Kreises waren durchaus nicht immer derselben Meinung in Sachen der Politik, der Ethik oder selbst der Sprache. Doch sie alle schlossen Spekulationen über Probleme, die nicht sinnvoll ausgedrückt, und Aussagen über Tatsachen, die nicht verifiziert werden konnten, aus ihren Überlegungen aus – und dies noch strenger und bedingungsloser als Wittgenstein.

In der Tat wurde die Möglichkeit oder Unmöglichkeit einer »Verifikation« zum einzigen Kriterium der Wiener »Neopositivisten«, wenn es darum ging, ob eine Frage beantwortet werden könne oder überhaupt wert sei, gestellt zu werden. Dennoch hob Schlick in einer Reihe von Vorlesungen, die er im Jahr 1932 an der Londoner Universität hielt, deutlich hervor, daß er und seine Gruppe »eine Behauptung verifizierbar nennen, wenn wir imstande sind, einen Weg der Verifikation zu *beschreiben,* gleichgültig, ob die Verifikation wirklich durchgeführt werden kann oder nicht«. Mit einiger Rührung liest man heute sein Argument für diese erweiterte Auffassung des Terminus: »Nehmen wir die Behauptung: ›Auf der der Erde abgewandten Seite des Mondes gibt es 3000 Meter hohe Berge.‹ Es ist nicht unwahrscheinlich, daß kein Mensch je Gelegenheit haben wird, sie zu verifizieren oder zu falsifizieren, doch welcher Philosoph wäre so kühn, den Satz als sinnlos bezeichnen zu wollen!« Man kann nur die Vorsicht des Wissenschaftlers bewundern, der theoretisch für möglich hielt, was damals völlig unwahrscheinlich schien.

Überdies findet sich an dieser Stelle das Wort »falsifizieren« das (Sir) Karl Popper, ein ehemaliger Schüler Schlicks wie auch Bühlers, in seine eigene Methode der Unterscheidung zwischen – wie er sie lieber nannte – »wissenschaftlichen und pseudowissenschaftlichen« Behauptungen später eingebaut hat. Mit seiner Befürwortung eines »kritischen Rationalismus« blieb Popper im Fahrwasser der Empiristen. Dennoch unterschied er sich weitgehend vom Wiener Kreis – nicht allein durch sein Beharren auf Falsifikation statt Verifikation als einzig gültiger Methode, eine Aussage zu prüfen, sondern etwa auch durch sein Postulat, daß eine Unterscheidung zwischen sinnvollen und sinnlosen Sätzen selbst keinen Sinn habe, da jede Debatte über den »Sinn« gleichfalls sinnlose Sätze enthalten müsse.

Poppers einzige Veröffentlichung in dem hier behandelten Zeitabschnitt, die ›Logik der Forschung‹, erfolgte – obschon sie ein Maß an kritischen Einwänden gegen Schlicks (und Wittgensteins) Auffassungen enthielt – 1934 in einer Schriftenreihe, die zumeist den Arbeiten des Wiener Kreises vorbehalten war. Popper galt daher lange Zeit als ein, wiewohl auch häufig abweichendes Mitglied dieser Gruppe, nicht als ihr Gegner. Wenngleich Popper in seiner Autobiographie einige Verantwortung dafür übernimmt, daß heutigentags »der logische Positivismus tot ist«, streute er immerhin Blumen auf sein Grab: »Der Wiener Kreis war eine bewundernswerte Institution... seine Auflösung ein sehr ernster Verlust.« Er betonte auch, daß er Schlick und seinem Mitherausgeber Philipp Frank, »die mein Buch trotz seiner heftigen Kritiken an ihren Ansichten angenommen hatten«, Dank dafür schulde. In bezug auf »seine allgemeine Haltung, die Haltung der Aufklärung«, fühlt Popper sich bis heute »durchaus eins mit dem Wiener Kreis«. Und obschon es ihn offenbar immer noch kränkt, daß er zu Schlicks privatem Seminar niemals eingeladen wurde, ist es doch undenkbar, daß er von der puren Güte und Integrität dieses Mannes nicht berührt worden war.

Wer wie ich, obschon einige Jahre nach Popper, bei Schlick an der Universität Wien studiert hat, kann seine hervorragenden Qualitäten als Lehrer bezeugen – seine glasklare Einfachheit bei der Darstellung komplizierter Gedankengänge, seine so heitere wie geduldige Art, scholastische Probleme zu entwirren, die seit Jahrhunderten auf der Philosophie gelastet hatten. Gleichwohl gab es, neben seiner Haltung äußerster wissenschaftlicher Redlichkeit, noch andere Gründe dafür, daß Schlick den meisten seiner Studenten zum Muster und Leitbild auf Lebenszeit wurde. Er war ein wahrhaft bescheidener, beinahe schüchterner, unendlich vertrauensvoller Mann, der von einer ebenso aufrichtigen Liebe zu seinen Mitmenschen erfüllt war wie von der Suche nach einer vernünftigen, logischen Sicht der Welt. Obschon er überzeugt war, daß keine ethischen Regeln aufgestellt werden können, weil ethische Sätze emotionaler, nicht beschreibender Natur sind und moralisches Verhalten lediglich auf utilitaristischen Prinzipien beruhen kann, war Schlicks eigene Humanität das beste Beispiel dafür, wie man sich in allen Dingen anständig und menschenfreundlich zu verhalten habe. Die Summe der Weisheit lag für ihn in dem Wort des heiligen Augustinus »Ama et fac quod vis« – wer von Liebe geleitet wird, bei dem ist, was immer er tut, wohlgetan. Alles Unheil, das ganze tragische Geschehen, das Wien bevorstand, warf seine Schatten voraus, als Moritz Schlick im Juni 1936 auf den Stufen der Philosophischen Fakultät von einem verblendeten Studenten ermordet wurde. Danach war alles möglich geworden. Und alles, was möglich war, trat ein.

Wien ist und war seit je eine Musikstadt, wenn auch keineswegs zu jeder Zeit die musikalische Hauptstadt der Welt. Von seinen großen Komponisten vom 17. bis zum 19. Jahrhundert aber waren nur wenige – wie die drei Barockkaiser Leopold I., Joseph I. und Karl VI. – an Ort und Stelle geboren; keiner von den »Wiener Klassikern« Haydn, Mozart und Beethoven wuchs hier auf, und nur einer von ihrem Rang, Franz Schubert, war in jeder Hinsicht ein echter Wiener. Die leichte Musik indes ist in einem weit höheren Maß in dieser Stadt daheim. Sie scheint ganz natürlich aus ihrem Boden zu steigen und wie von selbst in die Werke einzugehen, die in ihr entstehen. In Wien besteht, wie der zeitgenössische österreichische Autor Hans Weigel angemerkt hat, nicht einmal ein Schritt zwischen dem Erhabenen und dem Lächerlichen, sondern völlige Harmonie.

Jener Dualismus von höfischer und volkstümlicher Kunst, der die Entwicklung des Wiener Theaters bestimmte, führte in der Musik niemals zu einem Konflikt, wie er zwischen den »Kasperlstücken« und dem aus Deutschland stammenden idealistischen Schauspiel bestand. In Schikaneders ›Zauberflöte‹ geht Papagenos Wiener Volkshumor Hand in Hand mit Taminos erhabenem Humanismus einher. Und nicht dem Prinzen, sondern dem gefiederten Vogelfänger, einem unverkennbaren Vetter des Hanswurst und Arlecchino, sind die herrlichsten Verse über Mann und Frau, die gemeinsam an die Gottheit heranreichen, in den Mund gelegt. Hofmannsthals ›Ariadne auf Naxos‹ wiederum ist ein erfolgreicher Versuch, den feierlichen griechischen Mythos mit einer österreichischen Commedia dell'arte zu verbinden. Der junge Komponist – dessen Glaube an die Heiligkeit der Musik diesem Kapitel seinen Titel gegeben hat – bewundert zwar die Primadonna, die Ariadne singen wird, verliebt sich aber in die kokette Zerbinetta. Denn seine Kunst versammelt, wie es in seiner großen Arie heißt, »alle Arten von Mut wie Cherubim um einen strahlenden Thron«.

Jede große Musik, die in Wien geschrieben wurde, ob von deutschen Einwanderern aus Bonn oder Hamburg, ob von Untertanen des Kaisers aus dem böhmischen Kalischt, aus Salzburg oder Linz, enthält Elemente der lokalen Tänze, Lieder und Melodien. Nicht nur Beethovens Pastoralsymphonie, auch seine Siebente – im Drehorgel-Motiv des zweiten Satzes – verdankt einiges von ihrer Inspiration der Vertrautheit ihres Schöpfers mit dem einfachen Volk und seinen häufigen Wanderungen in den sanft geschwungenen Hügeln der heutigen Vorstädte Wiens. Bruckners Ländler mildern das heldische Pathos seiner monumentalen Symphonien. Mahlers einfache Lieder oder Märsche, wenn auch nach Moll versetzt, versöhnen mit dem tragischen Grundton seiner Werke. Bei Brahms, der anders als sein Landsmann Friedrich Hebbel nach der Übersiedlung in die österreichische Hauptstadt viel von seinem germanischen Ernst, wenn auch nicht seine angeborene Melancholie abgelegt hat, verblüfft die rasche Einbindung hiesiger spielerischer Rhythmen. Drei Jahre nach seiner Ankunft im Jahr 1862 schrieb er sechzehn Walzer (op. 39), und 1869, kurz nach Vollendung seines herzzerreißenden ›Deutschen Requiems‹, komponierte er zur Linderung seiner eigenen Gefühle den ›Liebeswalzer‹.

Wenn die Zweite Wiener Schule (späte Nachfolgerin der ersten, klassischen Schule) die tradierte Tonalität abwarf und sich damit dem, freilich falschen Vorwurf aussetzte, »zerebral«, »mathematisch«, ja »steril« zu sein, wurzelte sie doch in einer musikalischen Überlieferung, deren Spuren keineswegs zu übersehen sind. Nicht nur dirigierten und instrumentierten all diese Komponisten, vornehmlich Schönberg und Webern, Partituren von Johann Strauß und andere Tanz- und Operettenmusik, sie bewahrten sich auch – vor allem Alban Berg – genügend von der Sinnlichkeit und melodischen Farbe von Schubert und Brahms, um die ungebrochene Verbindung mit dem genius loci unter Beweis zu stellen. Außerdem erlaubt das Zwölftonsystem, wie Theodor W. Adorno, Schönbergs scharfsinniger Freund und Interpret, bemerkt hat, ein Maß an kompositorischer Freiheit, die der »wienerischen Lässigkeit« in allen künstlerischen Manifestationen durchaus entspricht. Hier mag daran erinnert werden, daß die »neue Musik« der Zweiten Wiener Schule zu einer Zeit, in der sie besonderem Spott und Anfeindungen begegnete, die Unterstützung, wenn auch nicht unbedingt das Verständnis des Königs der »silbernen Operette« Franz Lehár fand.

In den achtziger Jahren wurde die musikalische Welt der Hauptstadt durch den Streit zwischen Wagnerianern und Brahmsianern erschüttert, der als Gegensatz zwischen den Anhängern progressiver oder tradierter Musikformen nur unzureichend beschrieben ist. Wenn die moderne Musik, wie es kühn vereinfacht heißt, den tonal nicht mehr deutbaren Stellen im Vorspiel zu ›Tristan und Isolde‹ entsprungen war, muß man in Bruckner, Mahler, Hugo Wolf und den Erforschern einer freien Tonalität Nachfolger auf der Linie Richard Wagners sehen. Gleichwohl hat Brahms, sicherlich das eindrucksvollste Endprodukt, wenn nicht der Inbegriff der Hochromantik und keineswegs ein Freund der »Neutöner«, etwa den jungen Richard Strauss nicht minder beeinflußt als Wagner es tat. Trotz der tiefen Kluft und den bissigen Kontroversen, die Wiens Musikliebhaber damals in zwei Lager gespalten haben, lassen sich keine starren Grenzen zwischen den beiden Schulen erkennen. Gustav Mahler war wie Strauss den deutschen Romantikern und deren letztem großen Meister Brahms verpflichtet. Und Mahler, der »Zeitgenosse der Zukunft«, wie man ihn genannt hat, ist jener Komponist, in dessen Werk der Zeitgeist des Fin de siècle seinen greifbarsten Ausdruck fand – mit seiner Nervosität, seinem Farbrausch, seinem Eklektizismus, seinem Weltschmerz und seinen Ekstasen.

Gleich Freud und Karl Kraus stammte Mahler aus der heutigen Tschechoslowakei, genau gesagt aus der böhmischen Ortschaft Kalischt, von der aus sein Vater, als Gustav wenige Monate alt war, zunächst nach Mähren ging. Vermutlich waren seine Vorfahren, wie die vieler anderer jüdischer Familien in diesem Teil der Monarchie, zu irgendeiner Zeit aus der Hauptstadt verwiesen worden und dann nach Norden gezogen, oder sie hatten sich auf ihrem Weg in den Osten aus irgendeinem Ghetto oder einer Ansiedlung am Neckar oder Rhein dort niedergelassen. Es gibt keinen Hinweis auf polnische Ahnen. Gustavs Mutter, laut seiner Frau Alma »ein Mädchen aus besserem jüdischen Hause namens Frank«, gebar ihrem Mann trotz einer sehr unglücklichen Ehe zwölf Kinder, von denen sechs jung starben. Gustav war der älteste überlebende Sohn. Sein Vater, Bernhard Mahler, dessen Mutter so arm gewesen war, daß sie mit Bettzeug in den Dörfern hausieren ging, gelangte zu bescheidenem Wohlstand, löste sich von der Orthodoxie und bemühte sich um kulturelle Bildung. In Iglau, einer deutschen Sprachinsel in Mähren, war diese vor allem durch die Lektüre Goethes, Schillers und Heines zu erreichen, deren gesammelte Werke, dunkelgrün oder scharlachrot gebunden, die Bücherregale jedes Bürgerhauses zierten.

Es hat von seiten nationalsozialistischer Ideologen wie überzeugter Juden viele Versuche gegeben, dem »Jüdischen« in Mahlers Musik nachzugehen und es zu beschreiben. Den jüngsten unternahm vor kurzem einer seiner größten Interpreten, und dies mit einer Überzeugungskraft, die jene früherer Freunde und Feinde weit übertraf. In einer Reihe von Fernsehvorträgen ging Leonard Bernstein so weit, Mahlers Leben »einen einzigen langen Sühnetag« zu nennen, in dem Mahler Abbitte dafür leisten wollte, daß er sich seines Judentums schämte. In seiner Einführung läßt Bernstein Mahler von sich als »kleinem deutsch-tschechisch-mährisch-jüdisch-polnischen Jungen« sprechen und seine Eltern als orthodoxe Juden zeichnen. Doch weder eine Verbindung mit Polen noch der orthodoxe Glaube der Eltern wird in irgendeiner Biographie des Komponisten belegt. Wenn Bernstein gar im weiteren Verlauf bestimmte Mahlersche Harmonien »unleugbar zigeunerisch, ungarisch, arabisch« nennt und »ihre orientalische, weinerlich wehklagende phrygische Tonart«, ihr »jüdisches Schluchzen und Seufzen«, erwähnt, dann erscheinen seine Argumente immer weiter hergeholt. Freilich kann Mahlers Musik in Bernsteins eigener, höchst emotionaler

Gustav Mahler

Arnold Schönberg

Alban Berg

Anton von Webern

Wiedergabe Assoziationen erwecken, die in der Interpretation desselben Werkes durch andere, gleichfalls jüdische Dirigenten wie Otto Klemperer oder Bruno Walter nicht angeklungen sind.

Wie man annehmen muß, ist Bernstein, dessen Vater zu Anfang dieses Jahrhunderts aus dem russischen Polen in die Vereinigten Staaten emigrierte, ohne seinen Fuß auf den Boden der Doppelmonarchie gesetzt zu haben, mit der Welt der mitteleuropäischen Judenheit zu Mahlers Zeit nicht wirklich vertraut. Aus Unkenntnis des Ausmaßes, in dem diese Menschen, manchmal im Verlauf einer einzigen Generation, zu einer Symbiose mit ihren christlichen Landsleuten gelangt waren und die Traditionen der deutschen und österreichischen kulturellen Vergangenheit in sich aufgenommen hatten, kommt er zu Schlußfolgerungen, die auf seiner eigenen, persönlichen Geschichte beruhen. Die zutiefst romantische Melancholie Webers und Schumanns, die uralte Angst und das tiefe Leid, die aus Grimms Märchen und besonders aus ›Des Knaben Wunderhorn‹ sprechen, jener von A. von Arnim und C. Brentano herausgegebenen Sammlung deutscher Volkslieder, von denen Mahler viele vertonte, sind Bernstein fremd. Wie sonst könnte er dies »chromatische Wehklagen« einer atavistischen »Ghetto-Verlassenheit« des Komponisten zuschreiben?

Es mag stimmen, daß ein Traditionalist, etwa ein Anhänger von Brahms, es als unbehaglich empfand, wenn eine heitere, ja humorvolle Stimmung in Mahlers Musik von einer plötzlichen Dissonanz gebrochen wurde. Antisemiten, an denen es im Wien der Jahrhundertwende nicht mangelte, hätten das vielleicht jenem »goût juif« zugeschrieben, der in ihrem Vokabular damals geläufig war. Dennoch hatte, wie Adorno betont, der Erz-Antisemit Richard Wagner als erster jene bis in die Hochromantik geltende Regel durchbrochen, wonach »die Dissonanz für das Negative und das Leiden steht, die Konsonanz für Positivität und Erfüllung«. Bei Wagner, der nichts mehr genoß als Qual, wird aus dissonanten Klängen »süße Not« gewonnen, während harmonisch-glückliche Akkorde oft nach Moll modulieren. Kein Zweifel, daß diese Neuerung, und viele mehr, von anderen Wagner-Anhängern wie Bruckner und Hugo Wolf begeistert aufgegriffen wurden. Ein Ereignis in Mahlers Kindheit, ohne jeden Bezug auf eine »Ghetto-Verlassenheit«, führte zu seiner besonderen – vielleicht übertriebenen – Verwendung einer ähnlichen Technik. Wie er Sigmund Freud anvertraute, der sich zu einer Art von Blitzanalyse Mahlers bereit erklärt hatte, war der junge Gustav oft Zeuge furchtbarer Streitigkeiten seiner Eltern geworden. Nach einer dieser Szenen stürzte er auf die Straße und stieß dort auf einen Leierkastenmann, der irgendeinen Gassenhauer spielte. Diese Verbindung zwischen dem Tragischen und dem Trivialen hatte, wie er später meinte, sein Leben selbst in Momenten höchster Inspiration bestimmt und ihn möglicherweise daran gehindert, die höchste Stufe des Schöpfertums zu erreichen.

Gewiß ist unbestritten, daß Mahlers Musik jüdische Elemente enthält, ebenso wie slawische, wienerische, deutsche und rein christliche Elemente. Eben ihre Komplexität ist es, die ihn zu einem österreichischen Komponisten macht. Gleich Mozart war Mahler ein Wunderkind. Und wie viele andere seiner Landsleute seit Beethoven verließen ihn seine Kräfte, als es ans Komponieren einer zehnten Symphonie ging: Immerhin fanden sich das Particell und ein Adagio in seinen Papieren. Im Alter von vier Jahren hatte er auf einem Klavier, das er auf dem Dachboden der Familie Frank entdeckte, zu improvisieren begonnen. Später kaufte sein Vater einen Flügel, sowohl als Statussymbol wie auch, damit sein begabter Sohn darauf spielen könne. Mit elf begann Gustav in Prag Musik zu studieren. Vier Jahre später wurde er am Wiener Konservatorium aufgenommen. Eine kurze Zeit lang lernte er bei Bruckner Kontrapunkt, bewunderte ihn aber mehr als Komponisten denn als Lehrer. Als die dritte Symphonie seines Lehrers – wahrscheinlich von Brahmsianern – mit Lachsalven aufgenommen wurde, war er dort, um zu applaudieren. Gemeinsam mit seinem Freund Rudolf Krzyzanowski erhielt der junge Gustav den Auftrag, den Klavierauszug für die Veröffentlichung vorzubereiten. Später schenkte ihm Bruckner aus Dankbarkeit für das Verständnis, das Mahler ihm entgegenbrachte, das Manuskript dieser Symphonie.

Es war denn unter dem Einfluß Bruckners, dieses tief religiösen Kirchenorganisten und Wagnerianers aus Linz (und nicht dank der »talmudischen Qualität seines dualistischen Geistes, seines rabbinischen Entweder-Oder«, wie Bernstein meint), daß Mahler seine eigenen, hochdramatischen Lieder und grandiosen symphonischen Werke schuf. Sein erstes Opus, ›Das klagende Lied‹, eine Partitur für Sopran, Alt, Tenor und gemischten Chor, begleitet von großem Orchester, war inspiriert von Ludwig Bechsteins schauriger Geschichte von dem Knöchlein eines Toten, das zu einer Flöte geschnitzt wird und plötzlich von selbst zu tönen beginnt, um den König des Mordes an seinem eigenen Bruder anzuklagen. Es sollte keine Oper werden, sondern »ein Märchen für den Konzertsaal«. Als das Werk zwanzig Jahre nach seiner Entstehung im Jahre 1900 aufgeführt wurde, schrieb ein Wiener Kritiker, im Vergleich mit dem Einsturz des Schlosses am Ende wirke die ›Götterdämmerung‹ wie ein »Lokalereignis«. Mahler, der Spätromantiker – eine Etikettierung, auf die man ihn immer wieder eingegrenzt hat –, demonstrierte schon früh seine Vorliebe für den üppigen, luxuriösen Klang und eine überreiche Ausdrucksfülle, die vom Bayreuth Richard Wagners herrührte, nicht von dem Jean Pauls.

Die innere Verwandtschaft, die er mit Liederkomponisten von Schubert und Schumann bis Brahms und selbst Hugo Wolf empfand, enthüllte den Romantiker in Mahler, ganz wie seine Faszination durch die deutsche Folklore mit ihren unheimlichen Tiefen und irrationalen Grausamkeiten. Mahler, der Komponist, zum Unterschied von Mahler dem Dirigenten und Operndirektor, war anfällig für alle möglichen Arten von Mystizismus, ob germanischen, christlichen oder gnostischen Ursprungs. Mit einer seiner ersten Geliebten, der großen Sängerin Anna von Mildenburg, war er häufig im Kreis von Siegfried Lipiner zu Gast, eines sowohl von Nietzsche wie von Wagner geschätzten Philosophen. Dieser außergewöhnliche Mann, Bibliothekar des österreichischen Parlaments und heimlicher Dichter, der schließlich alle seine Manuskripte verbrannte, hielt vor einem Publikum andächtiger Freunde Vorträge über die großen klassischen Kunstwerke und deren tieferen Sinn. Er verbreitete sich auch über persische und chinesische Mythologie wie über eschatologische Probleme und trat entschieden gegen den Positivismus auf, der sich in den achtziger Jahren der wissenschaftlichen Denkweise zu bemächtigen begann. Lipiners Einfluß auf Mahler ist in vielen seiner Werke zu erkennen – in den rein abstrakt transzendentalen Elementen wie in den christlichen Komponenten. Dieser getaufte Jude befaßte sich lange damit, einen Dramenzyklus mit dem Titel ›Christus‹ zu schreiben. Und wenn es nicht allein auf ihn zurückzuführen ist, daß Mahler Motive aus dem Neuen wie aus dem Alten Testament in seine Symphonien verworb, so stärkte er doch sicherlich die geistige, ja religiöse Neigung des Komponisten, die ihren sublimsten Ausdruck in seiner zweiten, der Auferstehungssymphonie, gefunden hat.

Mahler wurde 1860 geboren und starb 1911. Sein Leben war nicht so kurz wie das Mozarts oder Schuberts, doch immer noch kurz für einen Mann, der zwölf titanische Orchesterwerke und Dutzende von Liedern schuf. Viele von ihnen gingen auf ›Des Knaben Wunderhorn‹ zurück, und der ergreifendste aller Zyklen, die ›Kindertotenlieder‹, nach posthum veröffentlichten Gedichten von Friedrich Rückert, entstand zwischen 1901 und 1904. Zweifellos enthalten diese schönen Trauergesänge etwas von dem tiefen Schmerz, den er in der Kindheit nach dem Tod seines kleinen Lieblingsbruders Ernst empfunden hatte. Doch er konnte nicht ahnen, daß ihm seine erstgeborene, inniggeliebte Tochter Maria Anna bereits 1907 im Alter von vier Jahren entrissen werden sollte. Ein kurzes Leben schließlich für einen Mann, der jedes Jahr nur zwei Monate dem Komponieren widmen konnte, während die übrige Zeit von seinem Hauptberuf als Kapellmeister und Dirigent in ganz Europa ausgefüllt war. Aus dem slowenischen Laibach ging er ins mährische Olmütz, dann ins hessische Kassel, ins böhmische Prag, ins sächsische Leipzig, ins ungarische Budapest, ins norddeutsche Hamburg und endlich nach Wien, wo er von 1897 bis 1907 die meistbegehrte Stelle des Hofoperndirektors innehatte.

Einer der Höhepunkte in seiner Karriere als Interpret war sein Londoner Gastspiel mit dem Hamburger Opernensemble im Jahr 1892. In Drury Lane dirigierte er Wagner und Beethoven. Und obschon George Bernard Shaw ihn scharf kritisierte – immerhin gestand er ihm zu, daß er die Partituren »überaus gut« kenne und »hervorragendes Verständnis für die Tempi« zeige –, betete das Publikum Mahler an. Pierre Boulez hat ihn nachträglich als einen »außergewöhnlichen und schwierigen, gnadenlosen und exzentrischen Dirigenten« bezeichnet – und dies trotz seines Anspruchs auf »Werktreue« in jedem Fall. Sein ›Don Giovanni‹ in Budapest, zwei Jahre vor London, hatte solchen Eindruck auf Johannes Brahms gemacht, daß er Mahler einen »Teufelskerl« nannte. Als Mahler in späteren Jahren seine Sommerferien am oberösterreichischen Attersee verbrachte, besuchte er Brahms des öfteren an dessen Ischler Sommeraufenthalt.

Brahms war zwar entsetzt über seine Kompositionen, vor allem über seine zweite Symphonie, zollte ihm aber als Dirigenten immer weiter die höchste Achtung und konnte 1897 in einem Brief, den Graf Apponyi zur Unterstützung von Mahlers Kandidatur für den Posten des Musikdirektors an die Hofoper schrieb, als dessen Bewunderer angeführt werden. Viel »Protektion« war zu bemühen gewesen, bevor er akzeptiert wurde, denn es hatte die üblichen Intrigen gegeben, wie auch heute noch, sobald jemand wagt, diese Stelle anzustreben. Aus Bayreuth hatte Cosima Wagner Einspruch dagegen erhoben, daß ein jüdischer Wagnerianer ernannt werden sollte – und in der Tat war seine jüdische Herkunft das hauptsächliche Hindernis. (In diesem Punkt hatte sich das österreichische Herrenhaus, das Oberhaus des Parlaments, weit großzügiger erwiesen, als der ungetaufte Jude Julius von Gomperz in seine Reihen aufgenommen worden war.) Wie zu Maria Theresias Zeiten konnte die Hürde freilich durch die Taufe aus der Welt geschafft werden. Es ist Mahler anzurechnen, daß er, obschon erfüllt von christlicher Hagiographie und Glaubenslehre, von seinen Freunden »zur Kirche geschleift« werden mußte, um aus Gründen der Konvention das entsprechende Ritual über sich ergehen zu lassen.

Als erster Dirigent der Hofoper und bald auch ihr allmächtiger »künstlerischer Direktor« erwies sich Mahler, der Mystiker, als jener präzise Perfektionist, der er als Interpret immer schon gewesen war. Sein berühmter, von Adorno so geschätzter Ausspruch, mit dem er die Laisser-faire-Haltung seiner Sänger und Instrumentalisten anprangerte, muß in seiner Gänze wiedergegeben werden – denn zumeist wird er auf den Aphorismus »Tradition ist Schlamperei« reduziert. In seiner ursprünglichen, qualifizierten Form lautete er: »Was ihr Theaterleute euere Tradition nennt, das ist nichts anderes als euere Bequemlichkeit und Schlamperei.« Tatsächlich war Mahler weit von jeder Verachtung der Tradition entfernt. Zwar bestand er darauf, daß jedes Werk bei jeder Aufführung »wiedergeboren« werden sollte, doch er zwang sein Orchester auch, genau das zu spielen, was in den Noten stand. Es ist richtig, daß er, etwa bei Beethoven, manchmal das Orchester verstärkte und mehr Instrumente einsetzte; aber seiner Meinung nach hätte der Komponist, wäre er nicht taub und in Unkenntnis der modernen Ausdrucksmöglichkeiten gewesen, die Orchestration selbst auf ähnliche Weise abzuändern gewünscht. Heute wird die Ära Mahler an der Wiener Hofoper als eine ihrer Glanzzeiten angesehen, und dies trotz eines durch seine Reformen hervorgerufenen schwierigen Arbeitsklimas: Er hatte mit Hilfe von szenischen Entwürfen des Secessions-Künstlers Alfred Roller, durch Regieanweisungen für eine bisher ungekannte Verbindung von Musik und Darstellung, durch Entfernung der »Claque« und durch die Regel, daß Spätankömmlinge während der Aufführung nicht einzulassen seien – nicht einmal für einen Erzherzog wurde da eine Ausnahme gemacht –, die Bühne von Grund auf revolutioniert. In Wagners Opern hob er die Striche auf, die zur Bequemlichkeit der Zuhörer und der Musiker gemacht worden waren, er nahm neue Werke von Richard Strauss, Saint-Saëns, Smetana, Tschaikowsky, Pfitzner und Zemlinsky wie auch ›Hoffmanns Erzählungen‹ des Operettenkomponisten Jacques Offenbach in den Spielplan auf – ein ziemliches Wagnis. Obwohl die Zensur ihm die Aufführung von Strauss' ›Salome‹ nicht gestattete und er selbst seinen alten Freund Hugo Wolf dadurch verletzte, daß er die Wiener Premiere von dessen einziger Oper, des ›Corregidor‹, so lange verschob, bis sie für den Komponisten zu spät kam, war Mahlers Repertoire, von den Klassikern und Wagner abgesehen, so modern wie es die Zeit erlaubte. Den ›Corregidor‹ hatte er nicht aus Angst vor dessen neuem Ton, sondern aus mangelndem Glauben an dessen musikalische Qualität hinausgezögert; als er die Oper schließlich spielen ließ, sechs Monate, nachdem der arme Wolf an Paralyse gestorben war, erwies der bescheidene Erfolg des Werkes sich keineswegs von Dauer. Alles in allem hat die hart erkämpfte Perfektion jeder einzelnen Opernaufführung die Dekade seiner Direktion so denkwürdig gemacht. Eben dieser Kampf um die Vollkommenheit aber war es, den er schließlich verlieren sollte.

Nachdem Intrigen ihn 1907 vertrieben hatten, flüchtete er noch vor Jahresende in die Vereinigten Staaten. Es war ein furchtbares Jahr für ihn gewesen. Im März hatte er seinen Rücktritt als Operndirektor eingereicht. Im Juli starb seine Tochter Maria Anna. Dann wurde sein eigenes Herzleiden diagnostiziert. Gleichwohl fuhr er mit der Arbeit an seiner neunten Symphonie fort, die unter dem Titel ›Lied von der Erde‹

erst posthum uraufgeführt wurde. Ein Versuch von seiten des Obersthofmeisters Fürst Montenuovo, Mahler dazu zu bewegen, daß er seinen Rücktritt widerrief, wurde von diesem abgelehnt. Selbst eine »historische Bittschrift«, die ihn zum Bleiben drängte und von Freud, Schnitzler, Klimt, Schönberg, Stefan Zweig und anderen unterzeichnet war, blieb ohne Erfolg. Am Westbahnhof, von wo er im Dezember von Wien abreiste, versammelten sich zu seinem Abschied zwischen ein- und zweihundert Menschen, darunter Schönberg und dessen ganzer Kreis, viele von seinen Sängern und Orchestermusikern, Roller und Klimt. Mahler weinte. Aus Amerika schrieb er im nächsten Jahr an eine Freundin, die Gräfin Wydenbruck: »Mein Heimweh, das mich die ganze Zeit geplagt hat (leider bleibe ich ein eingefleischter Wiener, im Gegensatz zu meiner Frau, die für immer hier bleiben möchte) verwandelt sich in jenes gewisse erregte Sehnen, das Sie gewiß kennen.« Dieses Gefühl fand später seinen Widerhall bei vielen, die vor Hitler geflohen waren. Die Flüchtlinge jüdischer Abkunft litten oft an größerem Heimweh nach ihrer Vaterstadt oder ihrem Land als ihre nichtjüdischen Schicksalsgenossen.

In den letzten, ihm verbleibenden Jahren nahm Mahler die Anstrengung auf sich, ständig zwischen den beiden Kontinenten hin- und herzuwechseln, denn er weigerte sich, die Sommer anderswo zu verbringen als in Österreich auf dem Land. Immerzu reisend, dirigierend und komponierend erschöpfte der kranke Mann seine ganze Kraft. Sein unendlich fruchtbares, im Grunde aber tragisches und gequältes Leben endete im Mai 1911. Nicht ganz ein Jahrzehnt vorher war er, auf einer Konzertreise in Paris, auf Plakaten als »Gustav Malheur« angekündigt worden. Und trotz seiner Ehe mit einer schönen und gebildeten Frau, trotz seines weltweiten Ruhmes, trotz der Befriedigung, die seine eigenen schöpferischen Leistungen ihm gewährten, wich diese unbeabsichtigte Verzerrung seines Namens nicht allzu weit von der Wahrheit ab. Pierre Boulez spricht von der »ererbten Düsternis des Judentums« und der »Atmosphäre des drohenden Verhängnisses« in den letzten Jahren der österreichischen Monarchie, die auch Mahlers Dasein überschattet habe. Wie schon betont, wohnen ähnlich tiefgehende melancholische Neigungen den deutschen Romantikern inne. Gleichwohl sieht die Nachwelt Mahler heute nicht nur als einen Spätromantiker, sondern als einen wahren Neuerer, einen Vorläufer der modernen Musik.

Nicht so sehr aus »sentimentaler, geographisch bestimmter Anhänglichkeit« – um wieder Boulez zu zitieren –, sondern aus einem Gefühl profunder Bewunderung und innerer Affinität hatten Schönberg und seine Schüler sich in Mahlers letzten Jahren um ihn geschart und ihm nach seinem Tod ihre Reverenz erwiesen. Beim Begräbnis trug ihr Kranz die Aufschrift: »Der Reiche, der uns in tiefste Trauer versetzte:

den heiligen Menschen Gustav Mahler nicht mehr zu besitzen, hat uns fürs Leben das unverlierbare Vorbild seines Werkes und seines Wirkens hinterlassen.« Seine 1911 vollendete ›Harmonielehre‹ widmete Schönberg »dem Andenken Gustav Mahlers ... dieses Märtyrers, dieses Heiligen«. Dasselbe Wort wurde von seinen jungen Anhängern immer wieder verwendet, etwa in einem Brief Anton Weberns an Alban Berg vom September jenes Jahres. Für Berg war Mahler eines seiner »lebenden Ideale«. Auch er sprach vom »heiligen Mahler« und erblickte in ihm sein Leben lang ein Vorbild. Während Mahlers Jahren an der Oper »haben wir junge Menschen an ihm die Vollendung lieben gelernt... Keiner, kein anderer in jener Zeit hat ähnliche Gewalt über uns gehabt.«

Egon Wellesz, nach Webern und Berg der dritte von Schönbergs frühesten Schülern, hat in ergreifender Weise den Bann beschrieben, in den Mahler ihn schlug. Während seinen Memoiren zufolge Schönberg, Zemlinsky und Webern erst im Jahr 1904, durch die Aufführung von Mahlers ›Des Knaben Wunderhorn‹ und der ›Kindertotenlieder‹, ganz für dessen Musik gewonnen wurden, war Wellesz seit den ersten Symphonien sein »leidenschaftlicher Anhänger« gewesen. Als er im Mai 1920 mit seiner Frau, Webern und dem Ehepaar Schönberg nach Holland reiste, um dem ersten Mahler-Fest nach dem Krieg beizuwohnen, war dies – ganz wie die Pilgerfahrt Weberns und der anderen zur posthumen Uraufführung des ›Lieds von der Erde‹ in München Ende 1911 – ein Zeichen unverminderter Loyalität gegenüber ihrem Schutzpatron.

An dieser Stelle, bevor von Schönberg und seiner Schule ausführlicher die Rede ist, bedarf es einiger grundsätzlicher Bemerkungen über Wiens musikalischen Geschmack. In einer Stadt, in der seit undenklichen Zeiten jeder damit aufwächst, Musik zu hören, zu singen, selbst zu spielen und über kurz oder lang ein Urteil über sie abzugeben, ist die Rezeption dieser Kunst von einem gemeinsamen Nenner bestimmt, nicht von einer wählerischen und progressiven Elite. Komponisten mit neuen Ideen sind denn in Wien immer recht zögernd oder gar widerwillig und häufig nicht einmal mit sofortiger Unterstützung der maßgeblichen Kritiker aufgenommen worden. Die beiden Bastionen der Musikaufführungen, die Hofoper und die Konzertsäle des Musikvereins (1913 kam ein zweites großes Gebäude, das Konzerthaus, hinzu), nahmen Rücksicht auf ein Stammpublikum, das liebte, was es kannte, doch das Unbekannte von sich wies.

An beiden Institutionen herrschten unbeschränkt die Wiener Philharmoniker. Dieses Orchester, von jeher eines der drei besten der Welt und oft das allererste, schwelgte in seiner eigenen vollendeten Harmonie und seinem erlesenen Klang, vor allem dem der unübertroffenen Streicher, und spielte lieber erprobte Meisterwerke, als das Wagnis einzugehen, durch die Aufführung neuer, umstrittener Werke seine Perfektion einzubüßen und gar mit ihnen identifiziert zu werden. Hieß es noch von Brahms, er habe seine Werke für die Wiener Philharmoniker geschrieben, so traf dies auf Gustav Mahler und seine Nachfolger keineswegs zu. Die Abonnementkonzerte des Orchesters im Großen Musikvereinssaal – deren Subskription, von Generation zu Generation weitergegeben, nach 1918 als einziger noch verbliebener Adelsbrief galt – waren Rituale der Tradition und sind es bis zum heutigen Tag geblieben. Wenn österreichische Politiker, hoch auf jener modischen Woge reitend, die in den letzten Jahren das »Wien um 1900« in die ganze westliche Welt getragen hat, mit Freuden den Anspruch Wiens auf die Geburtsstätte der Moderne in allen Künsten verbreiten, darf man sie daran erinnern, daß diese Stadt zumindest auf dem Gebiet der Musik nur mühsam ins zwanzigste Jahrhundert gezerrt worden ist.

Auch der »Kampf« zwischen Brahmsianern und Wagnerianern muß im Licht dieses Umstands betrachtet werden; im übrigen betraf er das Musikpublikum mehr als die Musiker selbst. Arnold Schönberg begann als begeisterter Anhänger Brahms', dessen Einfluß in seinen frühen Werken erkennbar ist, etwa dem 1899 entstandenen Sextett für Streicher ›Verklärte Nacht‹. Andererseits verdankt dieses Werk, wie der Komponist selbst bestätigt hat, auch viel der »Technik Wagners«. Bevor er um 1907 den Bereich der strengen Tonalität verließ, war Schönberg nicht mehr als das übliche Maß an Unverständnis begegnet. Dennoch fühlte er sich, um dieser allgemeinen Haltung entgegenzutreten, im Jahr 1904 dazu gedrängt, gemeinsam mit seinem Freund und Schwager Zemlinsky den »Verein der schaffenden Tonkünstler« zu gründen. Ihr Manifest verkündete: »Im musikalischen Wien finden Werke der zeitgenössischen Komponisten, insbesondere der Wiener, nur sehr geringe Berücksichtigung... wenn man von der Operette absieht, auf deren Gebiet unsere Stadt zweifellos führend ist...«

Zur Zeit der Gründung dieses Vereins hatte Schönberg bereits, um der konservativen Atmosphäre seiner Heimatstadt zu entfliehen, drei Jahre in Berlin verbracht. Offenbar war Mahler der letzte Komponist, der nach einem Ort Heimweh empfunden hatte, wo er Vorurteilen und Geringschätzung ausgesetzt gewesen war. Die Mitglieder der Zweiten Wiener Schule fühlten sich oft anderswo glücklicher, auch wenn sie aus Macht der Gewohnheit nach Aufenthalten im Ausland wieder nach Wien zurückkehrten. Während seines zweiten mehrjährigen Aufenthalts in Berlin, als er gerade am ›Pierrot Lunaire‹ arbeitete, erhielt Schönberg im Jahr 1912 den Ruf, als ordentlicher Professor an die Wiener Musikakademie zu gehen. Er lehnte ab: »Ich kann augenblicklich noch nicht in Wien leben. Ich habe noch nicht verschmerzt, was man mir dort angetan hat, ich bin noch nicht ausgesöhnt. Und ich weiß, ich hielte es nicht zwei Jahre aus. Ich weiß, ich hätte in kürzester Zeit dieselben Kämpfe vor mir, denen ich entgehen wollte.« Etwa zur gleichen Zeit schrieb Anton von Webern, nach einigen Monaten in Danzig wieder in Wien, an Alban Berg: »Ich befinde mich unter einem Auswurf von Menschen, beschäftige mich mit albernster Musik... Ich weiß nicht, wie ich das aushalten werde... Hier ist alles trüb. Ich bin vergiftet, wenn ich das Wasser trinke.« Und zwei Wochen später: »Ich kann die Erlösung aus diesem Sumpf kaum erwarten.«

Diesen Klagen lag der wahrhaft feindselige Widerstand des Wiener Publikums gegen Schönberg und seine Schüler zugrunde – ein Widerstand, der zum ersten Mal in dieser Stadt zu offenem Skandal im Konzertsaal führte. Mit der Einführung musikalischer Formen, die jene der Vergangenheit ebenso entschlossen ablösten, wie Wittgenstein und Schlick die Metaphysik aus dem philosophischen Denken verbannen sollten, war ein noch nie dagewesenes Element von Bosheit, ja Gehässigkeit in die Beziehungen zwischen Komponisten und Publikum eingedrungen. Gerechterweise muß man sagen, daß antijüdische Gefühle nur wenig daran beteiligt waren. Weder Berg noch Webern hatten dazu Anlaß gegeben, und was die Zwölftontechnik angeht, so war allgemein bekannt und von Schönberg selbst nie bestritten worden, daß Josef Matthias Hauer als erster auf deren Verwendung gekommen war. Außerdem öffnete sich die große Kluft erst nach der Loslösung von der Tonalität. Als der junge Schönberg, 1874 in Wien als Sohn eines jüdischen Kaufmanns geboren, der zwei Jahrzehnte zuvor aus Preßburg nach Wien gezogen war, bei Alexander von Zemlinsky Komposition zu studieren begann, hatte er nicht die Absicht, von der Linie, die von Brahms, Wagner, Liszt und Bruckner zu seinem Zeitgenossen Hugo Wolf führte, jemals abzuweichen.

Zemlinsky selbst, nur zwei Jahre älter als Schönberg, gehört streng genommen nicht zur Zweiten Wiener Schule, denn er folgte ihr nicht auf ihrem steinigen Pfad in die Atonalität. Musikalisch näher stand ihm Richard Strauss, dessen farbenglühender Überschwang – auch noch in Zemlinskys späteren Opern wie der ›Florentinischen Tragödie‹ (1917) und ›Der Zwerg‹ (1924) – nachzuhallen scheint. Mit Strauss selbst können wir uns in diesem Zusammenhang nur am Rande befassen, obwohl er die wienerischste aller Opern, den ›Rosenkavalier‹, schrieb und mit ›Schlagobers‹ das zuckrigste aller Wiener Ballette. Seine Präsenz in der Musikwelt Wiens, vor allem in dessen Opernspielplan, war überwältigend. Von 1919 bis 1924 war er Direktor der Staatsoper, wie sie jetzt hieß, und erwarb sogar die Staatsbürgerschaft Österreichs, bevor es von seinen Landsleuten vereinnahmt wurde. Allein seine lange Verbindung mit Hugo von Hofmannsthal wäre ein Grund, ihn in diese Darstellung aufzunehmen. Gleichwohl sind seine bajuwarische Robustheit, sein dynamischer Schwung, schließlich auch die in dem reichen, glitzernden Gewebe seiner musikalischen Empfindungskraft gelegentlich enthaltenen Geschmacksverirrungen vom Wien unserer Epoche weiter entfernt als bloß sechshundert Kilometer. Am nächsten kam er der Wiener Atmosphäre, wenn er der elegischen Stimmung oder elegant sublimierten Emotion seines Librettisten nachgab – wie im Monolog der Marschallin über Zeit und Vergänglichkeit oder in dem wahrhaft engelsgleichen Trio im dritten Akt des ›Rosenkavaliers‹. Daß Richard Strauss Zemlinsky und einen anderen österreichischen Zeitgenossen, Franz Schreker, bis in die dreißiger Jahre beeinflußt hat, beweist zur Genüge den Abstand dieser beiden hochbegabten Musiker während der atonalen und später dodekaphonischen Entwicklung von der Schönberg-Schule. Schönberg selbst verdankt in seinen frühen Meisterwerken ›Verklärte Nacht‹, ›Pelleas und Melisande‹, und sogar noch in den 1900 begonnenen, wenn auch viel später instrumentierten ›Gurre-Liedern‹, vieles nicht nur Brahms und Wagner, sondern auch Strauss, der ihn übrigens auf Maeterlincks Drama hingewiesen hatte. Ohne Debussys Oper nach dem gleichen Stoff zu kennen, übertrug Schönberg diesen instinktiv in die Form einer symphonischen Dichtung, in der, anders als in dem subtilen Impressionismus des französischen Komponisten, die hochdramatische Leidenschaft der Liebenden in Maeterlincks Stück deutlicher zum Ausdruck kam. Die große Wasserscheide ist um 1907 anzusetzen, als Schönbergs Streichquartett in f-moll, op. 7, im Wiener Bösendorfer-Saal durch das von Mahlers Schwager angeführte Rosé-Quartett uraufgeführt wurde, alsbald gefolgt von der Kammersymphonie op. 9, die dasselbe Ensemble mit den Bläsern des Hofopernorchesters spielte.

Beide Werke, wenn auch etwas früher komponiert, schlugen jetzt in Wien mit der vollen Kraft ihrer Neuheit ein. Gustav Mahlers Frau hat uns eine lebhafte Beschreibung beider Skandale hinterlassen. Beim ersten Konzert rief ein Kritiker, den sie K. nennt (vermutlich Julius Korngold), »Aufhören!«, worauf »ein Gepfeife und Gejohle einsetzte, wie ich es vor- und nachher nie gehört habe«. Mahler selbst geriet an einen der Zischer, der, als Alma Mahlers Stiefvater, der Maler Carl Moll, ihn zum Saal hinausdrängte, vor dem Ausgang seinen letzten Pfeil abschoß. »Als die Kammersymphonie im ›goldenen Saal‹ gespielt wurde, begannen die Leute in der Mitte, laut mit den Stühlen zu rücken und ostentativ den Saal zu verlassen. ›Mahler erhob sich wütend, gebot Ruhe und erzwang sie‹, so hat Alma später berichtet. ›Nach Schluß der Aufführung stand er so lange vorn an der Logenbrüstung und applaudierte, bis die letzten Scharfmacher aus dem Saal waren.‹ Dann erst fuhr er mit Alma heim. Nachdem er beim Hören der *Verklärten Nacht* und des *Pelleas* Schönbergs Genie erkannt hatte, gestand er ihr jetzt: ›Wenn ich ihn auch oft nicht verstehe: ich bin alt – er ist jung – also hat er recht.‹«

Als 1913 der nächste große Skandal losbrach (übrigens im gleichen Jahr, in dem Strawinskys ›Sacre du Printemps‹ vom Premierenpublikum im Théâtre des Champs Elysées in Paris ausgebuht wurde), war Mahler nicht mehr da, um für die neuen Komponisten einzutreten. Am letzten Märztag dieses Jahres dirigierte Schönberg, wieder im Großen Musikvereinssaal, dem goldenen Tempel der klassischen Musik, seine eigene Kammersymphonie, Orchesterlieder von Zemlinsky, Weberns Orchesterstücke op. 6 und zwei von Bergs Fünf Liedern mit Orchester nach Postkartentexten von Peter Altenberg. Die ersten beiden Werke waren unter Gepfeife und Gejohle gespielt worden, oben in der Galerie fand bereits ein Handgemenge statt. Webern rief von seiner Loge aus, man möge die »Bagage« entfernen, während das Publikum empfahl, alle drei Komponisten in die Irrenanstalt Steinhof zu bringen. Nachdem mitten im Berg-Zyklus das Konzert abgebrochen worden war, griffen Oscar Straus, der Komponist der Operette ›Ein Walzertraum‹, und der Gründer einer Avantgarde-Gesellschaft für Literatur und Musik einander tätlich an. Bei der darauf folgenden Gerichtsverhandlung erklärte, so erinnert sich Egon Wellesz, ein »praktischer Arzt«, die Wirkung dieser Musik sei »für einen großen Teil des Publikums entnervend und derart schädigend für das Nervensystem gewesen, daß viele Besucher schon äußerlich Zeichen einer schweren Gemütsdepression zeigten«.

Um jene Zeit waren offenbar psychologische Termini in popularisierter Form bereits in die Alltagssprache eingedrungen. Vier Jahre zuvor hatte Schönberg in seinem Monodram ›Erwartung‹ zu einem Libretto von Marie Pappenheim (einer Verwandten jener Bertha Pappenheim, deren Analyse durch Freud, unter dem Pseudonym der Anna O. veröffentlicht, ihre Spuren im Text hinterließ) dem Unbewußten Ausdruck verliehen. Dieses Werk wurde erst nach 1920 uraufgeführt. Über den Ausschreitungen des März-Konzertes sollte nicht vergessen werden, daß nur einen Monat vorher die Aufführung der ›Gurre-Lieder‹ im selben Großen Musikvereinssaal Schönberg seinen ersten großen Erfolg gebracht hatte. (Daß er Oscar Straus bei dieser Gelegenheit mit den Worten »Ich spreche nicht mit Operettenkomponisten« vor den Kopf stieß, provozierte vielleicht dessen Racheakt im März.) In den ›Gurre-Liedern‹ hatte sich Schönbergs musikalisches Idiom freilich noch nicht allzuweit von der Tradition entfernt. Selbst seine Kammersymphonie, so herausfordernd sie auch klang, gehörte zu den letzten Kompositionen, in denen er sich einer strengen Tonalität bediente. Inzwischen hatte er mit ›Erwartung‹ und seinem zweiten Musikdrama, der ›Glücklichen Hand‹, mit dem Orchesterwerk für Sopran ›Herzgewächse‹ und schließlich seinem ›Pierrot Lunaire‹ ein Neuland betreten, das heute vorerst noch nicht »atonal« genannt, sondern präziser mit dem Ausdruck »freie Tonalität« bezeichnet wird. Nach einer weiteren Komposition, den ›Vier Liedern für Gesang und Orchester‹ (1913–1914), folgte eine mehrere Jahre dauernde »schöpferische Pause«.

In diesem Kapitel bietet sich, anders als in den vorhergehenden, der Erste Weltkrieg als ein natürlicher Einschnitt an. Bis dahin waren Anton von Webern, Alban Berg und (viel kürzer und weniger eng) Egon Wellesz Schönbergs wichtigste Schüler gewesen. Zwar ließ er ihnen jede Freiheit zur Entwicklung eigener kompositorischer Techniken, doch das überwältigende Beispiel ihres Meisters behauptete sich in ihrem Werk. Webern betonte, daß Schönberg »überhaupt keinen Stil gehabt«, daß er den Gebrauch weder alter noch neuer künstlerischer Mittel gepredigt habe. Dennoch tragen Weberns frühe Werke die unverwechselbaren Merkmale der Schönberg-Schule – darunter vor allem das Klavierquintett in C-Dur von 1906, einige Liedergruppen nach Gedichten von Stefan George und Rilke sowie weitere Orchesterstücke, zu denen auch die im März 1913 so übel aufgenommenen zählen. Zugleich lassen sie bereits die für ihn charakteristische knappe, zarte, farbenreiche, aber fast unirdische Feinfühligkeit erkennen. Alban Berg wiederum, der um zwei Jahre jüngere Freund, dessen bedeutendste Kompositionen während des Krieges und danach entstanden, verfügt in seinem Werk über einen Melodienreichtum, der selbst in ihrer dodekaphonischen Phase, allen grundlos gegen ihre »abstrakte«, »intellektuelle« Natur gerichteten Verleumdungen zum Trotz, für die Zweite Wiener Schule wesensbestimmend ist.

Von allem Anfang und bevor er noch im Jahr 1904 in Schönbergs Bannkreis trat, war Berg von der theatralischen und instrumentalen Kunstfertigkeit Richard Strauss' entzückt. Das vergaß er nicht, als er seine Oper ›Wozzeck‹ zu schreiben begann. In seinen Liedern nach Gedichten Alfred Momberts und Peter Altenbergs fand Bergs eigene Fähigkeit für das tiefe, intensive Gefühl angemessenen Ausdruck. Das dritte Mombert-Lied war seine erste Komposition in freier Tonalität. In den Fünf Liedern nach Postkarten von Peter Altenberg – von denen zwei im März-Konzert aufgeführt wurden – bediente er sich einer an Webern gemahnenden aphoristischen Knappheit, die aber von einer so ekstatischen Leidenschaftlichkeit erfüllt war, daß sein Publikum es einfach nicht ertrug. Als er sich 1914 nach dem Besuch einer Theateraufführung von Büchners ›Woyzeck‹ dazu gedrängt fühlte, dieses ergreifende Drama zu vertonen, schwebte ihm Schönbergs ›Pierrot Lunaire‹ als Beispiel vor.

Egon Wellesz' privates, musikalisches und berufliches Leben unterschied sich in vieler Hinsicht von dem seiner Zeitgenossen Berg und Webern. Während sie, gleich ihrem Lehrer Schönberg, ihre Aufgabe einzig und allein in der praktischen Musikausübung erblickten, sei es als Komponisten, sei es – um sich ihr Leben zu verdienen – als Dirigenten, als Privatlehrer oder durch Orchestrieren, entwickelte sich Wellesz ebenso zu einem hochangesehenen Gelehrten wie zu einem schöpferischen Musiker von Rang. Anders als Webern, der ebenfalls bei dem großen Musikwissenschaftler Guido Adler studiert hatte, aber keine akademische Laufbahn anstrebte, wurde Wellesz Dozent an der Universität Wien. Seine Interessen führten ihn zuerst zur Erforschung des Barock, später zur frühesten Musik. Neben seinen Vorlesungen befaßte er sich immer weiter mit dem Gregorianischen Choral, mit Kunstgeschichte, Theologie und ganz besonders mit griechischer Paläographie. 1917, nachdem er aus gesundheitlichen Gründen vom Militärdienst freigestellt worden war, hatte er bereits den Schlüssel zur Dechiffrierung der byzantinischen Notation gefunden.

Obschon der am wenigsten bekannte von Schönbergs frühen Schülern, kann Wellesz als ein nahezu vollendeter Prototyp jenes kultivierten Wieners jüdischer Herkunft gelten, der zur fruchtbarsten Ära der Stadt in der Neuzeit so wesentlich beigetragen hat. Lange vor seiner Geburt im Jahr 1885 waren seine Eltern aus Ungarn in die Hauptstadt gezogen. Er gehörte der katholischen Kirche an, fand aber seine Inspiration in den künstlerischen und religiösen Manifestationen aller Epochen. Ein Mann von enzyklopädischer Bildung und weltmännischer Offenheit, strebte er nach der von Goethe verordneten »Universalität«. Gleich Alban Berg – der Karl Kraus bewunderte und mit Adolf Loos, Oskar Kokoschka, Peter Altenberg und Egon Friedell freundschaftlich verkehrte – pflegte auch Wellesz engen Umgang mit den bedeutenden Architekten, Malern und Schriftstellern seiner Zeit. Er war ihnen zumeist im Hause von Eugenie Schwarzwald begegnet, der hervorragenden Philanthropin und Lehrerin. In der Mädchenschule, die sie 1901 gegründet hatte, unterrichteten zeitweilig Schönberg, Loos und Kokoschka. Die spätere Kunstgeschichtlerin Emmy Stroß, bereits mit Wellesz verlobt, war unter den ersten und besten Schülerinnen ihrer Anstalt gewesen. In einer anderen Klasse der Schwarzwald-Schule saßen Seite an Seite die zukünftigen Frauen dreier bedeutender Männer (Brecht, Zuckmayer und Berthold Viertel) – alle drei angehende Schriftstellerinnen oder Schauspielerinnen.

In diesem Abendschein zu leben, war – mit Wordsworth gesprochen – Seligkeit. In ihrem letzten Jahrzehnt vor dem Kriege fühlten sich die Wiener, stolze Einwohner eines Landes, das den anderen europäischen Mächten zumindest gleichrangig war, vom Rest der Welt noch abgeschirmt durch die Weite ihres Heimatbodens; gleichzeitig waren sie höchst aufgeschlossen für jede Art von kulturellem Einfluß aus Nord, Süd, Ost und West. Das Schlagwort von der »fröhlichen Apokalypse«, aus einem 1955 posthum veröffentlichten Essay Hermann Brochs über Hofmannsthal, mag im Rückblick angemessen erscheinen. Manche von denen, deren Jugend in diese Zeit fiel und die vor kurzem noch am Leben waren, hatten anderes zu berichten: von erhöhter Wahrnehmung der »synästhetischen« Möglichkeiten und Forderungen des Zeitgeistes, von einem Wissen um die Querverbindungen zwischen allen Künsten und deren Bereitschaft, neu entdeckte Formen und Inhalte der einen in der anderen widerzuspiegeln. Anton von Webern, aus geadelter, aber mittelloser Tiroler Beamtenfamilie, mußte sich sein Brot als Dirigent an kleineren Opernhäusern fern der Hauptstadt verdienen. Alban Berg jedoch, der eine bescheidene Erbschaft gemacht hatte, und Wellesz, Sohn eines wohlhabenden Industriellen (in dessen Büro er allerdings eine Weile arbeiten mußte), konnten in Wien die anregende Gesellschaft ihrer großen Zeitgenossen genießen.

Diese waren nicht immer wohlhabend oder schon berühmt. Als das österreichische Unterrichtsministerium im Jahr 1912 Oskar Kokoschkas kurzes Gastspiel als Lehrer der Schwarzwald-Schule abbrach, weil ihm die offizielle Qualifikation dazu fehlte, setzte sich die Direktorin für ihn ein: »Exzellenz, Oskar Kokoschka ist ein Genie, man weiß es nur noch nicht.« Worauf der Minister erwiderte: »Genies sind im Lehrplan nicht vorgesehen.« Also erteilte Frau Doktor Schwarzwald dem Maler den Auftrag zu einem Porträt von Egon Wellesz, das heute in der Smithsonian Institution in Washington, D. C., hängt. Die Künstler selbst waren sich ihres eigenen Wertes bewußt. In einer Mischung von Selbstbewußtsein und Resignation sagte Schönberg voraus, die zweite Hälfte dieses Jahrhunderts werde durch Überschätzung das Gute zunichte machen, das die erste Hälfte durch Unterschätzung an ihm gelassen hatte. Ärmer als alle seine Schüler und dazu gezwungen, die banalste Operettenmusik zu orchestrieren, nahm er zuversichtlich an, daß seine Zeit kommen werde. Und wenn bisher noch kein Maler beauftragt worden war, ihn zu porträtieren, so hatte das immerhin sein junger Freund Gerstl getan, während Schönberg selbst – in der kurzen Zeit, da er diese Kunst ausübte – das berühmte Bildnis Alban Bergs in voller Größe schuf.

Seine drei ersten Schüler hatten ihre Studien bei ihm um 1904/05 begonnen und sie zu verschiedenen Zeitpunkten beendet; die beiden ersten aber sollten, auch während seiner oder ihrer Abwesenheit, die Verbindung zu ihm niemals unterbrechen. Schönbergs Hauptwerke in traditioneller oder freier Tonalität sind so populär geblieben wie seine späteren in der Zwölftontechnik. Bergs ›Altenberg-Lieder‹, sein Streichquartett op. 3 und seine Stücke für Klarinette und Klavier werden immer wieder aufgeführt. Weberns subtile, transparente Kammermusik bis op. 11 erreicht seltener den Konzertsaal, ebensowenig Wellesz' Klavierstücke wie etwa ›Der Abend‹, den Béla Bartók bei der Aufführung in Budapest im Jahr 1910 so sehr bewundert hat. Bis zum Kriegsausbruch hatte er sechzehn Werke komponiert, darunter ein Streichquartett und eine Orchestersuite. Doch die wahren Meisterwerke der Zweiten Wiener Schule sollten erst geschrieben werden. ›Moses und Aron‹, ›Wozzeck‹, Weberns Symphonie op. 21, Wellesz' Oper ›Alkestis‹ nach einem Versdrama von Hofmannsthal entstanden alle erst in den zwanziger und frühen dreißiger Jahren, zu einer Zeit, da noch große Hoffnungen auf einen dauernden republikanischen Frieden gehegt wurden – oder bereits enttäuscht worden waren.

Nicht drei, sondern neun Musiker, die sich selbst als Schönberg-Schüler bezeichneten, dazu die Maler Kandinsky und Gütersloh, fanden sich im Jahr 1911 zusammen, um ihren Lehrer in einem kleinen Band, der im darauffolgenden Jahr publiziert wurde, zu ehren. Einer von ihnen, Erwin Stein, setzte sich später in Wien wie in London nachdrücklich für Schönberg und seine Schule ein. Ein anderer, Robert Neumann, hatte eine temperierte Skala aus dreiundfünfzig Tönen erfunden, von der man niemals wieder gehört hat. Auch alle übrigen, außer den berühmten drei, sind heute vergessen. Nach dem Krieg war eine neue, um die Jahrhundertwende geborene Generation bereit, zu ihnen zu stoßen. Als diese Musiker mit eigenen Werken in die Öffentlichkeit traten, zeigte sich, daß sie bereits in der Zwölftontechnik geschult waren, einer Technik, mit der sich Schönberg, vorerst im geheimen, seit Jahren auseinandergesetzt hatte; selbst seiner engsten Umgebung gab er dies erst im Februar 1923 preis. Da ein Treffen mit Josef Matthias Hauer im Jahr 1916 seine völlig Bekehrung zur seriellen Musik ausgelöst hatte, sei es an dieser Stelle erwähnt.

In einem in Washington gehaltenen Vortrag über ›Die Ursprünge von Schönbergs Zwölftonsystem‹ hat Wellesz über Hauers ersten Besuch bei ihm mit einigen seiner Kompositionen berichtet. »Nie zuvor«, sagt Wellesz, »hatte ich eine derartige Mischung von amateurhafter Schreibweise ohne Erfahrung in Harmonie oder Kontrapunkt und Passagen von unbestreitbarer Originalität gesehen.« Diese Arbeiten wurden nun Schönberg vorgelegt, der zwar bereits gelegentlich die serielle Technik angewendet hatte, jetzt aber – seinem getreuen Anhänger Wellesz zufolge – »überzeugt ist, daß er [Hauer] Schönberg zu der Grundidee, einer Reihe von zwölf Tönen als neuem Prinzip der Komposition, verhalf«. Was heute in der Musikgeschichte als »Wiener Prioritätenstreit« bekannt ist, wurde von den beiden Protagonisten zunächst nicht als solcher gesehen. Hauer, neun Jahre jünger als Schönberg, schrieb ihm nach einem Treffen, bei dem die beiden über ihre verschiedenen Vorstellungen gesprochen hatten: »Ich kenne außer Ihnen keinen Musiker auf der ganzen Welt, mit dem ich mich so gerne, so absolut rückhaltlos und aufrichtig zu gemeinsamem Wirken nach außen hin vereinigen möchte.« Außerdem schlug er die Gründung einer »atonalen Schule« vor, der Schönberg vorstehen sollte, während Hauer sich damit begnügen wollte, unter seiner Leitung zu unterrichten. Wenn Schönberg ablehnte, dann geschah es in der Überzeugung, daß Hauers Theorien und mystisch formulierten Gesetze falsch waren. Die Unterschiede zwischen ihnen faßte er schließlich mit den Worten zusammen: »Er hatte eine Möglichkeit, ich aber den Schlüssel zu vielen Möglichkeiten gefunden... Er suchte seine Lösung im Kosmos. Ich beschränkte mich auf das zur Verfügung stehende Menschenhirn.«

In späteren Jahren verwandelte Hauers Mangel an Erfolg seine Einstellung zu Schönberg in Verbitterung. Die Geburt der Zwölftonmusik aber, heute geradezu das Markenzeichen der Zweiten Wiener Schule, fällt eindeutig in die Nachkriegsperiode. Als Egon Wellesz kurz nach dem Krieg beschloß, eine Biographie seines Lehrers zu schreiben, war das letzte von ihm kommentierte Werk die zwischen 1913 und 1916 entstandenen Vier Orchesterlieder op. 22. Von der ›Jakobsleiter‹, einem Oratorium, das Fragment bleiben sollte, kannte Wellesz damals nicht mehr als die von Schönberg veröffentlichte Dichtung und einen Teil der abgebrochenen Komposition.

In einer abschließenden Analyse der künstlerischen Entwicklung seines Lehrers unterschied Wellesz drei schöpferische Phasen. »In der ersten Phase nimmt Schönberg die seiner Zeit gemäßen Formen als gegeben hin und erweitert sie nur. In der zweiten Phase, die vornehmlich Instrumentalwerke umfaßt, sucht er die höchste Vollendung der klassischen Form dadurch zu erreichen, daß er jede Stimme mit motivischem Leben erfüllt und die Übergänge von einem Gedanken zum anderen aufs innigste zu verschmelzen sucht. In der dritten und letzten Phase der Entwicklung greift Schönberg beide Probleme gleicherweise auf, das Problem der Melodie und der Form, sucht sie aber in einer neuen Weise zu vereinen.«

Im Jahr 1921 fand sich denn keine Erwähnung jener besonderen seriellen Technik, die damals schon, wie wir heute wissen, in Schönberg rumorte. Als Wellesz seine Biographie – die erste, die über Schönberg geschrieben wurde – fünfzig Jahre nach der deutschen Ausgabe neu herausbrachte, gab er ihr den Untertitel ›Die formenden Jahre‹. Anders als in der Literatur und den visuellen Künsten ereignete sich der große Sprung in der Musik nicht in Wiens goldenem Herbst, sondern in den grauen Wintertagen der Ersten Republik Österreich, einer der schwierigsten und kummervollsten Epochen in seiner langen Geschichte.

Sieben Monate nach der schicksalhaften Schlacht von Königgrätz, als immer noch die Reingewinne vieler kultureller Veranstaltungen an die Familien der im Krieg gegen Preußen gefallenen österreichischen Soldaten verteilt wurden, erklang beim Ball des Wiener Männergesangsvereins zum ersten Mal der Walzer ›An der schönen blauen Donau‹ des jüngeren Johann Strauß. Es war Fasching. Doch die militärische Niederlage und deren wirtschaftliche Folgen dämpften die Fröhlichkeit der Wiener, und nicht einmal durch die Musik von Strauß mochten sie sich aufheitern lassen – zumal der Text sie geradezu zwingen wollte, nicht länger Trübsal zu blasen:

> Ihr Wiener seid froh,
>   oho, wieso?
> Na, so, blickt nur um –
>   Ich bitt, warum?
> Ein Schimmer des Lichts –
>   Wir sehen noch nichts…
> Der Fasching ist da –
>   Ah so, na ja!
> Was hilft denn das Trauern
>   und das Bedauern?
> Drum froh und heiter seid!
>   Ja, das is gscheit.

Die reizende, beschwingte, endlose Melodie des Walzers, seine »himmlische Länge«, die er mit Werken Schuberts gemeinsam hatte, wurde den Zuhörern durch seinen dummen Text – aus der Feder eines gewissen Josef Weyl – vergällt, der sie ihrer Düsterkeit wegen verspottete und grundlos beschwor, doch zu »tanzen, ja, tanzen, ja tanzen!« Was in späteren Jahren zu Österreichs heimlicher Hymne wurde, fiel im Februar 1867 schmählich durch. Knapp zwanzig Jahre zuvor war es dem älteren Johann Strauß gelungen, mit seinem Radetzkymarsch zu Ehren des zweiundachtzigjährigen Feldmarschalls und dessen Siegen über die lombardischen Rebellen bei Custozza unverzüglich allgemeinen Jubel zu ernten. Als nach dem Sturz des Hauses Habsburg Haydns herrliche Kaiserhymne zunächst aufgegeben wurde (um sogleich von den Deutschen usurpiert zu werden, die ihr die Worte »Deutschland, Deutschland über alles« auferlegten), sollte es jenen beiden wunderbaren Melodien von Strauß Vater und Strauß Sohn, weich und tröstlich die eine, feurig die andere, weitaus leichter fallen, patriotische Gefühle in den Wienern zu erwecken als den offiziellen Hymnen der Ersten wie der Zweiten Republik.

Jenes seltene Phänomen, die Strauß-Dynastie, hat sein Gegenstück im Bereich der ernsten, sakralen Musik. Die Familie Johann Sebastian Bachs hat ebenso viele bedeutende Komponisten hervorgebracht wie vier Strauß-Generationen – große Musiker auf ihrem Gebiet. Sie waren Wiener im wahrsten Sinn, denn sowohl ihre ungarischen wie ihre jüdischen Vorfahren hatten sich mit einfachen Leuten aus der Hauptstadt oder vom Lande vermischt, die noch nicht einmal alle heimische Namen trugen. Der katholische Trauschein der Eltern von Johann Strauß Vater aus dem Jahr 1762 – von den Nazis unterdrückt, aber nach dem Kriege wiederentdeckt – enthielt folgende Daten: »Der ehrbare Johann Michael Strauß, Bedienter bey titl. Excell. H(errn) Feld-Marschall Grafen von Roggendorff, ein getaufter Jud, ledig zu Ofen gebürtig, des Wolf Strauß und Teresiae ux(oris), beyden jüdisch abgelebten, ehe(liche)r Sohn; Mit der ehr und tugendsamen Rosalie Buschinin, zu Gföll in U(unter)-Ö(sterreich) gebürtig, des Johann Georg Buschini, eines gewesten Jägers, und Eva Rosinae ux(oris) ehe(liche) Tochter.«

Ihr Sohn, Franz Borgia, heiratete die Tochter eines Wiener Fiakers, die den Stammvater der musikalischen Dynastie gebar. Deren jüngster, aber wohl nicht letzter Sproß war Eduard Strauß, ein 1910 geborener Großneffe des »Walzerkönigs«, der bis in unsere Tage mit seinem Orchester leichte Musik gespielt hat. In den Augen der Welt gibt es freilich nur einen Johann Strauß, der alles verkörpert, was in der Wiener Musik fröhlich, sorglos, lebenslustig, ja überschäumend ist: Johann Strauß Sohn. Man darf nicht annehmen, daß sein Privatleben stets ebenso heiter verlaufen ist. Gleichwohl waren seine vierundsiebzig Jahre auf Erden zumeist glücklich und bis zum Rand gefüllt mit Arbeit, Liebe, Spiel, weiten Reisen und weltweiter Verehrung. Nach einer schweren Kindheit in einer Zinskaserne in der Leopoldstadt, in der neben seiner eigenen weitere siebenundsechzig Familien zusammengedrängt waren, wuchs Johann von seinem dreizehnten Jahr an ohne den berühmten Vater auf, der seine Frau und sechs Kinder um einer hübschen Modistin willen verlassen hatte. Auch ermutigte ihn dieser Vater durchaus nicht, in seine Fußstapfen zu treten. Obschon der junge Johann bereits mit neunzehn seine erste Tanzkapelle gegründet und, in dem berühmten Gartenrestaurant Dommayer, sein erstes Konzert gegeben hatte – was die Kluft zwischen ihm und seinem Vater noch vertiefte –, wurde erst fünf Jahre später, nach dem Tod des älteren Strauß, die Bahn für ihn frei. Beim Trauergottesdienst spielte er Mozarts Requiem mit dem Orchester seines Vaters, zwei Wochen darauf wurde er dessen Dirigent und sein Nachfolger, der nun endlich in seine eigenen Rechte trat. Selbst irdische Wunder wie die Musikerfamilien Bach und Strauß kommen freilich keineswegs aus dem Nichts. Schon in den frühesten Tagen Wiens sind ortsansässige Spielleute und Straßentroubadoure nachgewiesen, die nach Art der Minnesänger ihre gereimten und gesungenen Balladen improvisierten. Im Jahr 1288 wurde in der Stadt die älteste Musiker-Gilde gegründet, die mönchische St. Niklas-Bruderschaft, die auch Laien aufnahm. Doch die österreichischen Volkslieder waren von allem Anbeginn, ob von geistlichen oder profanen Musikern geschaffen und gesungen, verbunden mit dem Genuß des Weins. Die Weinberge rings um Wien wurden vermutlich, so ist zumindest überliefert, von den römischen Legionären des Kaisers Probus im dritten Jahrhundert n. Chr. gepflanzt. Die Kunst ihres Anbaus und ihrer Pflege ging selbst im finsteren Mittelalter nicht verloren. Ein Jahrtausend nach Probus findet sich das Wort »Heuriger« – sowohl in der Bedeutung des neuen Weines als auch der Schenke des Weinbauern, der ihn ausschenkt – zum ersten Mal in den Archiven der Stadt. In den kleinen, offenen Tavernen an den Hügeln des Wienerwaldes wurden die Heurigenlieder geboren, der Nachwelt weitergegeben und ständig durch neue Schöpfungen bereichert, deren Urheber, einer nach dem anderen, in den Tiefen der Geschichte versanken.

Im zweiten Kapitel ist uns der deutsche Schulmeister Wolfgang Schmeltzl begegnet, der 1548 das Wien seiner Zeit beschrieb. Von den musikalischen Erlustigungen der Stadt berichtete er:

> Hier saind vil Singer, Saytenspil,
> allerlay Gesellschaft, frewden vil,
> mehr musicos und instrument
> findt man gewißlich an khainem endt.

(Sein urtümliches Wort für die Lyra oder für Streichinstrument, Saytenspil, war in der neuen Schreibart Gustav Mahlers zärtlichster Kosename für seine Frau Alma.) Im 16. Jahrhundert, nach der ersten Türkenbelagerung, und im 17., nach der zweiten, verdrängten zeitweilig Volkslieder über Krieg und Sieg jene üblichen Themen – Wien, Wein, Tod und die goldene, unwiederbringliche Vergangenheit. Das erste echte Wienerlied wurde angeblich während der großen Pest des Jahres 1679 von einem Dudelsackpfeifer namens Marx Augustin geschaffen. Der Musikant war, nicht mehr ganz nüchtern, in eine jener Gruben gefallen, die mitten in der Stadt für die Opfer der Seuche ausgehoben worden waren. Nachdem er unter Leichen erwacht und unversehrt herausgekrochen war, soll er sein fröhliches Lied über die Pest und sein eigenes Überleben geschrieben haben, dessen Refrain unsterblich geworden ist: »Ei, du lieber Augustin, alles ist hin!«

Die meisten der berühmten Heurigenlieder, die noch heute gesungen werden, entstanden im Biedermeier, als das Volk von Wien in großen Scharen aufs Land zu strömen und die Weinschenken aufzusuchen begann. Der wachsende Wohlstand auch der Kleinbürger in den nächsten Jahrzehnten ließ viele Vergnügungslokale und Tanzetablissements nach ihrem Geschmack in der Stadt entstehen. Dort traten Harfenisten auf, Zitherspieler, Gitarrenspieler und hübsche Chansonnièren wie die Antonie Mannsfeld, die Fanny Hornischer und die Louise Montag – legendäre Figuren, die immer neue Volkslieder und Couplets vortrugen, nach denen eine ständig steigende Nachfrage bestand. Eine von ihnen, die rassige »Fiaker-Milli«, Freundin jener Kutscher, denen vor dem Einzug des Automobils eine so große Rolle im Wiener Alltag zukam, ging in Hofmannsthals Oper ›Arabella‹ ein. Dort überreicht sie ihr Bouquet als Ballkönigin der jungen Komtesse und beginnt dann zu den Klängen eines Walzers zu jodeln, den diesmal nicht der Johann, sondern der Richard Strauss geschrieben hat.

Mehr und mehr Wienerlieder und Heurigenlieder – die Grenzen verschwimmen hier – sollten im weiteren Verlauf des 19. Jahrhunderts entstehen. In unseren Tagen, nachdem zuerst das Kino und dann das Fernsehen die Freizeit der Menschen für sich in Anspruch nahmen, wurden die Neuschöpfungen seltener, versiegten aber keineswegs. Jetzt überwog die Sehnsucht nach vergangenen, besseren Tagen immer deutlicher jenes zarte, von Todesgedanken gefärbte joie de vivre, um die es früher gegangen war, ja sogar den Stolz auf Wien und die Zuversicht, die eigenen Sorgen in genügend heurigem Wein zu ertränken. Aber schon 1868 ertönte Lamento um die »gute alte Zeit«:

> Unser Ring hat schöne Häuser
> Wo man hinschaut Prachtpalais,
> Große Auslag'n, grand Beleuchtung,
> Und sogar a Reitallee.
> Omnibus und Pferdebahnen
> hab'n mir jetzt zum Volksverkehr,
> doch die guaten, alten Zeiten,
> ja die kriegn wir nimmermehr.

In der nächsten Strophe lautet der Refrain: »Aber uns're alten Zwanz'ger / Ja, die krieg'n ma nimmermehr«, und in der letzten heißt es noch vorsichtiger: »Nur an Feldherrn wie Radetzky / So an'n krieg'ns so schnell net mehr!«

Jede Dekade wandte sich von neuem nicht etwa der Zukunft, sondern der Vergangenheit zu, in der das Leben schöner, die Vergnügungen lustiger, die Menschen freundlicher und wahre Liebe noch leichter zu finden gewesen waren. In einem Lied aus den achtziger Jahren wird ein junges Mädchen beschrieben, das im Fiaker aus einem Tanzgarten heimfährt: »Im Ohr noch die rauschenden Walzer / die Walzer von Lanner und Strauß, / im Herzen ein bisserl Verliebtheit, / so kommt sie vom Dommayer z'Haus. / Die Guckerln, so blau wie die Veigerln, / die glänzen voll Lust und voll Freud'. / Sechts Leut'ln, so war's anno Dreißig in Wien / in der goldenen, g'müatlichen Zeit!«

Die Wiener waren sogar bereit, sich nach einer Ära zurückzusehnen, in der ihnen zwar keine Gedankenfreiheit erlaubt, die Steuern jedoch niedriger waren:

Vor a 25 oder 30 Jahr, da war's a Leb'n,
denn a Teurung oder Arbeitsnot hat's no net geb'n.
Alles hat nach Freiheit g'schmacht vorm 48er Jahr.
Jetzt hab'n ma sehr viel Freiheit
und weiß Gott was alles drauf
und können net gnua Steuer zahln,
da hört sie' alles auf.

Wie Alice im Wunderland, die sich über »Marmelade gestern« und »Marmelade morgen«, aber »niemals Marmelade heute« beklagt, haben die Wiener, zumindest im Heurigenlied, stets die Möglichkeit gegenwärtiger Genüsse bestritten. Lieber verherrlichten sie die Aussicht auf den Tod:

Wann i amal stirb, stirb, stirb,
müß'n mi d'Fiaker trag'n,
und dabei Zithern schlag'n,
weil i das liab, liab, liab,
spielts an Tanz laut und hell,
allweil fidel!

Im Fiaker fuhr der unglückliche Kronprinz Rudolf in das kleine Landschloß in Mayerling, um dort mit seiner Geliebten, der Baronesse Vetsera, Selbstmord zu begehen. Ein Fiaker war es, der die »Fiaker-Milli« im wirklichen Leben geheiratet hat. Und in Schnitzlers Komödie ›Komtesse Mizzi‹ führt ein Fiaker die Geliebte des Grafen Arpad Pazmandy heim, als sie vom Corps de ballet pensioniert wird und nicht länger als ausgehaltenes Mädchen leben möchte. Kein Wunder, daß es so viele Fiakerlieder gibt, deren bestes und mitreißendstes um die Mitte der achtziger Jahre von einem Kavalier namens Gustav Pick geschrieben wurde. Es wurde, nach anfänglichem Sträuben, zum liebsten Vortragsstück des großen Alexander Girardi und hat seither nichts an

Popularität eingebüßt. »Mei Bluat«, so heißt es zuletzt, »is so lüfti und leicht wie da Wind: Ich bin halt – an echts Weanerkind!«

Kein anderes Lied ist von Gustav Pick erhalten, obschon er deren viele geschrieben haben soll, doch hat dieses eine genügt, um eine kleine Straße in Wien nach ihm zu benennen. Er war ein Bonvivant und wohlsituierter Herr, der zwar nie Musik studiert, sie aber zu seinem Steckenpferd gemacht hatte. Er gehörte zu jener »haute juiverie«, die in seinen Tagen bereits eine wichtige Rolle in Österreichs Kulturleben spielte. Seine Mutter war eine Baronesse Schey gewesen, und er war mit jener Familie Thorsch verwandt, deren privates Bankhaus lediglich dem der Rothschilds nachstand. Zwei Thorsch-Töchter hatten sich mit zwei Söhnen Heinrich von Ferstels vermählt, des Architekten der Votivkirche und des neuen Wiener Universitätsgebäudes. Gustav Pick ist denn ein vollendetes Beispiel jener Integration, die es Menschen jüdischer Herkunft, sobald sie bereit waren, die Lebensweise, Empfindungsart und Umgangsformen ihrer Mitbürger anzunehmen, möglich machte, sich als »echtes Wienerkind« zu fühlen, ja wahrhaftig zu einem solchen zu werden.

Bald nachdem der neue Walzerrhythmus Anklang gefunden hatte und von ernsten Komponisten wie Schubert und Weber aufgegriffen worden war, schufen Josef Lanner und der ältere Strauß die schönsten dieser Stücke und dirigierten sie auch von ihrem Stehpult als erste Geiger. Diese beiden genialen Männer waren eng befreundet und traten zusammen auf, bis sie sich um die Mitte der zwanziger Jahre trennten und zu Konkurrenten wurden. Die Lieblichkeit der Lannerschen Melodien und das feurige Temperament des Vaters Strauß verbanden sich in der Musik des Sohnes. Als aber ein halbes Jahrhundert später – genau gesagt im Jahr 1907 – ein anderer Straus, diesmal nur mit einem s, die Operette ›Ein Walzertraum‹ schrieb, erwies sich, daß ein jüdischer Komponist die gleichen zarten und lieblichen Harmonien hervorbrachte, ja selbst die gleiche innige Naivität besaß, die bis dahin für ein Vorrecht der eingeborenen Wiener Musikalität gehalten worden war.

Die vollständige Sammlung alter Lieder und Tänze wurde von 1912 an in mehreren Bänden veröffentlicht. In einem Vorwort warnte der Herausgeber Eduard Kremser seine Leser davor, den »Schatz« ihrer »bodenständigen Musik« geringzuachten, und die Komponisten davor, neue Wienerlieder mit »modernen Harmonien« und »französisierten Melismen« zu schreiben. Es könnte sonst sein, fügte er hinzu (und verriet dabei in seiner Wortwahl den Einfluß des Bürgermeisters Lueger, der noch keine zwei Jahre tot war), daß »der Zuzug fremder Elemente, der das Wiener Volk in der letzten Zeit durchsetzt hat, eine Bevölkerung geschaffen hat, die insbesondere dem Wiener Liede fremd gegenübersteht. Aber von dieser Seite droht unserem Wiener Lied, wie ich glaube, keine Gefahr. Die Erfahrung lehrt uns, daß die Nachkommen dieser Fremdlinge meist zu eingefleischten Wienern werden, daß sie sogar suchen, den bodenständigen Wiener, wenn dies überhaupt anginge, noch zu überwienern. Das ist eben der Zauber«, so schloß Kremser, »unserer Vaterstadt, der jeden bezwingt, der in ihren Mauern weilt.« Diese schönen Bände enthalten viele Reproduktionen von Aquarellen und Zeichnungen Hans Larwins und des Secessionisten Josef Engelhart – Gruppen gemütlicher Weintrinker beim Heurigen, hübsche Wäscherinnen, Straßenmusikanten in überwachsenen Innenhöfen und Nachtschwärmer, die mit Lampions ihren Weg aus den Vororten nach Hause beleuchten –, das authentische Antlitz eines Wiens, das wert ist, erinnert und bewahrt zu werden.

In Kremsers Sammlung werden die Heurigenmusiker stets als Trio gezeigt, aus Geige, Akkordeon und Gitarre oder Klarinette – dem »picksüßn Hölzl«. Die »klassische« Heurigenmusik aber war ein Quartett aus Geigen, Baßgitarre und Akkordeon oder G-Klarinette – jenes Quartett, das im späteren neunzehnten Jahrhundert von den Brüdern Schrammel gegründet wurde. 1878 begannen Johann und Josef in den Heurigen von Nußdorf aufzuspielen, übersiedelten aber bald in eines jener Gartenrestaurants, die sich beim Großbürgertum und der Aristokratie im Fin de siècle solcher Beliebtheit erfreuten: in die »Güldene Waldschnepfe« in Dornbach. Mit dem Gitarristen Strohmayer und dem Klarinettisten Dänzer gingen sie auch auf Tournee oder traten in den Häusern der Reichen auf, darunter des Kronprinzen Jagdhaus. Ihre Kunst wurde sehr bewundert und späteren Generationen von Schrammeln vererbt. Als die Familie ausstarb, führten andere die Überlieferung unter dem Namen »Schrammelmusik« fort. Wie dauerhaft derlei Institutionen in Wien sein können, beweisen die heutigen »Philharmoniker-Schrammeln«, zu denen die besten Instrumentalisten des berühmten Orchesters gehören und die sich an schönen Sommersonntag-Vormittagen oder -Abenden in den alten Heurigen und Höfen von Heiligenstadt vor hingerissenen Zuhörern produzieren.

Der Walzer stammt von jenem Ländler, den schon Mozart, Beethoven und Schubert in ihre Musik eingeflochten haben, und fing vermutlich in Wien zu florieren an. Wie früher erwähnt, hat der irische Tenor Michael O'Kelly (oder Kelly mit Künstlernamen) schon 1786, sechs Jahre nach dem Tod Maria Theresias, die große Mode des Walzers beschrieben. Das mag Richard Strauss' angeblich anachronistische Verwendung dieser Musik in seinem ›Rosenkavalier‹ rechtfertigen, der nur wenig früher, in der theresianischen Ära spielt. Obwohl der Tanz im Dreivierteltakt nach der Schlacht von Waterloo ganz Europa und Amerika erobert hat, scheint der Wiener Walzer mit seiner besonderen Anmut und Leichtigkeit, seinem melodischen Charme und Feuer doch

Ball der Wäschermädel, gemalt von Gause im Jahr 1898

Johann Strauß und Johannes Brahms in Ischl, um 1890

für immer mit der österreichischen Hauptstadt verbunden. Seine feierliche Verherrlichung – beachtlicherweise während Hitlers kurzer Herrschaft in Österreich eingeführt – findet alljährlich beim Neujahrskonzert der Wiener Philharmoniker statt, das unweigerlich mit den »inoffiziellen Hymnen« der beiden Sträuße endet. Gleich dem Wienerlied und der Heurigenmusik ist denn der Walzer in Wien verwurzelt und wird hier, in seinem Urbereich, immer noch am liebevollsten betreut. Dasselbe gilt nicht für die Operette, obschon heimische Komponisten mehr als andere zum Repertoire dieser Gattung beigetragen haben. Trotz ihrer Vorläufer im Wiener Singspiel geht die Operette in gerader Linie auf die französische Opéra comique von Auber bis Florimond Hervé zurück. Ihr wirklicher Vater war ein in Köln geborener Pariser – der große Jacques Offenbach.

Johann Strauß Sohn, dessen ›Fledermaus‹ zum Inbegriff von Wiens »goldener Operette« werden sollte, mußte erst von seiner Frau, seinem Verleger und seinem Agenten dazu gedrängt werden, sich diesem Genre zuzuwenden. In den sechziger Jahren hatte Jacques Offenbach, der gleich ihm ein Fest des Wiener Schriftsteller- und Journalistenvereins »Concordia« besuchte, leichthin zu ihm gesagt: »Sie sollten Operetten schreiben.« Strauß nahm das nicht ernster, als es gemeint war. Aber von diesem Augenblick an zwang ihn Jetty Treffz-Strauß, sämtliche Libretti zu lesen, die der Direktor des Theaters an der Wien ihm vorlegte, bis er schließlich nachgab. Ohne Jetty wäre die ›Fledermaus‹ nie geschrieben worden. Henriette Chalupetzky, wie sie ursprünglich hieß, war eine ehemalige Sängerin und vor ihrer Ehe mit Strauß die offizielle Geliebte des Barons Moritz Todesco gewesen – eines Schwagers jener Baronin Sophie, die bereits häufig erwähnt worden ist. Jetty hatte dem Baron mehrere Kinder geboren, sie lebte in seinem Haus und machte die Honneurs, konnte aber nicht seine rechtmäßige Ehefrau werden, weil eine zivile Heirat damals nicht möglich war, Todesco aber seinem Vater am Totenbett versprochen hatte, im jüdischen Glauben zu verharren. Als der berühmte und fesche Johann Strauß, der noch dazu neun Jahre jünger war als sie, sich in Jetty verliebte, flog sie in seine Arme, und der Baron gab sie großmütig frei.

In einer siebzehn Jahre währenden Ehe waren all ihre Zeit, all ihre Talente ihm allein geweiht. »Jetty ist unersetzlich«, so heißt es in einem Brief von Johanns Bruder Josef an einen Freund, »sie schreibt alle Rechnungen, sie dupliert alle Stimmen des Orchesters, sie sieht in der Küche nach und wacht über das Ganze mit einer Sorgfalt und Liebenswürdigkeit, die bewunderungswürdig ist...« Aber so energisch Jetty auch die Karriere ihres Mannes betrieb, sie konnte lange nicht das richtige Libretto finden, das seiner musikalischen Phantasie entsprochen hätte. Ein erster Versuch, ›Die lustigen Weiber von Wien‹ (zum Text eines gewissen Josef Braun, der auch dem belgisch-österreichischen Komponisten Franz von Suppé geeignete Vorwürfe lieferte), wurde von Strauß zurückgezogen, weil die Sängerin Josefine Gallmeyer für die Hauptrolle nicht zur Verfügung stand. Das nächste Opus dieser Art, ›Indigo und die Vierzig Räuber‹, eine »Walzeroperette mit Anklängen an Offenbach«, als die es bezeichnet wurde, fand Anklang trotz des zusammengestoppelten Textes, der die Wiener spotten ließ, die vierzig Räuber seien in Wahrheit vierzig Librettisten gewesen. Strauß' drittes Bühnenwerk, betitelt ›Karneval in Rom‹ und gleichfalls nach einem Stoff von Braun, war eher eine lyrische Oper im Stil Gounods, voll reizender Liedmotive. Neben der Gallmeyer war in den siebziger Jahren Marie Geistinger die zweite Diva der leichten Musik. Als sie die Sopranrolle übernahm, verhalf sie damit Johann Strauß zu seinem ersten Triumph auf dem Musiktheater. Und dann, im April 1874, kam die ›Fledermaus‹.

E-Eis-Fis – die Eröffnungsakkorde der Ouvertüre, rasch nacheinander abgeschossen, sind mit dem Knall von drei Champagnerkorken verglichen worden, gefolgt von einem Strom prickelnder Musik. In der Tat hat man die ›Fledermaus‹ mit ihrem berühmten Champagnerlied des Finales, das nur noch von Don Giovannis Champagnerarie in der Mozartoper übertroffen wird, die »Champagner-Operette« genannt und immer wieder als höchsten Ausdruck von Lebensfreude in der gesamten Musikgeschichte betrachtet. Eben darum ist bemerkenswert, daß die ›Fledermaus‹, genau wie der ›Donauwalzer‹, nach einer erschütternden Niederlage entstehen sollte, diesmal im wirtschaftlichen Bereich – nach jenem fatalen Wiener Börsenkrach am »Schwarzen Freitag« im Mai 1873. So wird denn auch die schönste Melodie der ›Fledermaus‹ – deren Libretto von zwei Wiener Autoren nach dem französischen Vaudeville ›Réveillon‹ geschrieben worden war – zu den Worten gesungen: »Glücklich ist, wer vergißt, was doch nicht zu ändern ist.« Keine veritas im Champagner, aber zumindest eine heitere Illusion. Gleichwohl wollte Wien sich zunächst nicht trösten lassen: Nach sechzehn Vorstellungen wurde die Operette abgesetzt. Nachdem aber Berlin sie ein paar Monate später ans Herz genommen und über hundert Mal en suite gespielt hatte, trat ein, was in Wien so oft geschah: Im Herbst kam die Operette ans Theater an der Wien zurück, und mit einem Mal gab es nun auch hier Beifallsstürme.

Jetty Strauß starb – wie es heißt, aus Schmerz über einen mißratenen Sohn –, bevor die nun folgenden Meisterwerke, ›Der Zigeunerbaron‹, ›Der lustige Krieg‹ und ›Eine Nacht in Venedig‹ ihren Glauben an die große Begabung ihres Mannes für das dramatische Genre vollends rechtfertigen konnten. Johann selbst lag bereits fünf Monate im Grab, als ›Wiener Blut‹, eingerichtet von Josef Müller nach Musik aus seinem

Nachlaß (den seine dritte Frau, Adele, ebenso sorgfältig verwaltete, wie Jetty es getan hätte), im Oktober 1899 uraufgeführt wurde. Die letzte Straußoperette, ›Walzerzauber‹, erblickte gar 1949 in Mannheim das Rampenlicht. So ging denn die »goldene Zeit« der Wiener Operette erst um die Mitte unseres Jahrhunderts wahrhaft zu Ende. Ihr erster Vertreter war freilich nicht Strauß, sondern Franz von Suppé gewesen, der in der dalmatinischen Stadt Split geboren, aber von seiner österreichischen Mutter in Wien aufgezogen worden war. Seine Operette ›Das Pensionat‹ aus dem Jahr 1865 war ein erster Versuch, ›Die schöne Galathee‹ ein zweiter und noch erfolgreicherer, in Offenbachs Fußstapfen zu treten. Zwei weitere fruchtbare Komponisten dieser Zeit waren Carl Millöcker, dessen bestes Werk, ›Der Bettelstudent‹, 1882 entstand, und Karl Zeller, der mit seinem ›Vogelhändler‹, acht Jahre vor dem posthumen ›Wiener Blut‹, die Ära beschloß.

Obschon die Tradition ungebrochen blieb, ist es üblich, die Zeit der »Silbernen Operette« von 1900 an zu datieren. Ihr vollkommenstes Beispiel ist fraglos ›Die lustige Witwe‹ von Franz Lehár aus jenem bedeutsamen Jahr 1905, dem auch Schönbergs Streichquartett in d-moll und Mahlers Siebente Symphonie, allerdings erst 1908 uraufgeführt, entstammen. Lehár war ein echtes Kind der Monarchie. Sein Vater stammte aus Mähren, seine Mutter war eine in Ungarn lebende Deutsche. Wenngleich er in Prag studierte und sich erst als erwachsener Mann in der Hauptstadt niederließ, gilt Lehár nach Johann Strauß als der zweite große Meister der Wiener Operette. Vor und nach der ›Lustigen Witwe‹ schrieb er so unsterbliche Werke wie ›Der Rastelbinder‹, ›Der Graf von Luxemburg‹ und – vielleicht durch Gilbert und Sullivans ›Mikado‹ angeregt – ›Das Land des Lächelns‹. Seine letzten Jahrzehnte verbrachte er in einer hübschen Villa in Ischl, jenem kleinen Kurort, in dem nicht nur der Kaiser sommers residierte und Berühmtheiten wie Johannes Brahms die schöne Jahreszeit verbrachten, sondern auch, von der Jahrhundertwende bis 1938, Komponisten leichter Musik und deren Librettisten einander jährlich auf der Esplanade am linken Traunufer trafen.

Zwei Jahre nach der ›Lustigen Witwe‹ kam ›Ein Walzertraum‹ von Oscar Straus – der Text des »Jung-Wien«-Autors Felix Dörmann soll ja von weiteren Mitgliedern jenes Kreises, darunter Hofmannsthal, verbessert worden sein. Die lächerliche Vorstellung, daß die Musik von Komponisten jüdischer Herkunft gleichfalls jüdisch sei, lange vor Richard Wagners häßlichem Pamphlet bereits von Felix Mendelssohn-Bartholdy entkräftet, wurde im Wien unserer Zeitspanne von Urhebern ernster wie leichter Musik ständig widerlegt. Von den vier Königen der »Silbernen Operette« waren drei – Oscar Straus, Leo Fall und Emmerich Kalmán – jüdischen Ursprungs. Zahllose kleine Komponisten, vor allem in den Jahren der Ersten Republik, machen die Theorie gleichfalls zunichte. Wie jeder andere Mann von Talent, der in Wien geboren oder zumindest aufgewachsen war, schufen auch sie die reizenden Nichtigkeiten, die das Merkmal, wenn nicht gar die Voraussetzung jener Libretti wie jener schmachtenden Melodien und feurigen Rhythmen von unverminderter Anziehungskraft sind. Einige von ihnen, etwa der gebürtige Ungar Emmerich Kalmán, beherrschten das Genre bereits vor dem Ende des Ersten Weltkriegs. Kalmáns ›Csárdásfürstin‹, an magyárischem Temperament und musikalischer Erfindung Strauß' ›Zigeunerbaron‹ nahezu ebenbürtig, wurde 1915 in Wien uraufgeführt – nach den ersten schweren Niederlagen der k. u. k. Armeen an der Ostfront und dem Beginn der Lebensmittelknappheit in den österreichischen Städten.

Leo Fall, im mährischen Olmütz geboren, hatte in seinen Anfängen, wie sein Freund Franz Lehár, zur Gilde jener Militärkapellmeister gehört, die sich in der ganzen Monarchie größter Beliebtheit erfreuten. Er hatte weder den Wunsch noch Veranlassung dazu, den Glauben seiner Väter aufzugeben. Zwei seiner bekanntesten Werke, ›Der fidele Bauer‹ und ›Die Rose von Stambul‹, entstanden vor 1918. Gleich den Schlagern der ›Csárdásfürstin‹ wurde das Titellied der ›Rose‹ in allen Offizierskasinos an der Front und in der Etappe gegrölt und so populär wie ›Lili Marlen‹ im Zweiten Weltkrieg. Hermann Brochs Wort von der »Fröhlichen Apokalypse« trifft zwar keineswegs auf die Gefühlslage der Wiener vor dem Kriegsausbruch zu, aber gewiß auf die Zeit, in der sie vom Krieg verschlungen zu werden begannen. Hartnäckig klammerten sie sich, inmitten eines immer näher rückenden Zusammenbruchs, an die seichten und trivialen Vergnügungen, die so viele von ihnen immer schon den tieferen und geistigeren vorgezogen hatten. Sollten sich die deutschen Waffenbrüder nur an der ›Wacht am Rhein‹ begeistern – die Österreicher trällerten sehnsuchtsvoll Kalmáns »Machen wir's den Schwalben nach, baun wir uns ein Nest« oder schmetterten sein schmissiges »Ganz ohne Weiber geht die Chose nicht, ganz ohne Dornen blüht die Rose nicht«. Zum Loblied auf Leo Falls Kondja Gül, »Rose von Stambul, nur du allein / sollst meine Scheherazade sein«, ritten die jungen Husaren und Dragoner heiter und sorglos in ihren Tod in der Ukraine oder in den Dolomiten.

Im Januar 1916 wurde ein musikalischer Zwitter geboren, der Liebhabern der leichten Musik wohl gefiel, ernste Musikkenner aber empörte wie kein Operettenkitsch je zuvor. Es war ein Singspiel namens ›Das Dreimäderlhaus‹, in dem ein gewisser Heinrich Berté das Leben Franz Schuberts und dessen unglückliche Liebe zu Hannerl Tschöll, der jüngsten von drei Töchtern eines Glasermeisters, dramatisiert und mit des Komponisten eigener Musik unterlegt hatte. Der

Roman von R. H. Bartsch, auf dem das Libretto beruhte, mit Schuberts wenig schmeichelhaftem Spitznamen ›Schwammerl‹ betitelt, schilderte ihn als sanften, aber unhübschen jungen Menschen, klein, untersetzt, bebrillt und zu schüchtern und ungeschickt, um die Liebe jenes Mädchens zu erringen, das er gern geheiratet hätte. Auf einer in zuckrigem Biedermeierstil gehaltenen Bühne sah all dies viel ärger aus als auf dem Papier. Zu allem Überfluß hatte sich Berté für seine simple Handlung von Schuberts Freund Schober, der Hannerl für sich selbst statt für den Komponisten gewinnt, indem er ihr das Lied »Ich schnitt es gern in alle Rinden ein« vorsingt, der herrlichsten Stellen aus Schuberts Impromptus, Kammermusik und Liedern bemächtigt. Sehr viele Leute, die nie einen Konzertsaal betreten hätten, hörten diese Melodien nun zum ersten Mal als Begleitmusik zu einer rührseligen kleinen Geschichte.

Hätte Schubert selbst diese Art von Volkstümlichkeit verschmäht? Vielleicht nicht, denn er war »ein Mann von bescheidener Herkunft«, ein Sohn des Volkes. Aus einem Brief Mozarts wissen wir, wie entzückt der Komponist der ›Hochzeit des Figaro‹ war, als er die Melodien seiner Oper in einem Prager Ballsaal spielen hörte: »...ich sah... mit ganzem Vergnügen zu, wie alle diese Leute auf die Musik meines Figaro, in lauter Contratänze und teutsche verwandelt, so innig vergnügt herumsprangen; – denn hier wird von nichts, als – figaro; nichts gespielt, geblasen, gesungen und gepfiffen als – figaro und Ewig figaro.« Da Schubert dem ›Dreimäderlhaus‹ nicht nachträglich seinen Segen geben kann, dürfen wir nur vermuten, er hätte nicht verurteilt, was Mozart gutgeheißen hat. Der Purismus von Leuten, die selbst nicht schöpferisch sind, wird selten von jenen geteilt, die sie zu verteidigen meinen.

So hatten denn auch Komponisten wie Wagner, Brahms und Mahler die größte Bewunderung für Johann Strauß, dessen musikalisches Genie sie ebenso hoch, wenn nicht höher als ihr eigenes einschätzten. In Wien waren selbst die anspruchsvollsten Geister wirklich guter leichter Musik überaus zugetan. Es wird erzählt, wie Hofmannsthals Freunde im Café Griensteidl Spaß daran hatten, sein Gedicht ›Lebenslied‹ zur Melodie des Fiakerlieds von Gustav Pick zu singen. Diese esoterischen und hermeneutischen Verse, mit ihren ersten Zeilen »Den Erben laß verschwenden / An Adler, Lamm und Pfau«, passen in der Tat genau zu dessen Takt. Die Grenze zwischen dem Erhabenen und dem Lächerlichen wurde oft, wie wir gesehen haben, in beide Richtungen überschritten. Wenn Oscar Straus sich bei einem Konzert der Wiener Schule schlecht benahm – während Lehár deren Mitglieder seiner Unterstützung versicherte, ohne freilich vorzugeben, ihre Musik zu »verstehen« –, ging dies eher auf eine persönliche Beleidigung durch Schönberg zurück als auf mangelnde professionelle Solidarität. Schönberg hatte in seiner Jugend, ganz wie die meisten seiner ersten Schüler, leichte Musik dirigiert. Bei einem Konzert der von ihm im Jahr 1918 gegründeten »Gesellschaft für private Musikaufführungen« wurden vier Walzer von Johann Strauß in der Einrichtung von Schönberg, Berg und Webern gespielt. Nach Aussage Bergs vermochten sie »frenetischen Applaus« zu ernten.

In einer Hinsicht waren die Komponisten von Wienerliedern, Walzern und Operetten allen anderen Musikern, aber auch den Schriftstellern und Künstlern weit voraus – sie wußten, und wurden täglich darin bestärkt, daß sie ein echtes Bedürfnis des Wiener Volkes erfüllten und ihm Ausdruck verliehen: Sie waren in der Tat die vox populi dieser Stadt. Wie Eduard Kremser seinen Lesern zum Trost versicherte und Gustav Pick so überzeugend bewies, konnte jeder, wo immer er herkam, der innerhalb ihrer Mauern lebte und von ihrer Aura ergriffen war, sich in eine solche Stimme verwandeln. Robert Stolz war als zwölfter Sohn eines Musiklehrers am Konservatorium seines Vaters im steirischen Graz geboren worden. Als er, nachdem er in Marburg, Salzburg und Brünn Orchester dirigiert hatte, mit fünfundzwanzig in Wien auftauchte, hatte er das Glück, mit der Uraufführung und den nächsten Vorstellungen der ›Lustigen Witwe‹ betraut zu werden. Im Lauf von wenigen Jahren vermochte Stolz Wienerlieder mit wahrem wienerischen Empfinden zu schreiben, von »Servus Du…« einem süßen Abschiedslied, das eine von Schnitzlers kleinen Näherinnen und Ballettmädchen hätte singen können, bis zu »Wien wird bei Nacht erst schön«, »Im Prater blühn wieder die Bäume«, und dem weltberühmten »Zwei Herzen im Dreivierteltakt«.

Das gleiche gilt für Hermann Kohn, ein Kind des Kleinbürgerviertels Meidling, der unter dem Pseudonym Hermann Leopoldi über viele Wiener Bezirke reizende kleine Lieder schrieb. Eines davon, »In einem kleinen Café in Hernals«, überquerte sogar – wie sein Komponist im Jahr 1938 unter weit weniger angenehmen Umständen – den Atlantik und wurde in Amerika unter dem Titel »A little Café down the Street« berühmt. (Gleich Leopoldi sollte der »rassisch unbelastete« Robert Stolz das Exil in den Vereinigten Staaten einem Verbleib in Hitlers Wien vorziehen, aus dem alle seine Librettisten ins Exil oder in den Tod getrieben wurden.) Oft nahmen die Dichter der Wienerlieder ein volkstümliches Gefühl voraus oder erweckten es selbst, statt auf dessen Entstehen zu warten. Im zweiten Kriegsjahr, als der fünfundachtzigjährige Kaiser Franz Joseph zu kränkeln und unter der Erkenntnis zu leiden begann, daß die Feindseligkeiten keineswegs so schnell beendet sein würden, wie man anfänglich hoffte, ja sogar das Ende seiner Dynastie bedeuten könnten, hörte man eines Nachts in dem rauchigen Keller des Cabarets »Simplizissimus« ein Lied. Die Sängerin war eine kleine, schlanke Rothaarige namens Josma Selim, Worte und Melodie stammten von ihrem Ehemann Ralph Benatzky. »Draußen im Schönbrunner Park«, hieß es, »sitzt ein alter Herr, sorgenschwer: ›Lieber, guter, alter Herr, mach Dir doch das Herz net schwer; daß sie so an Kaiser hat, selig ist die Wienerstadt!‹ «

Bald wurde »Draußen im Schönbrunner Park« von allen Zeitungsjungen, allen Köchinnen und Wäscherinnen in ihren Innenhöfen, allen Straßenmusikanten und Heurigensängern gesungen. Bis der liebe gute alte Herr auf dem Thron im November 1916 seinen letzten Atemzug tat, machte dieses Lied in der Stadt die Runde und drang über sie hinaus in alle Ecken und Enden der Monarchie, wo immer deutsch gesprochen wurde. Es war das letzte heftige Aufwallen der Loyalität zum Hause Habsburg, in seiner Residenz und in seinem Reich. Mitten in der Ersten Republik sollte derselbe Autor die mittlerweile weltbekannte Operette ›Im Weißen Rößl‹ schreiben. Und als er in der Zweiten Republik aus dem amerikanischen Exil – in das ihn seine Herkunft genötigt hatte – nach Europa zurückgekehrt war und sich mit Vorbedacht in der Schweiz angesiedelt hatte, nahm er einmal jährlich den Platz des Kaisers ein, den er vor so vielen Jahren besungen hatte. Wann immer während seiner obligaten Sommeraufenthalte im »Weißen Rößl« von Sankt Wolfgang beim Seefest die Musikkapelle auf einem großen Trauner vorbeiglitt und seine Melodien spielte, wurde er gebeten, auf die Terrasse hinauszutreten und den Beifall der Menge entgegenzunehmen – genau wie der Kaiser im letzten Akt seiner Operette. Danach fuhren Ralph Benatzky und seine reizende letzte Frau »Kirschi« wieder nach Zürich zurück, wo sie sich völlig sicher und geborgen fühlten.

Im Lauf des Jahres 1913 begann Oskar Kokoschka mit der Arbeit an seinem Meisterwerk, einem wilden, herrlichen Bild, auf dem ein Paar inmitten stürmischer Fluten vereint dahintreibt. Ein österreichischer, noch nicht »der größte lebende englische Maler«, wie er zu Anfang der sechziger Jahre als nunmehr britischer Staatsbürger aus Anlaß seiner ersten Londoner Retrospektive in der Tate Gallery genannt werden sollte, verlieh hier dem Mikrokosmus seiner aufgewühlten Seele einen künstlerischen Ausdruck, der zugleich dem Makrokosmus des Zeitgeschehens zu entsprechen schien.

Im vorhergegangenen Winter war er der schönen Witwe Gustav Mahlers begegnet und hatte sich in sie verliebt. Alma, die sich weder zum ersten noch zum letzten Mal in der Lage sah, ein Genie inspirieren zu können, ließ sich auf ein leidenschaftliches Verhältnis mit dem jungen Kokoschka ein. Nach mehreren ungetrübten, zum Teil in Italien verbrachten Monaten begann die Beziehung zu zerbröckeln. Das Gemälde der beiden Liebenden, die auf einer Barke über dem Wasser selig ineinander verschlungen sind, nahm nun eine andere Bedeutung an. Jetzt enthüllte es die Zweifel und Qualen des Mannes, von denen seine schlafende Gefährtin noch nichts ahnt, und die Barke scheint auch nicht mehr dahinzugleiten, sondern schiffbrüchig geworden zu sein. »Das Boot, in dem wir beide herumgeworfen werden wie auf dem Weltmeer, ist ein Haus, groß genug für die ganze Schmerzenswelt, die wir miteinander durchgemacht haben«, schrieb Kokoschka 1914 seinem Freund, dem Schriftsteller Albert Ehrenstein. »Und ich gehe heimlich in den Krieg. Nach dem roten Bild müßte ich eigentlich draufgehen.«

Das »rote Bild«, später ›Die Windsbraut‹ genannt und in leuchtendem Grün und Blau und Gelb wie in einem Rot gemalt, das so flammend hell ist wie bengalisches Feuer, wurde in unseren Tagen als zwingende Metapher von »Zusammenbruch, Auflösung, Finis Austriae, Ende der Zeiten« interpretiert. Es liegt eine gewisse Ironie darin, daß Kokoschka sich mit dem Geld, das ein Hamburger Apotheker für ›Die Windsbraut‹ zahlte, eben jenes Halbblut kaufte, mit dem er als Offizier in dem vornehmsten Kavallerie-Regiment der Monarchie einrücken konnte – eine Ehre, die er den aristokratischen Verbindungen seines Freundes Adolf Loos verdankte. Nicht aus Draufgängertum hatte er sich noch vor seiner Einziehung freiwillig gemeldet, auch zog er keineswegs mit der gleichen Sorglosigkeit ins Feld, die seine Kameraden empfanden oder zumindest an den Tag legten. Es geschah vor allem als

Reaktion auf den unglücklichen Ausgang seiner Affaire mit Alma, vielleicht sogar unter ihrem Druck, doch »einzurücken«, aber dennoch gefiel es ihm, sich in die farbenprächtige Uniform der Dragoner zu werfen – hellblauer Rock mit weißen Aufschlägen, roten Kniehosen und einem blitzenden goldenen Helm, einer »wunderbaren Zielscheibe«, wie er ihn später beschrieb – und plötzlich einer Elite anzugehören, die ihn sonst niemals aufgenommen hätte. Der »Oberwildling« von ehedem, der expressionistische Épateur der Bourgeoisie und in ihren Augen äußerste Immoralist, ritt als Operettenheld verkleidet in den Krieg. Es war auch symbolisch für das, was jetzt tatsächlich als »fröhliche Apokalypse« bezeichnet werden konnte, daß Oskar Kokoschka nach einigen Scharmützeln an der ukrainischen Front einen Kopfschuß erlitt und, halb bewußtlos auf seinem toten Pferd liegend, von einem russischen Soldaten mit dem Bajonett gestochen, obschon nicht getötet wurde.

Dieser Weltkrieg, der nach fünfzig Jahren relativen Friedens ausgebrochen war, kam den meisten Menschen zunächst so unwirklich vor, daß niemand die volle Bedeutung der Ereignisse zu fassen vermochte – nicht einmal die Staatsmänner, Politiker und Generäle, die sie selbst in Gang gesetzt hatten. Die Ursachen waren vielfältig und ruhten zu gewissem Grad bereits im Schoß der Vergangenheit. Der uralte Groll der Nordslawen gegen die Dynastie läßt sich im Keim bis ins fünfzehnte Jahrhundert zurückverfolgen, in dem der tschechische Reformator Johann Hus auf dem Scheiterhaufen verbrannt wurde – auf Befehl der Kirche zwar, jedoch vom Habsburger Kaiser Sigismund gebilligt; oder bis zur Schlacht am Weißen Berg bei Prag im Jahr 1620, in der die kaiserlichen Truppen Seiner Höchst Katholischen Majestät Ferdinand II. die böhmischen Protestanten besiegten, worauf der einheimische Adel entweder geköpft oder enteignet wurde und hundertzwanzigtausend Böhmen und Mähren ihr Land verlassen mußten. Als die Ungarn, die nach ihrem Aufstand des Jahres 1848 – wenn auch nicht ganz so hart – gedemütigt worden waren, knapp zwei Jahrzehnte darauf jenen »Ausgleich« mit Österreich erreichten, der zur Entstehung der »Doppelmonarchie« führte, wurden die tschechischen Ressentiments wieder einmal geweckt. Daß eine von der Regierung unter dem Ministerpräsidenten Graf Badeni erlassene »Sprachverordnung« zur zweisprachigen Amtsführung in Böhmen und Mähren nach hysterischen Angriffen der großdeutschen Extremisten bald wieder annulliert wurde und Badeni abtreten mußte, erbitterte sie aufs neue, obwohl sie das Dekret keineswegs für vollkommen gehalten hatten.

Die Südslawen, deren Zorn schließlich den Krieg auslöste, hatten nicht weniger Grund zur Klage. Allerdings gab es unter ihnen verschiedenartige Haltungen gegenüber ihrem Herrscher. Die Slowenen und die Kroaten waren den Habsburgern im großen und ganzen loyal ergeben, aber Bosnien und die Herzegowina, 1878 von Österreich besetzt und 1908 schließlich annektiert, planten die Rebellion. Ihnen schien, sie hätten eine an Leibeigenschaft grenzende Knechtschaft unter den Türken nicht etwa gegen die vollkommene Freiheit eingetauscht – wie die Serben 1878 nach dem Frieden von San Stefano –, sondern lediglich gegen ein leichteres Joch. Gewiß wurden sie von dem deutschsprachigen »Herrenvolk« in Wien weit besser behandelt als die unter ungarischer Oberhoheit lebenden Slowaken und Rumänen von dem »Herrenvolk« in Budapest. Dennoch galten die Slawen in der Doppelmonarchie als den anderen Nationen unterlegen – »ein Volk ohne Geschichte«, wie der deutsche Sozialist Friedrich Engels sie abschätzig genannt hatte – und vor allem dazu bestimmt, diesen als Schneider, Schuster und Dienstboten zu dienen, wie es in der Tat für viele jener Tschechen zutraf, die fast ein Drittel der Bewohner Wiens ausmachten.

Immer wieder wurde der Stolz der Böhmen verwundet. Ihre prachtvolle Stadt, das »goldene Prag«, hatte mehrere Kaiser des Heiligen Römischen Reichs beherbergt und galt noch immer als das größte Barockwunder nördlich von Italien. Im Jahr 1848 hatte der tschechische Historiker František Palácky den berühmten Ausspruch getan: »Wahrlich, existierte der österreichische Staat nicht schon längst, man müßte im Interesse Europas, im Interesse der Humanität selbst sich beeilen, ihn zu schaffen.« Jetzt aber, gegen Ende des Jahrhunderts, beeilten sich Kräfte innerhalb und außerhalb dieses Staates, ihn zu zerstören. Der Nationalismus, diese Geißel des Zeitalters, trieb die Großdeutschen, die panslawistischen und die italienischen Irredentisten dazu an, die Habsburgermonarchie auseinanderzureißen. Zudem verfolgten in den Kronländern, ja in Wien selbst die miteinander verfeindeten Parteien der marxistischen Sozialisten, der Christlichsozialen und der liberalen Bourgeoisie ihre Ziele mit wachsender Heftigkeit. Die meisten Liberalen, aus deren Mitte sich die Beamtenschaft rekrutierte, glaubten nach wie vor an die deutsch-österreichische Superiorität; die Christlichsozialen unter dem Wiener Bürgermeister Lueger nahmen die Interessen der aufstrebenden Kleinbürger wahr; und die Sozialisten waren bemüht, das Los der Arbeiter zu erleichtern, deren Familien in dieser wohlhabenden Hauptstadt eines Reichs von einundfünfzig Millionen oft in äußerster Armut und unerträglichen Verhältnissen lebten, in überfüllten, feuchten Zinskasernen, in denen die Tuberkulose, die sogenannte »Wiener Krankheit«, grassierte.

Hoch über allen Spannungen und Konflikten thronte die Vaterfigur des Kaisers Franz Joseph – nicht auf einem wirklichen Thron, sondern an seinem Schreibtisch, als erster Beamter seines Reiches und zugleich, von Gottes Gnaden, dessen unbestrittener Herrscher. All die Tragödien, die er durchlitten hatte – der Selbstmord seines einzigen Sohnes und Erben, die Hinrichtung seines Bruders Maximilian in Mexiko, die Ermordung seiner Kaiserin in Genf –, hatten ihn, wenn möglich, noch weniger gefühlsbetont, noch pflichtbewußter werden lassen, als er dies von Natur aus war. In der gesamten Doppelmonarchie war er der einzige Mensch, der sie noch zusammenhalten konnte. Dennoch hatte seine aus sechs Jahrhunderten habsburgischer Ahnen abgeleitete Überzeugung, ein »deutscher Fürst« zu sein, ihn oder seine Regierung zu einem Pakt mit jenem Deutschen Reich geführt, dessen preußische Herren erst vor dreizehn Jahren seine Armeen geschlagen hatten. Von 1879 an war Österreich-Ungarn untrennbar mit dem Reich der Hohenzollern verbunden – ein Faktum, das von manchem als entscheidend für den Sturz des Habsburgerreiches angesehen wird. Obschon Österreich den Ersten Weltkrieg begann, hatte der deutsche Expansionsdrang wesentlich zu dessen Zustandekommen beigetragen. Die »Waffenbrüderschaft« zog nicht nur beide Staaten gemeinsam in das kommende Unheil, sie verhinderte auch jeden Versuch, einen Separatfrieden mit der Entente zu schließen, wie deren mehrere unternommen wurden, nachdem der alte Kaiser 1916 gestorben war.

Die zwiespältigste Gestalt unter den letzten Habsburgern war sicherlich Franz Ferdinand, der nach dem Tod des Kronprinzen Rudolf und seines eigenen Vaters, des Erzherzogs Karl Ludwig, als Thronfolger eingesetzt worden war. Eine knappe Schilderung, die einzige, die uns hier möglich ist, kann ihm kaum gerecht werden. In seiner Jugend wurde dieser älteste Sohn des ältesten Bruders Franz Josephs von Tuberkulose befallen, einer Krankheit, die manchmal Mitglieder des Erzhauses in ihrer dunklen, feuchten Hofburg oder ihren schlecht geheizten Schlössern so unerbittlich traf wie die armen Leute in ihren Elendsquartieren. Nachdem er sie mit großer Selbstdiziplin überwunden hatte, verliebte er sich in eine Gräfin Chotek, die aus uraltem tschechischem Adel stammte, aber dem dynastischen Hausgesetz zufolge nicht würdig war, seine Kaiserin zu werden. 1900 fand eine morganatische Eheschließung statt. Nach Meinung der meisten Historiker soll Franz Ferdinand eine Politik des »Trialismus« angestrebt haben, die den Slawen in der Monarchie die gleichen Rechte wie den deutschsprachigen Österreichern und den Ungarn eingeräumt hätte – was dem Einfluß seiner Gemahlin Sophie zugeschrieben wird, die später in den Rang einer Herzogin von Hohenberg erhoben wurde. Vor nicht allzu langer Zeit hat der bosnische Politiker und Schriftsteller Vladimir Dedijer diese Auffassung bestritten. Seiner Auffassung nach habe Franz Ferdinand die Idee des »Trialismus« ziemlich früh aufgegeben, um sie freilich weiter als Druckmittel gegen die Magyáren zu verwenden. Immerhin war es die bosnische Hauptstadt, in der im Juni 1914 der

Erzherzog Franz Fer
nand, der Thronfolg
um 1910

:chts Kaiser Franz Joseph in den letzten Jahren
›r dem Ausbruch des Ersten Weltkrieges

nten Das Begräbnis von Kaiser Franz Joseph I.

junge Gavrilo Princip den Thronfolger und seine Frau erschoß; darum mag Dedijer in dieser Sache nicht völlig frei von Vorurteil sein.

Franz Ferdinand, der in der letzten Dekade des Habsburgerreiches im Schloß Belvedere, seiner Residenz, eine eigene, dem Denken und Handeln des Kaisers feindlich gesinnte Koterie um sich versammelt hatte, war jedenfalls ein Bündel von Widersprüchen. Manchen erschien er faul, engstirnig, unkultiviert. Er haßte die moderne Kunst, verabscheute Otto Wagners Kirche am Steinhof und wünschte sich, jemand möge »dem Kerl« Oskar Kokoschka »die Knochen im Leibe zerbrechen«. Andere hielten ihn für einen weitblickenden Staatsmann, und dies nicht ohne Grund, denn er verurteilte den Pakt mit dem Deutschen Reich und hielt eine Annäherung an Rußland für die bessere Friedensgarantie. »Ein Krieg zwischen Österreich und Rußland«, so sagte er richtig voraus, »würde entweder mit dem Sturz der Romanows oder mit dem Sturz der Habsburger – vielleicht mit beiden – enden!« Gleichzeitig galt er als wankelmütig, geizig, taktlos und war bekannt als ein brutaler Jäger. Sein kaiserlicher Onkel hielt nicht das geringste von ihm. »Ich fühle mich müde«, sagte er einmal, »ich würde gern abdanken, wenn ich einen Sohn hätte, der mir Vertrauen einflößte, aber zugunsten dieses gefährlichen Narren niemals.« Karl Kraus indessen, der in seinem politischen Urteil überaus schwankend war und immer wieder danebengriff, sollte in seinem Nachruf auf den Thronfolger schreiben: »Franz Ferdinand scheint in der Epoche des allgemeinen Menschenjammers, der in der österreichischen Versuchsstation des Weltuntergangs die Fratze des gemütlichen Siechtums annimmt, das Maß eines Mannes besessen zu haben!«

Am 17. Juni 1914 schoß der Thronfolger 2763 Ringtauben, nachdem er kurze Zeit zuvor seinen 5000. Hirsch erlegt hatte. Am 21. Juni starb Bertha von Suttner, die große Friedenskämpferin. Am 28. Juni wurden Franz Ferdinand und seine Gemahlin Sophie, die zur Inspektion von Manövern nach Bosnien gefahren waren, ohne erfolgte Attentatsdrohungen zu beachten, von Gavrilo Princip, einem kaum zwanzigjährigen Studenten, in Sarajewo ermordet. Als die Nachricht in Wien eintraf, waren die Menschen zunächst wie gelähmt. Doch schon zwei Stunden darauf, so steht es in den Memoiren des Schriftstellers Stefan Zweig, »konnte man kein Anzeichen wirklicher Trauer mehr bemerken. Die Leute plauderten und lachten, spät abends spielte in den Lokalen wieder die Musik. Es gab viele an diesem Tag in Österreich, die im stillen heimlich aufatmeten, daß dieser Erbe des alten Kaisers zugunsten des ungleich beliebteren jungen Erzherzogs Karl erledigt war.« Sechs Wochen später befand sich Österreich im Krieg. Auf gemeinsame Veranlassung des k. u. k. Außenministers Leopold Grafen Berchtold, eines mittelmäßigen Diplomaten und Lebemanns, der sich in den

Chambres séparées des Hotels Sacher wohler fühlte als in seinem Büro, und des ehrgeizigen Generalstabschefs Franz Freiherrn Conrad von Hötzendorf war ein Ultimatum an Serbien ergangen, das man mit Recht verdächtigte, das Attentat geplant zu haben. Um der Wahrheit die Ehre zu geben, muß den Magyáren, die so oft als »Totengräber der Monarchie« galten, zugestanden werden, daß sie diesmal dem Unheil Einhalt zu gebieten versuchten. Ihr Ministerpräsident Graf Tisza warnte Wien vor einer »furchtbaren Kalamität«. Doch das Ultimatum wurde abgeschickt, solcherart formuliert, daß es nicht angenommen werden konnte. Es wurde denn auch abgelehnt. In seiner Sommerresidenz in Ischl unterzeichnete der Kaiser in tiefer Bestürzung ein Kriegsmanifest »An meine Völker«, das ein gewisser Maurus Block, Redakteur der Prager deutschen Zeitung ›Union‹, für ihn entworfen haben soll. Die Umtriebe eines haßerfüllten Gegners, hieß es da, zwängen ihn »zur Wahrung der Ehre meiner Monarchie, zum Schutz ihres Ansehens und ihrer Machtstellung, zur Sicherung des Besitzstandes nach langen Jahren des Friedens zum Schwerte zu greifen«. Einer der letzten Sätze, der ihm später oft vorgeworfen werden sollte, lautete: »Ich habe alles geprüft und erwogen.«

Die Schuldigen in der Hauptstadt waren überzeugt gewesen: »Mit Serbien werden wir in vier Wochen fertig.« Doch am 3. August erklärte Deutschland Frankreich den Krieg, am nächsten Tag England Deutschland, am 6. August Österreich-Ungarn Rußland. Hohe Wogen des Patriotismus überfluteten nun ganz Europa, auch das Habsburgerreich, das doch von vielen für einen »Völkerkerker« gehalten wurde. Dieses Wort, von Lenin für das zaristische Rußland geprägt, hatte angeblich Tomáš Garrigue Masaryk, der spätere Präsident der ersten tschechischen Republik, aufgegriffen und auf Österreich-Ungarn angewandt. Aber nicht nur die beiden »Herrenvölker« der Monarchie zogen voll Begeisterung in den Krieg. Anfangs schienen auch viele unter jenen neunundzwanzig Millionen Slawen und Italienern (gegenüber zwölf Millionen Deutsch-Österreichern und zehn Millionen Magyáren), die mit ihrem Status im Reiche nicht zufrieden waren, nach all den ruhigen Jahrzehnten von einer Art Abenteuerlust beflügelt zu sein. Die schicksalhafte Natur des Ultimatums an Serbien wurde nicht in ihrer Gänze erfaßt, während die blutige Tat von Sarajewo zum Himmel schrie. Selbst Künstler und Intellektuelle, Kosmopoliten, Sozialisten und grundsätzliche Kriegsgegner waren dazu gedrängt, an die Gerechtigkeit der Sache Österreichs zu glauben.

Nicht nur die ›Neue Freie Presse‹, das führende liberale und der deutschen Kultur gewidmete Blatt, sondern auch die sozialistische ›Arbeiterzeitung‹ trat in mehr oder weniger hysterischen Tönen für den Krieg ein. Die meisten der bekannten Schriftsteller, außer Karl Kraus und Arthur Schnitzler, verkündeten jetzt ihre leidenschaftliche Treue zu Kaiser und Vaterland und ihre Bereitschaft, auf diese oder jene Weise mitzuhelfen. Im September 1914 schrieb Hofmannsthal ein Gedicht mit dem Titel ›Österreichs Antwort‹ – eine Erwiderung auf den »Deutschen Feldpostgruß« des klassizistischen Lyrikers Rudolf Alexander Schröder und zugleich die Paraphrase eines patriotischen Poems von Franz Grillparzer, das dieser einst um die ersten Worte der Hymne »Gott erhalte unsern Kaiser« gewoben hatte.

Sein Motto hieß:

Völker bunt im Feldgezelt,
wird die Glut sie löten?
Österreich, Erdreich vieler Art,
Trotzest du den Nöten?

Und das Gedicht begann:

Antwort gibt im Felde dort,
Faust, die festgeballte,
Antwort dir gibt nur *ein* Wort:
Jenes Gott erhalte!

Wenn des weiteren von einer »Kämpferschar« die Rede ist, die sich mit Betern vereint, von »Volk bei Volk«, das »Brust an Brust« stehend ruft: Gott erhalte, von Helden, die »wie Kinder schlicht« sind, und von Kindern, die Helden werden, und zuletzt erklärt wird, »dies heilig Alte« umfasse heute »Ungeheures« – dann scheint selbst der morbide, melancholische Loris sich in einen Chauvinisten verwandelt zu haben.

Andere, aus groberem Holz geschnitzt, wie der Steirer Ottokar Kernstock (ein Priester noch dazu), erzeugten bald schlechtere Gedichte und gehässigere Gefühle. Hier sollen sie nicht alle denunziert, es soll nur darauf hingewiesen werden, daß zu Beginn sehr wenige von der Kriegsbegeisterung unberührt geblieben waren. Arnold Schönberg geriet, nachdem er zum Wiener Hausregiment Hoch- und Deutschmeister eingezogen, aber als frontuntauglich erklärt worden war, in solch patriotische Hochstimmung, daß er Militärmärsche und Chöre für seine Kameraden schrieb. Bald wurde er indes anderen Sinnes und war keineswegs unglücklich darüber, daß Freunde sich bemühten, seine Freistellung vom Militärdienst zu erreichen. Auch Kokoschka wünschte, nachdem ihm der Stolz auf die schöne bunte Uniform und die gehobene Gesellschaft der Dragoner vergangen und das vierwöchige Abenteuer in einen Weltenbrand ausgeartet war, nichts sehnlicher als eine Rückkehr ins Privatleben. »Ich brauch dringend Geld und Ruhe«, schrieb er an Albert Ehrenstein und fuhr fort, an niemanden im besonderen gerichtet: »...bitte mit dem Weltkrieg aufzuhören, ich möchte arbeiten.« Das war Ende 1915, und immer noch kein Ende des Krieges in Sicht.

In diesem Schlußkapitel muß der geschichtliche Hintergrund zur weiteren kulturellen Entwicklung Österreichs unvermeidlich mehr Beachtung finden als bisher. Um den Nachglanz des »goldenen Herbstes« zu verstehen, sollte der Leser eine Vorstellung davon haben, wie die Künstler und Schriftsteller auf das ständig sinnloser werdende Schlachten reagierten, wie sie den Zusammenbruch von 1918 erlebten, sich mit ihm abfanden und sodann versuchten, sich in der Ersten Republik wohnlich einzurichten. Wieder mag Hofmannsthal als Beispiel dienen. Er war als »Reserveleutnant« eingezogen worden, diente zunächst in der Etappe und wurde dann in die Hauptstadt versetzt. Bevor er später im Rahmen der »psychologischen Kriegsführung« tätig wurde, arbeitete er bis April 1915 im Fürsorgeamt des Kriegsministeriums.

Obschon er bis dahin nicht in dem Ruf gestanden war, sich für soziale Probleme und das Los der unteren Stände zu interessieren, erkannte Hofmannsthal nun die Gefahr der Arbeitslosigkeit, die noch nicht von der Militärmaschine ergriffene Menschen bedrohte. Er hatte, wie er in einem Brief an seine Frau schrieb, eines Nachts »eine lange Besprechung mit Dr. Adler, dem soz. Parteiführer gehabt, der äußerst klug und ruhigdenkend ist, ebenso ein langes Gespräch mit dem Sektionschef im Handelsministerium, besuche morgen Eduard Liechtenstein, der der Chef des Kriegsfürsorgeamtes im Ministerium des Inneren ist«. Wie er betonte, wollte er »dieses Gespräch fortsetzen und trachten, daß eine beständige Fühlung zwischen allen diesen Ämtern und den Controllstellen der Arbeiterschaft und der Unternehmer sich herstellen und erhalten läßt«. Es ist nicht bekannt, ob die Intervention erfolgreich war. Seine Idee wurde jedoch in der Zweiten Österreichischen Republik unter dem Namen »Paritätische Kommission« verwirklicht, einer für die industriellen Beziehungen segensreichen Einrichtung, um die Österreich von der übrigen freien Welt beneidet wird.

Andere Schriftsteller, darunter Rainer Maria Rilke, Franz Werfel und der große Reporter Egon Erwin Kisch aus Prag, Alfred Polgar, Felix Braun, Franz Theodor Csokor, Hans Müller und Emil Lucka fanden früher oder später Zuflucht entweder im k. u. k. Kriegsarchiv oder im Kriegspressedienst, der zuerst in Rodaun, dann in der Stiftskaserne im Wiener Bezirk Mariahilf untergebracht war. Hofmannsthal reiste alsbald in neutrale Länder und hielt dort Vorträge über ›Österreich im Spiegel seiner Literatur‹. Stefan Zweig, ein überzeugter Pazifist, dem 1917 die Übersiedlung in die neutrale Schweiz gelingen sollte, arbeitete gleichfalls zeitweilig im Kriegsarchiv, wo er sich nicht scheute, gemeinsam mit F. K. Ginzkey und R. H. Bartsch einen schaurigen Bericht über ›Die russische Invasion in Galizien‹ zusammenzubrauen. Seine Dichterfreunde waren, wie er in seinen Memoiren beschrieben hat, nicht willens, seinen Plan für eine internationale Konferenz europäischer Intellektueller in Zürich zu unterstützen, um zumindest einen »geistigen Frieden« zu erreichen. »Rilke«, so erinnert er sich, »entzog sich aus Prinzip jeder öffentlichen und gemeinsamen Aktion«, auf Hofmannsthal und Wassermann war, wie er aus privaten Unterhaltungen wußte, »nicht zu zählen«. Während der ersten Kriegsjahre gab es keinen Versuch österreichischer Literaten, Künstler, Musiker oder Gelehrter, Einspruch gegen das Blutvergießen zu erheben. Außer Stefan Zweigs eigenem Drama ›Jeremias‹, das 1918 in der Schweiz uraufgeführt wurde, trat kein Kunstwerk für pazifistische Ideen ein.

Karl Kraus ging in seiner ›Fackel‹ so weit er konnte, er veröffentlichte sogar ab und zu eher harmlose Auszüge aus seinen ›Letzten Tagen der Menschheit‹, der gewaltigsten Verurteilung des Ersten Weltkriegs, die unmittelbar nach dessen Ende an die Öffentlichkeit drang. Obschon Kraus den Großteil zwischen 1915 und 1917 geschrieben hatte, erschien die erste gedruckte Fassung als Sonderausgabe der ›Fackel‹ mit dem Datum 1918/19 und in mehr oder weniger endgültiger Form erst 1922 als Buch. Das Drama, dessen Umfang nach irdischem Zeitmaß etwa zehn Abende umfassen würde, war darum, wie Kraus selbst betonte, »einem Marstheater zugedacht«. Es reicht von derber Satire und Parodie, gnadenlos gegenüber Personen in allen Schichten des militärischen und zivilen Lebens (besonders aber gegenüber jenen Journalisten, Spekulatoren und gesellschaftlichen Strebern jüdischer Herkunft, die er am tiefsten verachtete), über brillante Analysen des Fortgangs und der moralischen Folgen des Krieges, zu poetischen Hochflügen von ergreifender Ausdruckskraft. Die großen Dialoge zwischen dem Nörgler und dem Optimisten entstanden aus regelmäßigen Treffen Karl Kraus' mit seinem Freund Adolf Loos, wenngleich sie in den Nachtstunden an seinem Schreibtisch ihre eigene Dialektik gewannen. Wie im Gesamtwerk von Kraus müssen auch hier viele Anspielungen, Paraphrasen und Bezüge zu zeitgenössischen Persönlichkeiten und Ereignissen einem Nichtwiener, ja selbst den heutigen einheimischen Lesern, unverständlich bleiben. Dennoch vermittelt ›Die letzten Tage der Menschheit‹, wie kein anderes Dokument jener Zeit, das authentische Klima der Doppelmonarchie in ihrem Niedergang und schließlichen Zerfall.

Im November 1918 stürzte eine Dynastie, die in Europa, und zuweilen auch in Übersee, ohne Unterbrechung nahezu siebeneinhalb Jahrhunderte geherrscht hatte. Ihr Schicksal war jedoch fast genau zwei Jahre zuvor besiegelt, als der alte Kaiser in Schloß Schönbrunn seinen letzten Atemzug tat. All jenen, die als Kinder sein Begräbnis miterlebten, ist es als denkwürdigstes Ereignis ihrer Kindheit in Erinnerung geblieben – Bruno Kreisky, der Schriftsteller Manès Sperber und die Verfasserin dieses Buches haben Zeugnis davon abgelegt. Der Trauerkondukt, der sich langsam über den Ring bewegte, mit uniformierten Reitern auf Schimmeln und Rappen und all jenen pompes funèbres, die aufzubieten der Hang der Wiener zu makabrem Gepränge imstande war, schien die Monarchie selbst zu Grabe zu tragen. Die Glocken läuteten das Finale nicht bloß einer Ära ein, sondern des längsten ununterbrochenen Kapitels der modernen Geschichte. Was von ihm blieb, war sichtbarlich nicht mehr als ein Nachspiel. Der junge Erzherzog Karl, der früher einmal sein Arbeitszimmer mit Illustrationen aus dem Witzblatt ›Die Muskete‹ tapeziert hatte, ein wohlmeinender junger Mann, vermählt mit der in Frankreich und Italien erzogenen Prinzessin Zita von Bourbon-Parma, wurde nun Kaiser. (Die Wiener waren besonders gerührt, als bekannt wurde, daß er Franz Josephs Seelenfreundin Katharina Schratt an die Bahre des Verblichenen inmitten der trauernden Familie geleitet hatte.) Von Beginn an ahnte Karl das drohende Ende und hegte Hoffnungen auf einen Sonderfrieden mit den Mächten der Entente. Er entließ alsbald seinen Generalstabschef Conrad von Hötzendorf, berief das Parlament wieder ein, das 1914 nach Hause geschickt worden war, und verkündete eine Amnestie für alle Slawen – doch es half nichts mehr. Sein Reich und Thron waren zum Untergang verurteilt.

In den ersten Monaten des Jahres 1917 wurden zwei Unternehmungen ins Werk gesetzt, um einen Separatfrieden zu erreichen, doch beide richteten mehr Schaden als Nutzen an. Die eine ging auf den privaten Anstoß Berta Zuckerkandls zurück, der einstigen Muse des Jugendstils, in deren Salon die Secessionisten ihren Auszug aus dem Künstlerhaus beschlossen hatten. Diese außerordentliche Frau war die Tochter von Moritz Szeps, einem gebürtigen Galizier, der in Wien als politischer Journalist, Gründer und Herausgeber des einflußreichen ›Neuen Wiener Tagblatts‹ zu großem Ansehen und Einfluß gekommen war. Zehn Jahre lang, bis zum Selbstmord des Kronprinzen, war Szeps – ein ungetaufter, aber nicht praktizierender Jude – der Freund und wichtigste Berater jenes unglücklichen, hochsinnigen Thronfolgers gewesen. In seinem Palais im Neunten Bezirk, einem Prachtbau, der jetzt die schwedische Botschaft beherbergt, empfing er viele internationale Staatsmänner, darunter Georges Clemenceau, der eine besondere Neigung zu seiner reizvollen jüngeren Tochter Berta faßte (wie übrigens auch der englische Premierminister Disraeli, als das Kind den Vater zum Berliner Kongreß des Jahres 1878 begleitete). Einige Jahre später, als Berta mit ihrer älteren Schwester Paris besuchte, verliebte sich

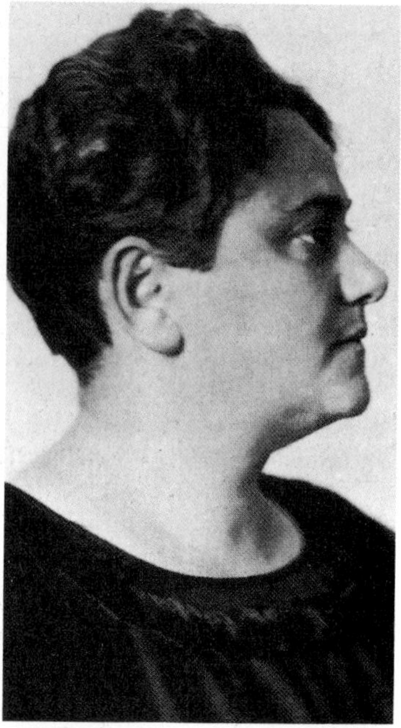

Oben links Alma Mahler mit einem Jugendstil-Collier

Oben rechts Eugenie Schwarzwald

Rechts Ignaz Seipel, hoher Kleriker und österreichischer Kanzler in der Ersten Republik

Gegenüber Berta Zuckerkandl

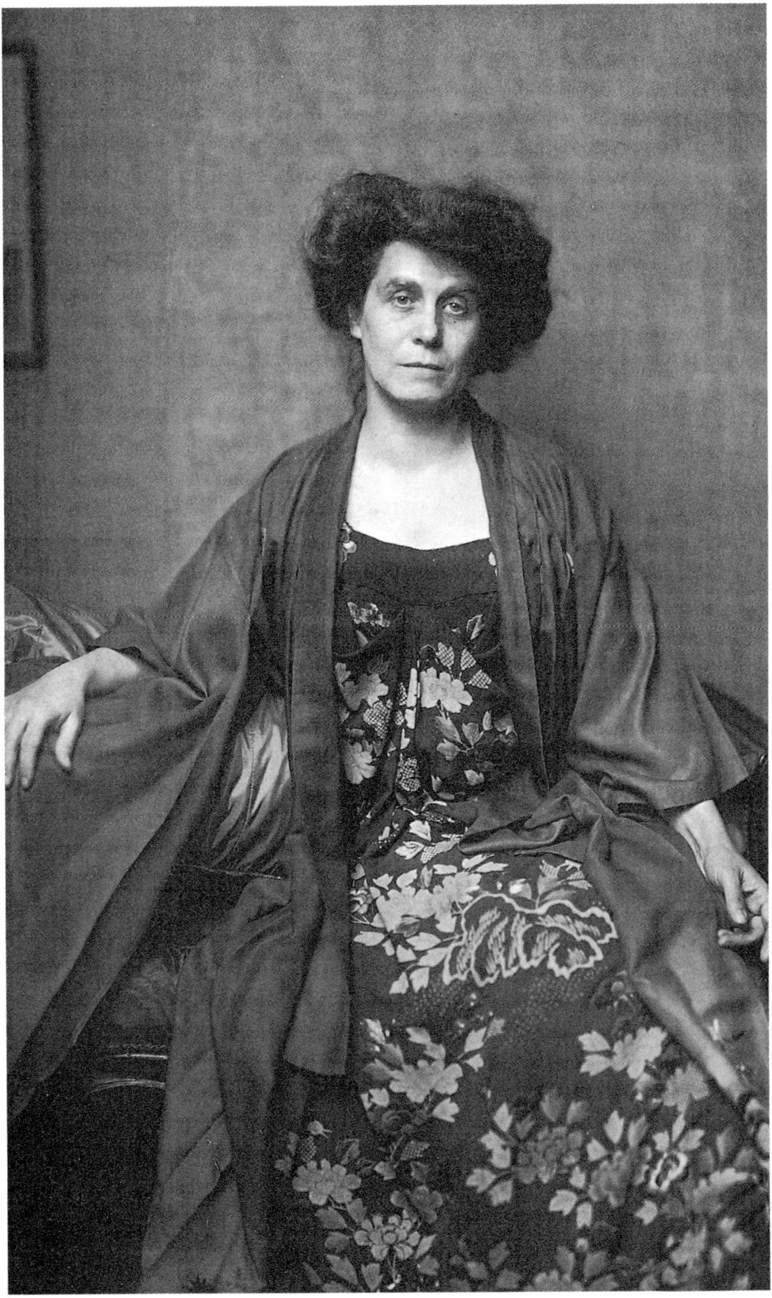

Georges Clemenceaus Bruder Paul in Sophie und heiratete sie, nicht lange nachdem Berta in dem ansehnlichen Emil Zuckerkandl, einem vielversprechenden Anatomen, ihren Ehemann gefunden hatte.

Nachdem der Krieg die zärtlich aneinander hängenden Schwestern getrennt hatte, korrespondierten sie über die Schweiz und planten ein französisch-österreichisches Rapprochement. Der Augenblick schien reif, als der junge Kaiser selbst, unterstützt von seinem neuen Außenminister Graf Ottokar Czernin, angeblich ähnliche Bemühungen anstrebte. Mit Hilfe Hofmannsthals – der einen Versuch zur Untergrabung der österreichisch-deutschen »Blutsbrüderschaft«, hätte er davon gewußt, gewiß nicht unterstützt hätte – wurde Berta von der »Psychologischen Kriegsführung« damit beauftragt, als »Sendbotin der Kultur« in die Schweiz zu fahren. Dort fiel es ihr leicht, mit ihrer Schwester in Verbindung zu treten, von der man sich Einfluß auf Georges Clemenceau versprach. Das ganze Komplott würde ein eigenes Kapitel verdienen. Hier muß der Hinweis genügen, daß Bertas Bemühungen von keinem anderen als dem deutschen Ästheten Graf Harry Kessler (einem Freund Hofmannsthals, mit dem er gemeinsam das Ballett ›Josephslegende‹ für Diaghilew geschrieben hatte) untergraben wurden, der jeden ihrer Schritte den Behörden in Berlin meldete, und daß Georges Clemenceau, zu Ende des Jahres 1917 wieder Premierminister, sich für »Krieg bis zum Endsieg« entschied.

Der zweite Vorstoß, in den ebenfalls verwickelt zu sein Berta Zukkerkandl fälschlich beschuldigt wurde, ging vom Kaiser selbst aus. Im Januar 1917 erhielt Prinz Sixtus von Parma, der mit seinem Bruder Xavier in der belgischen Armee diente, Nachricht von seiner Schwester, der Kaiserin Zita, daß sie ihm dankbar wäre, wenn er dem Kaiser in seinem Wunsch nach Frieden beistehen könne. Der französische Präsident Poincaré wurde informiert, und im März reisten die beiden Prinzen von Parma in geheimer Mission nach Wien, wo sie mit dem Kaiserpaar zusammentrafen. Karl überreichte seinem älteren Schwager den berühmten »Sixtus-Brief«, dessen Inhalt heute bekannt ist. Darin betont er seine Sympathie für die »Tapferkeit« der französischen Armee und die »Opfergesinnung« des ganzen französischen Volkes. Er verspricht, sich bei den Alliierten für die Rückgabe von Elsaß-Lothringen zu verwenden, nennt auch andere Friedensbedingungen und ersucht Sixtus, sowohl Frankreich wie England im Hinblick auf ihre Bedingungen für schleunige Friedensverhandlungen auszuhorchen. »In der Hoffnung«, so schließt er, »daß wir beiderseits baldigst den Leiden so vieler Millionen von Menschen und so vieler in Trauer und Angst lebender Familien ein Ende bereiten können, bitte ich Dich, an meine lebhafte brüderliche Zuneigung zu glauben.« Dieser Brief wurde von Sixtus zu Poincaré gebracht und Lloyd George über seinen Inhalt informiert. Von einem Nachkommen jenes ungarischen Grafen Batthyány, der 1849 mit Franz Josephs Zustimmung hingerichtet worden war, nunmehr beschworen, den Untergang der Monarchie zu verhindern, vom deutschen Kaiser Wilhelm unter ständigen Druck gesetzt, von den vielen Ungeschicklichkeiten seines glücklosen Außenministers Graf Czernin behindert und schließlich von Clemenceau im Stich gelassen, setzte Karl seine Bemühungen um einen Friedensschluß fort. Aber all seine Hoffnungen zerschlugen sich. Der Krieg ging verloren. Am 11. November 1918 unterschrieb er ein Abdankungsmanifest, am nächsten Tag wurde die Republik proklamiert, und am 23. März 1919 verließ der letzte habsburgische Kaiser Österreich.

Hier muß der Versuch enden, das äußere Geschehen auf fragwürdig gedrängte Weise wiederzugeben. Die Loslösung sämtlicher anderen Nationen von den deutschsprachigen Österreichern, ihr Auferstehen als unabhängige neue Staaten oder ihr Eingehen in bereits bestehende fremde Völker; der Friedensvertrag von St. Germain, der das hilflos verstümmelte Rumpfgebilde so lebensnotwendiger Dinge beraubte wie einer eigenen Identität, einer soliden wirtschaftlichen Grundlage und eines Zugangs zum Meer – all dies kann im einzelnen nicht mehr behandelt werden, mit Ausnahme einiger weniger politischer Meilensteine auf dem Wege der Ersten Republik. Was indessen, bevor eine Zusammenfassung des kulturellen Lebens in Wien bis zum Anschluß unternommen wird, kurz geschildert werden muß, ist die existentielle Stimmung unter den Bürgern »Deutsch-Österreichs« nach dem traumatischen Zusammenbruch. Sie hatten, in den Worten des Historikers Norbert Leser, einen »Reduktionsschock« erlitten. Seiner Meinung nach glich ihr Gemütszustand dem einer Familie, die unerwartet aus einer geräumigen Wohnung vertrieben worden ist und mit einem Mal unter unerträglich beengten Bedingungen weiterleben muß. Ihre Gefühlslage ließe sich auch mit der nach dem Verlust eines Beines vergleichen, das immer weiter schmerzt, als existierte es noch. Der schützenden Weite des Kaiserreichs beraubt, sich selbst überlassen, zitternd und frierend, inmitten von »Nachfolgestaaten«, die sich aus nahen, wenn auch lieblosen Verwandten in fremde, unfreundliche Nachbarn verwandelt hatten, suchten die Deutsch-Österreicher nach einem anderen größeren Zusammenschluß, einer geräumigen Heimstatt, deren Bewohner ihnen Obdach gewähren und sie in ihrer eigenen Familie aufnehmen würden.

Diesen Kontext hätte Deutschland bieten können, das jetzt gleichfalls seinen Monarchen verloren hatte und ein demokratischer Staat geworden war, dessen schützende Umarmung wünschenswert und keineswegs bedrohlich schien. Doch jener Anschluß, der von den Gründern der Ersten Republik angestrebt und im zweiten Artikel ihrer Verfassung niedergelegt war (»Deutsch-Österreich ist ein Teil der deutschen Republik«), war von der Entente verboten worden. Vor allem die österreichischen Sozialisten, deren Glaube an internationale oder supranationale Strukturen sie bisher zu treuen Anhängern des kaiserlichen Vielvölkerstaates gemacht hatte, ersehnten diesen Anschluß. In ihrem Parteiprogramm blieb der Wunsch nach Vereinigung mit der Weimarer Republik bis zum Jahr 1933 und der Ankunft Hitlers verankert. Auch einige immer noch großdeutsch gesinnte Liberale sowie alle Rechtsradikalen hofften auf eine Fusion mit dem Zweiten Deutschen Reich. Allein die Christlichsozialen, nunmehr unter der Führung des scharfsinnigen Prälaten Ignaz Seipel, und die wenigen noch verbliebenen Monarchisten bewahrten in der Ersten Republik etwas von dem Geist und den Traditionen des österreichischen Kaiserreichs. Viel später, zur Zeit der zweiten Republik, deren überwältigende Mehrheit ihre gesonderte Identität akzeptiert hatte, bezeichnete der Schweizer Schriftsteller François Bondy »das Österreichische« einmal – frei nach Lewis Caroll – als »das Lächeln der Cheshire Katze«, das von der alten Monarchie übriggeblieben ist. Die meisten Österreicher würden sich heute damit einverstanden erklären.

Die ersten eineinhalb Jahrzehnte Deutsch-Österreichs waren bestimmt von einem Dualismus anderer Art. Nach einer Koalition der Konservativen mit den Linken, die nur zwei Jahre hielt, fiel die Regierung in die Hände der Christlichsozialen, indes im Wiener Rathaus mit all seinen administrativen und kulturellen Funktionen die Sozialdemokratische Partei unverrückbar eingegraben war. Dieses »Rote Wien« unternahm nun in einer völlig verarmten, hoffnungslos überbevölkerten Stadt die äußersten Anstrengungen um angemessene Behausung, zureichendes Schulwesen und bessere, gerechtere Sozial- und Wohlfahrtsdienste, als sie in der wohlhabenden kaiserlichen Hauptstadt bestanden hatten. Überdies mußten die Stadtväter mit den bescheidenen Mitteln, die ihnen zur Verfügung standen, für eine Neubelebung der Künste und deren Verbreitung in jenen unteren Schichten sorgen, die bis jetzt von ihnen ausgeschlossen waren, weil es ihnen an Zeit und Geld, aber auch an der notwendigen Erziehung gemangelt hatte. Solcherart sollte der Reichtum an Talenten genützt werden, die Wien in der verflossenen großen Ära hervorgebracht hatte und, so hoffte man, bald wieder hervorbringen würde.

Diese Bemühungen wurden zuerst, und mit viel Erfolg, auf dem Gebiet der Musik unternommen. »Arbeitersymphoniekonzerte« hatten schließlich schon seit 1905 bestanden. Nun bestellte der Chef der neu errichteten Sozialdemokratischen Kunststelle, David Josef Bach (zum Unterschied von seinen berühmten Namensvettern weder Protestant noch überhaupt Christ), Anton Webern zu deren neuem Leiter und Dirigenten. Webern übernahm auch den aktiven Arbeiterchor »Freie

Typographie«, um darin später von Erwin Stein abgelöst zu werden. Zu jenem Zeitpunkt hatte sich Schönbergs »Gesellschaft für private Musikaufführungen« bereits aufgelöst. Aber in der Schule der Frau Dr. Eugenie Schwarzwald, in deren Festsaal im Mai 1921 das berühmte Walzerkonzert stattfand – mit Schönberg und Kolisch als ersten Geigen, Webern am Cello, Berg am Harmonium, Eduard Steuermann am Klavier und Karl Rankl als einem der zweiten Geiger –, wurden in den zwanziger und dreißiger Jahren immer wieder Stücke moderner Komponisten aufgeführt.

Gleich Schönberg waren auch die engen Mitglieder seines Kreises mit patriotischen Gefühlen für Kaiser und Reich in den Krieg gezogen, verloren aber bald ihre Illusionen und schlüpften gern wieder aus der Uniform. Den Aufbruch in ein neues, demokratisches Zeitalter begrüßten sie alle mit großer Hoffnung und Begeisterung, und ›Musikblätter des Anbruchs‹ war denn auch die wichtigste Zeitschrift genannt, die von 1919 an die zeitgenössische Musik vorstellte. Im Februar 1923 enthüllte Schönberg, wie schon berichtet, seinen Schülern die neue Zwölftonmethode, die er im geheimen entwickelt hatte. Seit Kriegsende war sein Heim in Mödling bei Wien zum regelmäßigen Treffpunkt einer steigenden Zahl von Anhängern geworden. Dazu gehörten, neben seinen frühen Schülern, nun auch Hanns Eisler, H. E. Apostel und Roberto Gerhard, zudem die Dirigenten Swarowsky, Rankl und Erwin Stein, die Pianisten Serkin und Steuermann, die Schriftsteller und Musikwissenschaftler D. H. Bach, Paul A. Pisk, Paul Stefan und Josef Rufer und die Ärztin Marie Pappenheim, die das Libretto für seine ›Erwartung‹ geschrieben hatte.

Der Aufbruch war vielversprechend, doch die Ankunft ließ auf sich warten. Bei den Arbeitersymphoniekonzerten wurden dem Wiener Publikum Fragmente aus Bergs Oper ›Wozzeck‹ vorgestellt, die 1921 vollendet und mit finanzieller Hilfe von Alma Mahler veröffentlicht worden war, aber die Uraufführung fand 1925 in Berlin statt. Schönbergs ›Verklärte Nacht‹ wurde von den Wiener Philharmonikern zweimal aufgeführt; jedoch nicht in der Staatsoper (wie sie jetzt hieß), sondern in der weit weniger angesehenen Volksoper drangen 1924 sein Monodram ›Erwartung‹ und ›Die glückliche Hand‹ in die Öffentlichkeit. Im selben Jahr hörte man Weberns ›Fünf sakrale Lieder‹ zum ersten Mal in einem Wiener Konzertsaal, 1927 sein Streichtrio op. 20; aber solche Gelegenheiten kamen selten, und Webern war hauptsächlich als Dirigent bekannt. Egon Wellesz erging es besser als seinen Freunden. Zwar wurde seine Oper ›Alkestis‹, die Frucht einer tiefen und dauernden Freundschaft mit Hofmannsthal (dessen Versdrama nach Euripides in seiner Jugend entstanden war), in Mannheim und in anderen deutschen Städten, in Wien aber bis heute nicht aufgeführt.

Jedoch wurde ihm immerhin eine Staatsopernpremiere zuteil. 1930 hatte Clemens Krauss in der kurzen Zeit seiner Direktion den ›Wozzeck‹ nach Wien gebracht, und im darauffolgenden Jahr spielte und dirigierte er ›Die Bacchantinnen‹ von Wellesz. Er hatte sogar sechzig Chor- und zwanzig Orchesterproben für sie angeordnet. »Die Oper muß gerade so sitzen, wie die Meistersinger«, sagte Krauss.

Unter den jüngeren Schönbergschülern kann man Hanns Eisler den interessantesten und, in seiner späteren Laufbahn, den originellsten nennen. Eisler, der einzige politische Komponist, den Österreich je hervorgebracht hat, schrieb eines der ersten Zwölftonwerke, die nicht von Schönberg stammen, nämlich ›Palmström‹ (Lieder nach Gedichten von Christian Morgenstern), und einige ebenso witzige Stücke für Kammerorchester und Gesang nach eigenen Texten und Collagen, ›Tagebuch‹ und ›Zeitungsausschnitte‹. Noch bevor er 1926 nach Berlin ging, um dort Bertolt Brechts radikalste Gedichte in Musik zu setzen, schuf er Chorwerke für Weberns »Freie Typographie«, die in der gespannten, ideologisch polarisierten Atmosphäre der Ersten Republik nachdrücklich für die Sache der Unterdrückten eintraten. In mehreren Suiten für kleines Orchester ohne Streicher führte Eisler Formen des Jazz ein, der inzwischen nach Europa vorgedrungen war. Eine zu Ende der zwanziger Jahre entstandene Oper des vielseitigsten Komponisten seiner Zeit, Ernst Křenek, die gänzlich in diesem Idiom gehalten war, wurde zur Sensation von Wien, wenn auch nur für eine begrenzte Zeit.

›Jonny spielt auf‹ bediente sich, acht Jahre vor ›Porgy and Bess‹, der Sprache des Jazz nicht im Bereich der Operette, wie Gershwin zuvor in ›Lady be good‹, sondern in dem des ernsten Musikdramas. Křenek hat sein Leben lang mit allen Stilen und Techniken experimentiert, die sein Zeitalter ihm bot: Expressionismus, Atonalität, Zwölfton- und andere serielle, schließlich auch elektronische Musik. Alma Mahler, mit deren Tochter Anna er kurze Zeit verheiratet war, nannte ihn »eine meiner sieben Plagen«. Der Pianist Glenn Gould hielt diesen zurückhaltenden, oft schwierigen, jedem Kompromiß abholden Mann für »eine der am wenigsten verstandenen musikalischen Gestalten unserer Zeit«. Křeneks moralische wie ästhetische Unbeugsamkeit läßt sich aus seiner langen Bewunderung für Karl Kraus erklären, dem es stets gelungen war, diese Eigenschaft auf seine Anhänger zu übertragen. Sein umfangreiches, kompliziertes Werk harrt seiner endgültigen Bewertung. Sein Charakter ist unverändert geblieben. Als ein frisch bestallter Direktor seinen ›Karl V.‹ vom Repertoire der Staatsoper strich, schwor dieser »Ehrenbürger« der Stadt Wien in seinem permanenten Exil in Palm Springs, niemals wieder den Fuß in seine Heimatstadt zu setzen.

Das Musikleben der österreichischen Hauptstadt hatte sich nach dem Umbruch keineswegs drastisch gewandelt. Auch nach 1918 legte man

Gewicht auf die Tradition. Die Sozialisten, in ihrer Kulturpolitik gestützt auf wohlinformierte Intellektuelle wie D.J. Bach, taten ihr Äußerstes, um die musikalische Avantgarde zu fördern. Doch der Geschmack des Publikums blieb im großen und ganzen konservativ. Die oben erwähnten Komponisten, zu denen Schreker und Zemlinsky hinzuzufügen sind, lagen in der öffentlichen Gunst weit hinter der Musik des 18. und 19. Jahrhunderts. Die Oper aber wurde von den Werken Richard Strauss' beherrscht, der zeitweilig einer ihrer Direktoren und nach Wien übersiedelt war. Der einzige zeitgenössische Musikdramatiker, der in einem Fall an Strauss' Erfolge heranreichte, war Erich Wolfgang Korngold. Der Sohn jenes Musikkritikers der ›Neuen Freien Presse‹, Julius Korngold, der nicht weniger einflußreich, ja mächtiger war als sein Vorgänger Hanslick, begann im Alter von sieben Jahren zu komponieren, studierte mit neun Kontrapunkt, spielte mit zehn Gustav Mahler seine Kantate ›Gold‹ vor und wurde von ihm zu Zemlinsky in die Lehre geschickt. Nachdem er seine Ballett-Pantomime ›Der Schneemann‹ (die das Wunderkind mit elf Jahren geschrieben hatte) in der Hofoper aufgeführt sah und einige Opernwerke geschrieben hatte, die in München unter Bruno Walter auf die Bühne kamen, wurde der junge Korngold zum Militär eingezogen. Die zwei letzten Kriegsjahre verbrachte er als Kapellmeister eines Infanterieregiments und arbeitete zugleich an seiner Oper ›Die tote Stadt‹ nach Georg Rodenbachs Roman ›Bruges la Morte‹. Dieses Werk, 1920 in Köln uraufgeführt, erlebte im darauf folgenden Jahr eine triumphale Wiener Premiere, mit Maria Jeritza in der Doppelrolle der geisterhaften Marie und der höchst lebendigen Marietta. Das bekannteste Lied aus diesem melodisch einfallsreichen, rauschhaft makabren Exempel von frühem Art-deco-Kitsch können alte Opernfreunde immer noch mit nostalgischem Genuß zum Vortrag bringen, als wäre es ein Operettenschlager aus derselben Zeit.

Es gab andere Komponisten, die höchst ehrenhaft im spätromantischen, impressionistischen Stil weiterkomponierten und nie zur Atonalität und seriellen Musik vorstießen. Dazu gehörten Joseph Marx, dessen Lieder immer noch in guter Erinnerung sind, und Wilhelm Kienzl, von dem nicht nur die Oper ›Der Evangelimann‹ stammt, sondern auch die erste Nationalhymne der Republik, die bis 1929 gesungen und dann von der alten Haydn-Hymne abgelöst wurde. Franz Schmidt, den Verfasser des Oratoriums ›Das Buch mit sieben Siegeln‹, hat man den »bedeutendsten österreichischen Meister des symphonischen Stils seit Bruckner« genannt. Andere junge Talente, deren Herkunft den späteren Machthabern weniger genehm war, wurden aus einer vielversprechenden Laufbahn gestoßen, verloren die Verbindung zu dem uralten Erbe der Wiener Musik und wurden selbst zu deren unersetzlichem

Oben Ernst Křenek

Rechts Erich Zeisl

Verlust. Als Beispiel mag der hochbegabte Erich Zeisl dienen, der 1905 in einer jüdischen Kleinbürgerfamilie zur Welt gekommen war. Sein Vater besaß ein Kaffeehaus nahe dem Nordbahnhof in der Leopoldstadt, wo während des Krieges und noch Jahre danach viele aus dem russisch besetzten Galizien flüchtende Glaubensgenossen in Wien eintrafen. In seinen frühen Werken aber, bis er selbst zur Flucht aus Österreich gezwungen war, verkörperte der junge Zeisl die melodische, orchestrale und expressive Überlieferung der österreichisch-deutschen Romantik. 1934 betonte Paul Pisk, ein Schüler und Freund Schönbergs, daß »unter den Wiener Komponisten unter dreißig« Erich Zeisl »eine der stärksten Persönlichkeiten« sei.

Zwischen 1920 und 1938 schrieb Zeisl beinahe hundert Lieder – einige, wie jene Mahlers, aus ›Des Knaben Wunderhorn‹; mehrere Chorwerke nach Texten aus der Bibel, der klassischen Antike und, unter Verwendung verschiedener Jazzformen, nach Gedichten aus dem Schwarzen Amerika; überdies Instrumentalmusik und vier dramatische Werke. Vier Jahre, bevor er ins Exil gehen mußte, erhielt er für sein gewaltiges ›Requiem concertante‹ den österreichischen Staatspreis. Eine Aufführung seines Singspiels ›Leonce und Lena‹ nach der Komödie von Georg Büchner, dessen Drama ›Woyzeck‹ Alban Berg inspiriert hatte, wurde in dem kleinen Rokokotheater des Schönbrunner Schlosses angesetzt, aber nach Hitlers Einmarsch sogleich abgesagt. Zeisl gelangte nach Paris und schließlich in die Vereinigten Staaten, wo er weiter wunderschöne Musik schrieb, aber niemals mehr ein Lied. ›Leonce und Lena‹ wurde später vom Los Angeles City College Opera Workshop aufgeführt. Sein Musikdrama ›Hiob‹ dagegen blieb unvollendet. Zeitweilig mußte er sich als Komponist der Begleitmusik zu ›Fitzpatrick's Travelogues‹ sein Brot verdienen. Er, der in seiner Jugend eine christliche Messe und ein Requiem geschrieben hatte, widmete jetzt ein ›Requiem Ebraico‹ »dem Andenken meines Vaters und zahllosen anderen Opfern der jüdischen Tragödie in Europa«. Daß schließlich ein Sohn des gebürtigen Wieners Arnold Schönberg die einzige Tochter des gebürtigen Wieners Erich Zeisl, nachdem beide Komponisten gestorben waren, im fernen Kalifornien heiraten sollte, gehört nicht unbedingt hierher, ist aber dennoch bedeutsam.

Musik und Architektur, so haben wir gesehen, waren die ersten Künste gewesen, die in der österreichischen Hauptstadt, vor allem von den drei »Barockkaisern«, öffentlich gefördert wurden. Sie hatten aus Venedig und Neapel die Oper in ihre Stadt geholt, selbst ein wenig komponiert und außerdem Baumeister damit beauftragt, jene herrlichen Paläste und Kirchen zu errichten, die heute noch stehen. Nicht viel anders hielten es die Stadtväter des »Roten Wien«. Nachdem sie ihre Kunststelle vor allem zur Aufführung und Verbreitung zeitgenössischer Musik gegründet hatten, wandten sie sich dem dringendsten Bedürfnis der Stadt zu: der Behebung ihrer Wohnungsnot. Der Zustrom jener galizischen Juden, die vor den Pogromen russischer Soldaten geflohen waren, aber auch vieler deutschsprachiger Bürger der neuen »Nachfolgestaaten«, hatte die Einwohnerzahl der Stadt stark anschwellen lassen. Während des industriellen Aufschwungs der Stadt waren viele prunkvolle Palais und Mietshäuser aus dem Boden geschossen, doch hatte niemand für anständige Quartiere für die Arbeiterschaft gesorgt. Nun war die Situation unerträglich geworden. Mit Hilfe eines vom Stadtrat Hugo Breitner entworfenen strengen Steuersystems wurde Geld für die Erbauung jener berühmten Gemeindebauten eingehoben, von denen alsbald die ganze Welt beeindruckt war.

Die neue Wohnbausteuer, die für die wenigen noch verbliebenen Reichen ein ebensolches Ärgernis darstellte wie für den Mittelstand, der ohnedies von den Verlusten an Kapital und Besitz als Folge des Krieges betroffen war, erwies sich bald als umstrittenste Maßnahme des Gemeinderates. Zwar ermöglichte sie es den Stadtvätern, im Jahrzehnt zwischen 1923 und 1933 vierundsechzigtausend neue billige Wohnungen zu schaffen, doch sie verstärkte gleichzeitig jenen Antisemitismus, der unter den Christlichsozialen und den Großdeutschen bereits heftig im Schwange war. Juden hatten nicht nur zu den Gründern der Sozialdemokratischen Partei gehört, sie waren auch, teils als Reaktion auf die feindselige Einstellung der anderen, teils ihrer eigenen fortschrittlichen Ansichten wegen, in immer stärkerem Maße in ihr aktiv geworden. Jetzt zeigte sich, daß der Haß, den die Partei erregte, vor allem gegen sie selbst gerichtet war. Die Rechte beschuldigte sie, »Bolschewiken« zu sein, die Linke nannte sie »kapitalistische Blutsauger«. In der Tat ließ während der Inflationszeit der Nachkriegsjahre ihre eigene Sozialdemokratische Partei Plakate drucken, auf denen man Kriegsgewinnler mit abstoßend karikierten jüdischen Zügen ausgestattet sah.

Die Stadträte für Finanzen (Hugo Breitner) und für Gesundheit und Wohlfahrt (Julius Tandler) setzten jedoch ihr segensreiches Werk unerschrocken fort. Die Namen der Architekten, die jene großen neuen Volkswohnungspaläste – manchmal inspiriert vom Vorbild Otto Wagners – bauten, sind heute fast alle vergessen. Einer von ihnen, Josef Frank, ist der Öffentlichkeit als Urheber der kleineren und feineren »Werkbundsiedlung« in Erinnerung gerufen worden: einer aus etwa fünfzig Häusern bestehenden Kolonie aus dem Jahr 1932 in Lainz bei Wien, an der Architekten wie Josef Hoffmann, Adolf Loos und Richard Neutra mitgearbeitet hatten. Wer aber weiß heute noch, daß die große Anlage des Reumannhofs im Fünften Bezirk von Hubert Gessner gebaut wurde; daß der Winarskyhof im Zwanzigsten Bezirk nicht weniger als fünf Architekten hatte (Josef Hoffmann, Josef Frank,

Oskar Strnad, Oskar Wlach und Peter Behrens) oder daß das Prunkstück des Gemeindebaus, der Karl-Marx-Hof im Neunzehnten Bezirk, von einem einzigen Architekten stammte, des Namens Karl Ehn? Dieses Gebäude enthält hinter einer fast tausendzweihundert Meter langen Fassade tausendsechshundert Wohnungen, ist aber nur drei Stockwerke hoch. Jede seiner Wohnungen hat eine Loggia sowie Ausblick auf einen der vielen geräumigen Innenhöfe. Der bald aufkeimende Verdacht, dieses und andere prächtige Beispiele des sozialen Wohnungsbaus seien zugleich »Festungen«, in denen der Aufstand der Arbeiter vorbereitet würde, veranlaßte im Februar 1934 die christlichsoziale Regierung dazu, sie alle in Trümmer zu schießen – doch darauf kommen wir in diesem Kapitel noch zurück.

Maler, Bildhauer und graphische Künstler freilich hatten für sich selbst zu sorgen. Weder der Staat noch die Stadt, noch private Mäzene hatten in jenen mageren Jahren genügend Geld, um Kunstwerke in einer Zahl, die ihren Schöpfern den nackten Lebensunterhalt gesichert hätte, in Auftrag zu geben oder zu sammeln. Ein kleiner Prozentsatz der Gesamtkosten der Gemeindebauten war für deren Ausschmückung vorgesehen oder für Skulpturen in deren Höfen und Gärten. Georg Ehrlich, einer der besten Zeichner und Bildhauer der Ersten Republik, der erst im englischen Exil volle Anerkennung fand, sollte ein- oder zweimal von dieser Vorgehensweise profitieren. Es war schwer, unvorstellbar schwierig für die Künstler von heute, deren Hervorbringungen zu marktgerechten Investitionen geworden sind, von der eigenen Arbeit zu leben. Die jungen Künstler waren arm, mußten oft im Kaffeehaus sitzen, weil sie ein geeignetes Atelier weder bezahlen konnten noch es hätten heizen können, und gingen mit ihren Bildern hausieren, um sie – oft gegen Naturalien – ihren etwas besser gestellten Freunden zu verkaufen.

Dennoch bildeten sich auch jetzt, wie zu Zeiten der Secessionisten, verschiedene Gruppen, und neue Ausstellungsräume wurden entdeckt. Das in Stein gemeißelte Motto auf Olbrichs Bau war noch lesbar: »Der Zeit ihre Kunst – der Kunst ihre Freiheit«. Nun aber, in diesen gesellschaftlich bewußteren Zeiten, lautete die Devise: Der Kunst ihre Pflicht – der Zeit ihre Kunst. Dies war nirgends eingemeißelt, doch es hätte zu jenem Gebäude gepaßt, in dem die Kunstvereinigung »Hagenbund« ihre Ausstellungen hielt. Die bildenden Künste waren keinem einheitlichen Muster unterworfen wie in der großen Ära des Jugendstils. Bereits 1908 hatte dieser expressionistischen Formen Raum gegeben. Nun bestanden sie weiter fort, gemeinsam mit Kubismus, Surrealismus, Konstruktivismus und abstrakter Kunst. Überdies wurde eine österreichische Abart der »Neuen Sachlichkeit«, jener extrem realistischen Schule, die in Dresden und Berlin in der Malerei wie in der Literatur in Mode gekommen war, hier von einigen wenigen bemerkenswerten Künstlern hervorgebracht, darunter Rudolf Wacker und Otto Rudolf Schatz.

Andere hielten sich an eine Reihe verschiedener Vorbilder: an den Verismus und die deutsche Gruppe Blauer Reiter, den Futurismus im benachbarten Italien und die letzten Ausläufer von Kubismus und Expressionismus. Ein Künstler, der ihnen allen verpflichtet war, Carry Hauser, lebte bis in die Mitte der achtziger Jahre und kehrte im Alter, nach einer langen Periode vergleichsweise konventioneller Arbeiten, zu den traumhaften Visionen und inspirierten Techniken seiner Jugend zurück. Im Wien der Ersten Republik entwickelten er und andere Künstler, nachdem sie die mannigfaltigsten Möglichkeiten erforscht hatten, jeweils ihren eigenen persönlichen Stil: Anton Kolig und Herbert Boeckl einen kräftigen, ins Eruptive gesteigerten; Franz Wiegele sanftere, poetischere Formen; Fritz von Herzmanovsky-Orlando und Paris Gütersloh eine barocke Verspieltheit wie in ihren Schriften; Georg Merkel und Felix A. Harta eine Art von mythologischem Realismus; und Alescha (Theodor Allesch) eine wunderbar strukturierte Sicht von Stadtlandschaften und zerklüfteten Gebirgen, deren Motive er auf seinen Streifzügen durch ganz Europa fand. Bis weit in die fünfziger Jahre hinein war einer der liebenswürdigsten Maler Josef Dobrowsky. Seine Porträts und Landschaften, realistisch, aber oft wie von einem inneren Zauber magisch erhellt, gehören zu den bemerkenswertesten Hervorbringungen der österreichischen Kunst zwischen den Kriegen.

Einige der größten Talente dieser Jahre entzogen sich der Hoffnungslosigkeit der Hauptstadt, indem sie aufs Land gingen oder, wenn sie von dort stammten, in der Provinz verblieben oder aber in die intellektuell und künstlerisch lebendigeren Zentren übersiedelten, nach Frankfurt, Dresden und Berlin. Oskar Kokoschka, der einzige überlebende Gigant aus der großen Epoche, war zumeist im Ausland; hin und wieder hielt er sich am Rande Wiens bei seiner Mutter und dem geliebten Bruder Boleslaw auf, malte während eines einjährigen Aufenthalts im Jahr 1931 seine Ansicht der Stadt vom Wilhelminenberg und zog 1933, als er Österreich dem Faschismus entgegentaumeln sah, nach Prag – für immer, wie er meinte. Alfred Kubin, der dämonische Zeichner und Dichter, lebte in einem verfallenen Schloß viele Stunden von der Hauptstadt entfernt, Anton Faistauer war nach Salzburg gegangen, Wiegele und Boeckl nach Kärnten und Wilhelm Thöny, Mitbegründer der Grazer Secession, nach Paris und später nach New York.

Eine Malerin, die bereits Mitte der zwanziger Jahre auf sich aufmerksam machte, wurde erst mit fast achtzig Jahren aus Anlaß ihrer Retrospektive im Londoner Goethe-Institut von der internationalen Kunstwelt mit allen Anzeichen einer Sensation »entdeckt«. Marie-Louise von

Motesitzky (eine Urgroßenkelin jener Baronin Sophie Todesco, der wir schon öfter begegnet sind) studierte bei Max Beckmann und war in ihrem englischen Exil mit Kokoschka befreundet. Heute wird sie zu Recht neben diese beiden Genies gestellt und um ihrer »Gefühlsintensität«, ihrer »Klarheit von Licht und Vision«, ihrer »flüssigen Pinselarbeit« und der »irisierenden Farben« ihrer Werke willen gepriesen. Beckmanns Vorhersage, daß diese Künstlerin von rein wienerischer Herkunft, Erziehung und Wesensart eines Tages, in der Nachfolge Paula Modersohn-Beckers, als »Deutschlands größte Malerin« gelten würde, hat sich in gewissem Sinn erfüllt.

Wenn dieses letzte Kapitel nicht ins Unmäßige anwachsen soll, bleibt viel zu wenig Raum für den aufregendsten Aspekt des Wiener Kulturlebens nach 1918: seine Literatur. Reichtum und Vielfalt in der Dichtung dieser beiden Jahrzehnte allein widerlegen T. S. Eliots bekannte Verszeile: »Twenty years largely wasted, the years of *l'entre deux guerres.*« Der Griensteidl-Generation waren, um es leichtfertig auszudrücken, eine Café-Central-Generation und eine Café-Herrenhof-Generation gefolgt. Während die erstere immer noch einige späte Meisterwerke hervorbrachte, litten die beiden anderen verzweifelt unter dem Mangel an großzügigen Verlegern, gut bezahlter Zeitungsarbeit und einer Leserschaft, die Bücher kaufen und sich nicht nur borgen konnte, wie auch an dem völligen Fehlen jener lukrativen neuen Medien und zahlreichen Literaturpreise, die heute eine Reihe von Autoren hinreichend ernähren. Sie schlugen sich durch, so gut es ging, und manche brachten es schließlich doch zu lokalem, wenn nicht internationalem Ansehen.

Viele, die ihre Stunden dösend, kritzelnd oder mit gleichgesinnten Freunden an den Marmortischen ihres Stammcafés vergebliche Pläne ausheckend verbrachten, gaben eines Tages auf und gingen auf die Suche nach einer Arbeit, und sei es auch eine manuelle, um irgendwie weiterleben zu können. Als ein Kind des »Herrenhofs«, Friedrich Torberg, mit zweiundzwanzig Jahren seinen ersten Roman von dem angesehenen Paul Zsolnay Verlag veröffentlicht sah und sogar mit dem bescheidenen Emil-Reich-Preis (dem einzigen, den Wien zu vergeben hatte) ausgezeichnet wurde, erblaßten ältere und weisere Männer, und die Hoffnungen der Jungen lebten wieder auf. Als drei Jahre später einer Frau im selben Alter die gleiche Leistung gelang, schien das Café Herrenhof einen Doppelsieg errungen zu haben.

Nicht mehr kann denn hier unternommen werden, als zumindest die bekanntesten Autoren jener Zeit anzuführen und ihnen jenen Stellenwert zuzuordnen, der ihnen nicht immer von ihren Zeitgenossen zugestanden wurde, aber von der Nachwelt eingeräumt wird. Einige von ihnen können, wie ich meine, aus stichhaltigen Gründen nur hors concours Erwähnung finden. Franz Kafka verbrachte fast sein ganzes

Leben in der Doppelmonarchie, und sogar in deren Beamtenschaft. Rainer Maria Rilke, gleich ihm in Prag geboren, war ohne Zweifel Österreicher. Beide aber hätten nicht geschrieben, wie sie es taten, wären sie Wiener gewesen. Selbst jene Autoren, die nach einer Jugend in der böhmischen Hauptstadt eines Tages nach Wien übersiedelten (darunter Franz Werfel und Leo Perutz), wurden ihrer früh erworbenen mystischen und metaphorischen Neigungen niemals wieder ledig. Die Wiener waren skeptisch, urban, geschliffen und jederzeit imstande, aus ihrer dekadenten Melancholie zu schlüpfen und zu frivolen Spielen überzugehen. Die Prager Schriftsteller waren Zweifler und Visionäre, beladen mit weltanschaulichem Leid. Anstatt sich in den Mikrokosmus ihrer eigenen diffizilen Gefühle zu versenken, forschten sie nach Sinn und Urgrund der Existenz und einer transzendentalen Wahrheit. Ihr tiefer Ernst, ihr religiöser Eifer oder ihre ebenso leidenschaftliche Gottesverneinung entsprangen der gleichen historischen und geographischen Gegebenheit.

Rilke und Werfel, Kafka und Brod, Urzidil und Perutz waren alle, mochten sie auch nicht demselben Glauben angehören, Kämpfer mit dem Engel, Träumer uralter Mythen, Verächter der Wiener Weltläufigkeit. Ihr Leben lang blieben sie der mittelalterlichen Mystik Prags verhaftet, einer Stadt, in der Jesuiten, Juden und Utraquisten nach Gott gesucht hatten wie die Alchemisten nach künstlichem Gold und die Weisen nach ihrem Stein. Hier hatten Johannes Kepler und Wallenstein, wenn auch aus verschiedenen Gründen, auf die Sterne geblickt. Und sowohl Kaiser Rudolf II. wie der »hohe Rabbi« Löw, für den er große Achtung empfand, hatten in Prag versucht, aus Lehm ein menschliches Wesen, den Golem, zu formen. In seinem ergreifendsten Buch, ›Nachts unter der steinernen Brücke‹, erzählte Leo Perutz, nachdem er schließlich in Tel Aviv gelandet war, von einer imaginären Liebesgeschichte zwischen dem Kaiser und der Tochter des Rabbis. Wo immer Perutz lebte, war er umgeben von Schatten aus Böhmens Vergangenheit.

Selbst Rilke, der seinen Geburtsort bald nach der Jugend verließ, war nicht fähig, dessen Aura gänzlich zu entrinnen, ganz wie Franz Werfel, dessen frühe Gedichte er bewunderte und dessen »fausse mentalité juive« er später verspottet hat. Rilkes kindlich-süßliche Vorstellung von der Muttergottes, die er in seinem Lyrikband ›Marienleben‹ noch nicht abgeschüttelt hatte, fand ihr Gegenstück in Werfels ›Lied von Bernadette‹ – einem Relikt der Prager Dienstbotenmystik, jener naiven Frömmigkeit, die auf Rilke von seiner Mutter und auf Werfel von seiner Kinderfrau Bábi übertragen worden war. Im Werk Franz Kafkas, etwa im ›Prozeß‹ oder im ›Schloß‹, wird zwar jene österreichische Bürokratie widergespiegelt, die er aus eigener Anschauung kannte, doch seine parabolische Eschatologie war weit entfernt von allem, was in Wien zu seinen Lebzeiten geschrieben wurde. Daß er in dessen unmittelbarer Nähe starb, in einem Sanatorium im niederösterreichischen Kierling, und daß die jungen Wiener Schriftsteller nach dem Zweiten Weltkrieg sich seinen Themen zuwandten und seinen Stil nachahmten, widerlegt die Blindheit des Schicksals und beweist dessen Ironie.

Jene Mitglieder des »Prager Kreises«, die sich früher oder später in Wien niederließen und an dessen literarischem Leben teilnahmen, müssen freilich den Einheimischen zugerechnet werden. Nicht so, wie ich meine, jener Mann aus Fürth bei Nürnberg, der 1898 mit knapp zwanzig Jahren nach Österreich kam und zuerst in der Hauptstadt, nach dem Krieg aber in Alt-Aussee hauste. Er war zweimal mit Wienerinnen verheiratet und eng befreundet mit Hofmannsthal und Schnitzler, Beer-Hofmann und Andrian. Dennoch wurde der große Romancier Jakob Wassermann, ein Autor voll schönster Einbildungskraft, begnadet – wie Thomas Mann es in einem gut gemeinten, aber etwas fatalen Vergleich ausdrückte – mit einem »orientalischen Fabuliertalent« gleich einem »Märchenerzähler auf einem levantinischen Marktplatz«, nie zu einem wirklichen Mitglied von Jung-Wien. Sein Leben lang blieb Jakob Wassermann, ein Jude und Deutscher, der unter dieser doppelten Loyalität so sehr litt wie kein österreichischer Dichter es je getan hätte, inmitten seiner Freunde ein Fremder. Obschon sie ihn bewunderten, ja liebten, sich regelmäßig mit ihm in der Stadt und (nachdem er Andrians Haus in ihrem Lieblingsort übernommen hatte) in Alt-Aussee trafen, sahen sie ihn nie als einen der ihren an, und er selbst fühlte sich nie dazugehörig. Bis zuletzt behielt Wassermann seinen fränkischen Akzent, und seine Romane, Erzählungen und Essays handeln vor allem von deutschen oder jüdisch-deutschen Figuren und Problemen. Mit ausschließlich deutschen Zuständen befaßte sich auch die epische Trilogie ›Die Schlafwandler‹ von Hermann Broch, der später gleichfalls von Wien nach Alt-Aussee zog. Broch aber, im Unterschied zu Wassermann, war einer der ihren.

Zu Anfang der Ersten Republik war Jung-Wien zwar nicht mehr jung, doch noch lange nicht alt und gebrechlich. Schnitzler war noch nicht sechzig, als im Zusammenhang mit seinem ›Reigen‹ zwei Skandale losbrachen: der eine bei der Berliner Premiere im Jahre 1920, gefolgt von einem Prozeß, den er gewann; der andere ein Jahr darauf in den Wiener Kammerspielen. Als das Stück 1903 im Druck erschienen war, wurde es als »cochonnerie« angegriffen. Jetzt fand ein Richter in der fortschrittlichen Weimarer Republik, daß es, indem es die falsche, seichte Natur des zeitgenössischen Liebeslebens enthüllte, einen moralischen Zweck zu erfüllen suchte. Das Wiener Publikum war nicht gleichermaßen aufgeklärt. Aber Schnitzler blieb gelassen. Er hatte den

Übergang von der Doppelmonarchie zum kleinen Deutsch-Österreich mühelos hingenommen und ein Regierungssystem, das mit seinen eigenen Vorstellungen von Gerechtigkeit und Gleichheit so sehr in Einklang stand, als völlig natürlich akzeptiert. Dennoch schrieb er so wenig wie Hofmannsthal je ein Drama oder Prosawerk, das in der neuen Zeit angesiedelt gewesen wäre.

Was Schnitzler indessen neben weiteren Komödien und Erzählungen schrieb, war der zweite Versuch eines »inneren Monologs«. »So gut ›Leutnant Gustl‹ erzählt ist«, versicherte ihm Hofmannsthal in einem Brief, »›Fräulein Else‹ schlägt ihn freilich noch; das ist innerhalb der deutschen Literatur wirklich ein genre für sich, das Sie geschaffen haben.« Vielleicht darf man Schnitzlers ›Traumnovelle‹ noch höher einschätzen. 1926 veröffentlicht, enthält sie nicht die leiseste Anspielung auf zeitgenössische Politik, stellt aber – obschon neunzehn Jahre früher zuerst skizziert – in ihrer Schilderung eines hemmungslosen Festes voll hektischer Promiskuität ein genaues Abbild der Wiener Nachkriegsgesellschaft dar, die sich ein Vergnügen daraus macht, jedes bis dahin eingehaltene Tabu zu brechen. Diese Erzählung legt auch die Unterwelt unbewußter Triebe in der menschlichen Seele bloß, wie Freud sie 1923 in seiner Abhandlung ›Das Ich und das Es‹ beschrieben hatte – eben jenem Jahr, in dem Schnitzler die Arbeit an seiner ›Traumnovelle‹ wieder aufnahm. Sein letzter Roman, ›Therese‹, dessen Heldin, die Tochter eines Armeeoffiziers, in der sozialen Stufenleiter immer tiefer sinkt, bis sie von ihrem eigenen unehelichen Sohn ermordet wird, enthält zwar keine direkten Hinweise auf die Gegenwart, zeugt aber von einem tiefen Mitgefühl mit dem Leben der unterdrückten Klasse, das zweifellos vom Geist der Zeit angeregt war.

Schnitzler starb 1931. Zwei Jahre zuvor war, im Alter von fünfundfünfzig Jahren, Hofmannsthal zu Grab getragen worden. Der Selbstmord seines Sohnes einige Tage früher hatte ihn im Innersten erschüttert. Als er sich auf den Weg zum Begräbnis machen wollte, erlitt er einen tödlichen Herzanfall. Ihm war es schwerer gefallen als Schnitzler, sich einem Staat anzupassen, dem die Breite und Vielfalt, die concordia discors jener Monarchie fehlte, in der er so vollkommen zu Hause gewesen war. Seine reizenden Komödien ›Der Schwierige‹ und ›Der Unbestechliche‹ spielen beide in einer Welt der oberen Schichten und der Aristokratie, die in dieser Form nicht mehr existierte oder sich – in der Ersten Republik – aus der Öffentlichkeit zurückgezogen hatte. Zwar verfaßte er für Richard Strauss noch zwei wunderschöne Libretti, ›Die Frau ohne Schatten‹ und ›Arabella‹, doch er widmete seine Zeit nun vor allem den Salzburger Festspielen, die er 1918 gemeinsam mit dem großen Regisseur Max Reinhardt gegründet hatte, die er mit diesem plante und für die er auch schrieb. Die Arbeit an seinem Drama

›Der Turm‹ lag wie ein Schatten über seinem letzten Jahrzehnt, denn mit jeder neuen Fassung, die er sich abrang, wurde ihm klarer, daß sein hoher Anspruch an dieses Werk unerfüllbar war.

Hofmannsthals zwiespältige Haltung gegenüber Deutsch-Österreich muß zumindest angedeutet werden, weil sie für einen uralten Konflikt bezeichnend ist. 1938 sollte Thomas Mann darauf hinweisen, daß Österreich niemals zu Deutschland gehört hatte, sondern vielmehr Deutschland zu Österreich. Das Erbe des Heiligen Römischen Reiches, das an »die deutsche Nation« gefallen war, wirkte – obschon 1806 vom österreichischen Kaiser abgelöst – immer noch nach in den Gemütern der Österreicher wie der Deutschen. Es diente sogar manchen Intellektuellen, die sich zeitweilig vom Nationalsozialismus hatten blenden lassen, nachträglich als Ausrede, sie hätten das Dritte Reich mit dem Heiligen Römischen Reich verwechselt. Wiewohl Hofmannsthal mit den Nazis nicht gemeinsame Sache machen konnte oder wollte und trotz seiner tiefen Liebe zu Österreich, in welcher Form es auch überlebte, wurde er in späteren Jahren ein Opfer der allgemeinen Vorstellung von einer deutschen Nation, der auch die Österreicher angehörten. Unter dem Einfluß des Literaturhistorikers Josef Nadler – später persona grata unter dem Hitlerregime – forderte Hofmannsthal 1927 im Rahmen eines Vortrags an der Universität München über ›Das Schrifttum als geistiger Raum der Nation‹ eine »konservative Revolution«, deren Ziel »eine neue deutsche Wirklichkeit« wäre, »an der die ganze Nation teilnehmen könne«.

So war denn der österreichischeste aller Schriftsteller, im Bann der gleichen Besessenheit mit dem »Deutschtum«, dem auch die letzten habsburgischen Kaiser erlegen waren, dahin gelangt, eine eigene österreichische Identität und Literatur zu bestreiten und damit seine eigene raison d'être zu leugnen. Auf einer ganz anderen Ebene fand dieses Paradox in Josef Weinheber Widerhall. Aus einfachen Verhältnissen stammend, jedoch begabt mit einer Sprachgewalt, die er weniger seiner Erziehung in einem unbedeutenden Gymnasium in Mödling verdankte als seiner häufig einbekannten Bewunderung für Karl Kraus, wurde er schließlich, und stolz in diesem Bewußtsein, zum Barden Wiens, zu dessen neuem Dichter par excellence. Neben seiner gehobenen Lyrik in der Nachfolge Hölderlins und Rilkes pries er in einzigartigen Wiener Mundartgedichten seine Stadt, ihre Bewohner, ihre Sitten und Gebräuche mit scharfem und zugleich liebevollem Blick.

Jenes Wien, das sich ihm darbot, als er in den zwanziger Jahren zu schreiben begann, war in seiner ethnischen Vielfalt der exakte Mikrokosmus des verlorenen Habsburgerreiches; und die Wesensart der von ihm geschilderten Menschen wich so grundlegend von dem der benachbarten »Reichsdeutschen« ab, daß jeder andere als Weinheber eher hätte dazu beitragen sollen, sie alle »gleichzuschalten« und den genius loci unter Hitlers Herrschaft zu bringen. Dennoch tat er eben dies, als er zuerst Mitglied der illegalen Nationalsozialistischen Partei in seinem Lande wurde und dann poeta laureatus der Ostmark, wie Österreich nunmehr hieß. Immerhin hat er später diese Entscheidung bereut und ist 1945 zur Buße von eigener Hand gestorben. Nachdem der englische Dichter W. H. Auden sich ein Haus in Weinhebers Dorf gekauft hatte, widmete er ein ergreifendes Gedicht dem »abgestempelten Feinde vor zwanzig Jahren«, in dem er dem »Kollegen und Nachbarn« seine Achtung erwies:

Denn selbst mein englisches Ohr
Entdeckt in deinem Deutsch
Die Meisterschaft und den Tonfall
Eines, dem es vergönnt war,
Das Spiel der Bratschen
Auf umzäuntem Rasen zu hören...

Die Griensteidl-Generation hatte als erste Schriftsteller jüdischer Herkunft in die Wiener Literatur eingeführt. In den folgenden Jahren bereicherten diese so sehr ihren breiten Strom, daß er immer weiter anschwoll und in alle Richtungen lief, bis er in den zwanziger und dreißiger Jahren in ein Delta mündete, dem nachzuspüren den Rahmen dieses Buches übersteigt. Gleichwohl muß betont werden, daß in allen Gruppierungen der Dichter in bezug auf Weltanschauung, Themenwahl und Stil, zwischen Juden und Nichtjuden keine fundamentalen Unterschiede bestehen. In ihrer nostalgischen Loyalität zur Monarchie und dem Hause Habsburg sind Schriftsteller wie Joseph Roth und Alexander Lernet-Holenia kaum auseinanderzuhalten. Als Roth an seinem ›Radetzkymarsch‹ arbeitete, diesem schönen Schwanengesang Österreich-Ungarns, half Lernet-Holenia – dessen eigene rührende Totenklage ›Die Standarte‹ zwei Jahre später, 1934, erscheinen sollte – seinem Freund aus dem galizischen Brody bei der korrekten Beschreibung der Regimentsfarben und Uniformen.

Lernet-Holenia wiederum hatte viel dem Vorbild seines Freundes Leo Perutz aus Prag zu verdanken, als er nach einigen Bänden erlesener Lyrik eine Reihe farbenprächtiger Phantastereien und Abenteuergeschichten schuf, die durch ihre makellose Prosa literarisches Ansehen gewannen. In ihrer präzisen psychologischen Einsicht, ihren philosophischen Neigungen, der Schärfe ihrer Sozialkritik und ihrem Interesse für die großen Linien der Geschichte weisen Robert Musil und Hermann Broch Affinitäten, ja sogar Übereinstimmungen auf. Obschon Musils epochaler Roman ›Der Mann ohne Eigenschaften‹ von jenem

Lande handelt, das er »Kakanien« nennt, während Brochs ›Schlafwandler‹ zur Gänze in Deutschland spielen, geht es in beiden Büchern um eine in Auflösung begriffene Gesellschaft, um zerfallende Werte und den Konflikt zwischen Rationalität und Irrationalität.

Die bisher genannten Namen gehören zu den bedeutendsten der Ersten Republik. Ihnen muß der Stefan Zweigs hinzugefügt werden, dessen Werk das ihre an Popularität und weltweiter Anerkennung, wenn auch nicht unbedingt an Qualität, sehr wesentlich übertraf. Aus seinem umfangreichen, unterschiedlichen Œuvre aus Gedichten, Dramen, Romanen, Novellen, Essays, Biographien und Übersetzungen mögen drei Bücher herausgegriffen werden: der Essayband ›Der Kampf mit dem Dämon‹ (1925, über Hölderlin, Kleist und Nietzsche), jene Sammlung von Erzählungen mit dem Titel ›Verwirrung der Gefühle‹ (1922), die charakteristisch ist für Zweigs beinahe weibliche Sensibilität, und die Monographie ›Castellio gegen Calvin‹, in der eines der grauenvollsten Kapitel religiöser Verfolgungen aufgerollt wird: der einsame Kampf eines protestantischen Humanisten gegen Calvins theokratische Diktatur in Genf, der mit Castellios Tod endet. Dieses ausgezeichnete Buch, 1936 geschrieben, nachdem Zweig sein Nachkriegsdomizil in Salzburg verlassen hatte und frühzeitig ins Londoner Exil gegangen war, zieht eine Parallele zur Ära Hitlers, die eben begonnen hatte: »Die Nachwelt wird es nicht fassen können, daß wir abermals in solchen dichten Finsternissen leben mußten, nachdem es schon einmal Licht geworden war.«

Franz Werfel wurde als Sohn Prags bereits genannt. Er kam nach kurzem Militärdienst 1917 nach Wien und wurde ebenfalls in die Presseabteilung in der Stiftskaserne abkommandiert. Werfel hatte sich mit einem 1911 erschienenen, ekstatischen Lyrikband ›Der Weltfreund‹ längst über die anderen österreichischen Expressionisten hinausgehoben – Kokoschka (in seinen Schriften); Albert Ehrenstein; Georg Trakl in Salzburg; Heinrich Nowak; Hans Flesch von Brunningen; Berthold Viertel, das spätere Vorbild für den liebenswerten Dr. Bergmann in Christopher Isherwoods Roman ›Praterveilchen‹; und Hugo Sonnenschein, der sich »Bruder Sonka« nennen ließ. Kurz nach der Ankunft in der Hauptstadt begann er eine Affäre mit Alma Mahler, damals mit dem Architekten Walter Gropius verheiratet, und wurde in Abwesenheit ihres Mannes in die literarische und künstlerische Elite ihres Salons aufgenommen. Er konnte das Ende des Krieges und den Ausbruch einer Revolution kaum erwarten – die allerdings nie stattfand. Trotz ihres »verbalen Radikalismus« benahmen sich die österreichischen Marxisten in der Praxis eher wie die englischen Fabier, läuteten ohne viel Aufhebens zu machen die Republik ein und teilten sich zumindest anfänglich mit den Christlichsozialen die Regierungsgewalt. Im Laufe seines

Lebens mit Alma, die er schließlich heiratete, wurde Werfel immer mehr zu einem gemäßigten Liberalen mit voller Duldung des autoritären Systems, wie sein stillschweigendes Einverständnis mit dem austrofaschistischen Regime und seine Freundschaft mit dessen Führer Schuschnigg noch beweisen sollten.

Inzwischen war er in den zwanziger Jahren nahezu ebenso fleißig tätig wie Stefan Zweig, schuf Dramen und Prosawerke, darunter eine Biographie Giuseppe Verdis mit dem Untertitel ›Roman der Oper‹ und den umfangreichen Roman ›Barbara oder die Frömmigkeit‹ über seine böhmische Kinderfrau, der aber auch Beschreibungen seiner eigenen Kriegserlebnisse und des »Schattenreiches« des Café Central enthielt, womit er zu dessen wichtigstem Chronisten wurde. Alle seine Bücher erschienen im neuen Verlag seines Stief-Schwiegersohnes Paul (von) Zsolnay, damals der zweite – wenn auch nicht der letzte – Ehemann Anna Mahlers. Gleich der gesamten Griensteidl-Generation, mit Ausnahme von Karl Kraus, dem Gegner in ihrer Mitte, und vielen Mitgliedern der Café-Central-Generation nahm Franz Werfel nach seiner kurzen revolutionären Phase nur mehr wenig Interesse an Politik und Tagesgeschehen. Er schrieb keinen Roman über die Erste Republik, dafür ein Epos über das Schicksal der Armenier unter dem türkischen Joch, ›Die vierzig Tage des Musa Dagh‹, das ihn in den Augen dieses Volkes beinahe zu einem Heiligen machte.

In der Herrenhof-Generation indes gab es politische Schriftsteller, von denen sich freilich wenige in diesem Café blicken ließen, das nach 1918 das Central als Heimstatt der Literaten abgelöst hatte. Einige gehörten der sozialistischen Bewegung an oder sahen sich als deren Vertreter. Unter ihnen ragte Alfons Petzold hervor, dessen Roman ›Das rauhe Leben‹ (1920) wie auch seine Lyrik jene Wünsche und Probleme der Proletarier (damals ein Ausdruck des Stolzes für Arbeiter) zum Ausdruck brachten, die seine Partei aufzugreifen und zu lösen hoffte. Ein anderer »Arbeiterdichter« war Josef Luitpold (Stern), Sohn eines Drechslers, anders als Petzold jüdischer Abkunft, der schließlich Verwaltungschef des Parteiorgans ›Arbeiterzeitung‹ wurde, bevor er in die Verbannung ging.

Luitpold, gebildet und selbst ein großer Volksbildner, neigte dazu, die Klasse, der er entstammte, zu idealisieren, was immerhin das Selbstbewußtsein ihrer Mitglieder stärkte. Rudolf Brunngraber, in einer Reihe von Romanen, die industrielle und wirtschaftliche Aspekte seiner Zeit behandeln, gleichfalls ein Anwalt des kleinen Mannes, war pessimistischer gestimmt. Die Gedichte Ernst Waldingers, mehr noch jene des kürzlich wiederentdeckten Theodor Kramer (der eine verbrachte später in den Vereinigten Staaten, der andere in England sein Exil), eröffneten authentische Einsichten in das Leben einfacher Leute. Kra-

Oben Gottfried Kunwald, Bankier und Kanzler Seipels Berater in Finanzfragen

Links Hugo Breitner, Wiener Finanzstadtrat in der Ersten Republik

Unten Otto Bauer, Sozialistenführer

mer fand ungemein starke und anschauliche Worte für die dumpfe Gefühlswelt der Bauern, der Kohlenbrenner, Glasbläser, Landarbeiter, Schnapsbrenner oder Soldaten im Krieg in den wolhynischen Sümpfen. Jura Soyfer, ein beachtliches Talent aus den Kellerkabaretts nach 1933, einer der wenigen unter seinen Altersgenossen, die noch aus einer jüdisch besiedelten Stadt im Osten gekommen waren, schrieb die unmittelbarsten politischen Gedichte und Dramen. Die letzte Hervorbringung seines tragischen Lebens war das ›Dachaulied‹; kurz darauf ging er mit sechsundzwanzig Jahren in Buchenwald zugrunde.

Die Werke anderer, die sich von der Linken angezogen fühlten, aber nicht unbedingt einer bestimmten Partei angehörten, spiegeln die Stimmung, wenn auch nicht das äußere Geschehen, ihrer aufgewühlten Zeit. Diese Ereignisse bedürfen einer, wenn auch noch so kurzen, Erhellung, nicht nur als Hintergrund unserer Darstellung, sondern auch, um die österreichische Geschichte bis zum Ende dieses Buches abzurunden. Vier oder fünf Daten sind hier bedeutsam. Das erste, und vom literarischen Gesichtspunkt wichtigste, ist der 15. Juli 1927, an dem die Wiener Arbeiter, stark vermehrt durch einen unkontrollierbaren Mob, aus Rache für ein Fehlurteil den Justizpalast in Brand setzten. Ihr Anlaß war der Freispruch dreier Frontkämpfer, die bei einem Zusammenstoß mit dem Schutzbund, einer linken paramilitärischen Organisation, zwei Unschuldige, einen Kriegsversehrten und ein Kind, erschossen hatten. Zu diesem Zeitpunkt bestand bereits bittere Feindschaft zwischen den Sozialdemokraten und den Christlichsozialen, von den Deutschnationalen oder, wie sie jetzt hießen, Nationalsozialisten ganz abgesehen, die jede Spannung in der Hauptstadt zu ihren eigenen Zwecken nützten.

Otto Bauer, der »rote« Ideologe und wichtigste Sprecher der Arbeiterbewegung, befand sich in ständigem rhetorischen Kampf mit dem »schwarzen« Ignaz Seipel, dem »Prälaten ohne Gnade«, der – wiederholt als Kanzler der Republik – die Christlichsozialen vertrat. Privatarmeen wie die rechtsgerichtete Heimwehr, die bereits 1919 gegründet worden und von dem faschistischen Fürsten Ernst Rüdiger von Starhemberg angeführt war, und der Republikanische Schutzbund, den die Sozialisten 1923 gegen die Bedrohung durch die Heimwehr aufgestellt hatten, waren jederzeit bereit, den Kampf der Worte in die Tat umzusetzen. Im Juli 1927 bot sich dazu die erste Gelegenheit. Die Arbeiter waren spontan zum Sitz der österreichischen Rechtsprechung marschiert und hatten ihn in Brand gesteckt. Der »schwarze« Polizeipräsident Schober hatte gegen den Willen des »roten« Bürgermeisters Seitz, aber mit Zustimmung des Kanzlers Seipel, seinen Leuten Schießbefehl gegeben. In dem darauffolgenden Blutbad starben neunundachtzig Menschen, und viele mehr wurden verletzt.

Danach gab es keine Hoffnung mehr auf Versöhnung der beiden Lager in Österreich. Als 1931 unter wirtschaftlichem Druck und der Notwendigkeit, die Währung zu stabilisieren, Fühler in Richtung einer neuerlichen Koalition ausgestreckt wurden, lehnten schließlich die Sozialdemokraten diese letzte Möglichkeit eines Friedensschlusses ab. Ein weiteres Schicksalsdatum war der 7. März 1933, an dem der Kanzler Dollfuß, seit knapp einem Jahr an der Macht, eine technische Panne im Parlament zum Anlaß nahm, um es aufzulösen. Während Hitler im benachbarten Deutschland an die Macht kam, fand in Österreich die Demokratie durch Volksvertretung ein Ende. Wie Italien unter Mussolini und in gewissem Grad auch Ungarn unter Admiral Horthy, war es jetzt faschistisch oder zumindest autoritär regiert, unter dem nominellen Titel eines Ständestaates. In weniger als einem Jahr waren die Sozialisten, und mit ihnen das »Rote Wien«, niedergeworfen und ausgelöscht. Am 12. Februar 1934 hatte, über alle Maßen provoziert, der Schutzbund – oder vielmehr dessen Kommandant in der Provinzstadt Linz, und ohne höheren Befehl – den seit langem erwarteten Aufstand begonnen. Die Parteiführung in Wien rief daraufhin den Generalstreik aus. Am Nachmittag dieses Tages stellte die Regierung in der Schußlinie aller größeren Gemeindebauten Haubitzen auf – angeblich eine davon auch in Alma Mahler-Werfels Garten hoch oben gegenüber dem Karl-Marx-Hof – und gab Anordnung zu feuern. Die Kämpfe breiteten sich auf einige Industriezentren des Landes aus und hielten dreieinhalb Tage an. Dann hatte Dollfuß gewonnen.

Der »Westentaschendiktator« blieb nur noch fünf Monate am Leben. Das nächste denkwürdige Datum ist der 25. Juli desselben Jahres. Während eines kurzen Nazi-Putsches wurde Dollfuß im Bundeskanzleramt erschossen. Mussolini ließ zum Schutz der Grenzen Truppen aufmarschieren, und für den Augenblick war Österreich vor Hitlers Einmarsch bewahrt. Im Sommer 1936 schloß Dollfuß' Nachfolger Kurt (von) Schuschnigg in der – vergeblichen – Hoffnung, diese Bedrohung abzuwehren, einen Vertrag mit Hitler, in dem Deutschland die Souveränität Österreichs anerkannte, dieses aber verpflichtete, sich als »deutschen Staat« anzusehen. Als am 12. März 1938 der Große Bruder, dessen Truppen während der Nacht in Österreich eingefallen waren, dennoch einmarschierte, stützte Mussolini seine österreichischen Freunde nicht mehr. Der »Anschluß« war vollzogen. Dies war vermutlich das erste Datum, das von einer Reihe ausländischer Staatsmänner zur Kenntnis genommen wurde. Bis dahin hatten sie nur wenig von dem bemerkt, was in Deutsch-Österreich, diesem fernen kleinen Land, vor sich gegangen war.

Erstaunlich ist, daß keines dieser Ereignisse Anstoß zu einem größeren Werk der österreichischen Literatur gegeben hat – mit Ausnahme der ersten unheilvollen Konfrontation im Juli 1927 mit ihrem spektakulären Höhepunkt des lodernden Justizpalastes. Ein junger Autor, der einige Jahre danach einen Roman zu schreiben begann, welcher später den Dostojewskischen Titel ›Die Dämonen‹ tragen sollte, studierte sorgfältig alle einschlägigen Dokumente und machte dann den 15. Juli zum Zentralthema seines Buches. Doch obschon Heimito von Doderer zumindest zwei Romane vor dem Anschluß erscheinen ließ – ›Das Geheimnis des Reichs‹ und ›Ein Mord, den jeder begeht‹ –, vollendete er ›Die Dämonen‹ erst in den fünfziger Jahren. Ein anderes Werk indessen, das die Juli-Ereignisse, wenn auch in allegorischer Weise, einbezog, war Elias Canettis ›Die Blendung‹. Die Verbrennung der Bibliothek des Romanhelden Kien ist nicht nur der Angelpunkt des Buches, sondern zugleich eine Spiegelung der Brandstiftung am Justizpalast – die der Autor miterlebte und die auch in seiner großen Abhandlung ›Masse und Macht‹, seinem anspruchsvollsten Werk, Niederschlag gefunden hat.

Anton Wildgans, der bereits als Dramatiker vorgestellt worden ist, faßte seinen Glauben an die Erste Republik in archaische Form. Seine heitere Satire ›Kirbisch‹, in Hexameterverse gekleidet, beschrieb eine ländliche Gemeinde auf dem Weg in eine bessere Zukunft. Unmittelbarer packte die zeitgenössische Szene mit all ihren sozialen, ökonomischen und politischen Verästelungen Robert Neumann an, der schon 1927 mit seinen überaus witzigen und zugleich tödlich treffenden Parodien an die Öffentlichkeit getreten war. Die Verspottung von Dichterkollegen hatte schon Franz Blei, dem Musil dabei half, in seinem ›Bestiarium Literaricum‹ des Jahres 1920 mit gutem Gelingen geübt. Neumanns Band ›Mit fremden Federn‹ war ein überwältigender Erfolg. Bevor er 1932 mit einem zweiten, ›Unter falscher Flagge‹, sich selbst zu übertreffen versuchte, schrieb er den umfangreichen Roman ›Die Sintflut‹ und danach ›Die Macht‹, zwei Werke, die den lebendigsten und informativsten zeitgenössischen Bericht über das Wien der zwanziger Jahre darstellen. Neumanns Erfahrungen als Bankier in der Inflationszeit erleichterten ihm die Einsicht in jene verwickelten Finanztransaktionen, an denen auch österreichische Staatsmänner beteiligt gewesen waren. Viele seiner Figuren entnahm er dem Leben, so etwa den Dr. Lassalle in ›Die Macht‹ – ein Porträt des sagenhaften Gottfried Kunwald, der ein jüdischer Berater des antisemitischen Bundeskanzlers Seipel war, mehr noch, die eminence grise hinter vielen wirtschaftlichen Maßnahmen der Regierung und ein Mann von größtem Scharfsinn, der zugleich an einer schweren körperlichen Behinderung litt.

Wiens letztes Lustrum war eine seltsame Zeit, voller Gegensätze und Widersprüche. Während Robert Neumann und Stefan Zweig ihre Zeichen richtig gedeutet hatten und nach dem Bürgerkrieg von 1934 nach

England ausgewandert waren, kehrten gebürtige Österreicher, die nach Deutschland gegangen waren, in ihre Heimat zurück, um hier – wie sich zeigte, nur vorübergehend – Zuflucht zu finden. Ödön von Horváth, ein Sproß der alten Monarchie mit einem ungarischen Paß, der heute als politischer Dramatiker an die Seite Brechts gestellt wird, hatte 1933 eben dies getan. Indes Manès Sperber und Joseph Roth die scheinbar größere Sicherheit von Paris bevorzugten, waren andere dem Beispiel Horváths gefolgt, darunter Robert Musil, Franz Blei, der Dramatiker Ferdinand Bruckner, Roda Roda, Alfred Polgar und Albert Ehrenstein. Karl Kraus prägte das Wort: »Die Ratten betreten das sinkende Schiff.« Selbst Deutsche wie Walter Mehring, Kurt Tucholsky, Fritz von Unruh und schließlich auch Bertolt Brecht suchten, wenigstens für kurze Zeit, ihr Asyl in der Hauptstadt dieses schlampig faschistischen Staates. Schließlich fand sich sogar Karl Kraus, der lange mit den Sozialdemokraten sympathisiert und nach dem 15. Juli große Plakate hatte drucken lassen, auf denen er den Rücktritt des Polizeipräsidenten Schober forderte, mit den herrschenden Verhältnissen ab und machte, angesichts der Bedrohung durch die Nazis, seinen Frieden mit dem »kleineren Übel«, bis er 1936 starb.

Oberflächlich betrachtet, schien das kulturelle Leben ungestört weiterzugehen. Im Theater in der Josefstadt, das Max Reinhardt 1924 übernommen, eine Reihe von wunderbaren Jahren geführt und schließlich wieder aufgegeben hatte, stand immer noch Egon Friedell gelegentlich auf der Bühne. In den Kellerkabaretts, die jetzt wie Pilze aus dem Boden schossen, riß man vorsichtige Witze über die Politiker, die genug Humor hatten, um die Angriffe nicht zu verbieten. Die drei Salons von Eugenie Schwarzwald, Berta Zuckerkandl und Alma Mahler-Werfel waren stets gefüllt – der letztgenannte, neben Regierungsmitgliedern wie Schuschnigg selbst, der ein Verehrer der Dame des Hauses war, mit feschen Heimwehroffizieren. Zum Kreis der Frau Doktor Schwarzwald hingegen gehörte der junge Graf Helmuth James von Moltke, der als Haupt des Widerstandes im Kreisauer Kreis am 23. Januar 1945 hingerichtet werden sollte. Unter dem wohlwollenden Auge von Guido Zernatto, Schuschniggs literarischem Berater, gediehen betont katholische Autoren mit Namen wie Henz, Mell, Waggerl, Perkonig, Scheibelreiter und Heinrich Suso Waldeck, von denen einige später zu Nazis wurden oder zumindest zu gegebener Zeit Hitler ihren Respekt erwiesen. Andere, wie Bruno Brehm und Mirko Jelusich, verbargen ihren Rechtsextremismus erst gar nicht, blieben aber ebenso ungeschoren wie die jungen Rebellen in den Kellerkabaretts.

Hinzu kam eine neue Entwicklung. Der »habsburgische Mythos«, wie ihn der – im ehemaligen österreichischen Seehafen Triest geborene – italienische Germanist und Historiker Claudio Magris nennt, erschien in der Literatur. Nicht nur Lernet-Holenia, Joseph Roth und, auf seine kritischere Weise, Robert Musil ließen sich von ihrer Phantasie in die Doppelmonarchie zurückversetzen: Auch eine Anzahl weiterer Autoren sonnte sich nunmehr in einem Klima, das milder und oft skurriler gewesen war als das ihrer Gegenwart. Die reizvollsten unter ihnen waren die Maler und Dichter A. P. Gütersloh und Fritz von Herzmanovsky-Orlando. Bereits in den zwanziger Jahren arbeitete Gütersloh an seinem chef d'œuvre, einer riesigen, aber niemals langweiligen, ganz im Gegenteil bezaubernden Fabel mit dem Titel ›Sonne und Mond‹. Wie das Hauptwerk seines Freundes Doderer wurde dieses Werk erst Jahrzehnte später veröffentlicht, sei hier aber zumindest erwähnt. Herzmanovsky-Orlandos ›Der Gaulschreck im Rosennetz‹ indes, das barockeste, wunderlichste, humor- und phantasievollste Buch, das in der Ersten Republik entstand, fand bald einen kleinen, aber leidenschaftlichen Anhängerkreis, etwa nach Art der ersten Bewunderer von Tolkiens ›Herr der Ringe‹.

Ein später, aber ergreifender Bericht vom Ende des Krieges und der Auflösung der alten k. u. k. Armee war Franz Theodor Csokors Drama ›Der 3. November 1918‹. In den frühen zwanziger Jahren war Csokor ein expressionistischer Dramatiker gewesen, der sich in der Tradition Büchners sah – ein gütiger, humaner Mann, der in seinem langen Leben auf der ganzen Welt Freunde gewonnen hatte, als Schriftsteller aber weniger erfolgreich war, als ihm zugestanden hätte. Sein Drama über ein Häuflein Offiziere aus allen Nationen des österreichischen Kaiserreichs, die sich zur Wiederherstellung in einem Militärsanatorium hoch oben im Karawankengebirge Südkärntens aufhalten, wurde als einziges seiner Stücke bis vor kurzem immer wieder am Wiener Burgtheater aufgeführt. Die Premiere fiel in die Mitte der Ära Schuschnigg. Csokor wurde für dieses Drama mit dem »Burgtheater-Ring« geehrt; nachdem er Österreich im Jahr 1938 aus freien Stücken verlassen hatte, lebte er in seinem polnischen Exil eine Weile lang vom Erlös des wertvollen Brillanten. Freilich hatte ein kleiner, aber bedeutsamer Strich gemacht werden müssen, bevor sein Stück die Zensur passieren konnte. Nachdem der Oberst von Radosin sich aus Schmerz über die österreichische Niederlage erschossen hat, wird er von seinen Kameraden Orvanyi, Ludoltz, von Kaminski, Zierowitz, Sokal und Vanini begraben. Jeder schüttet eine Schaufel Erde auf seinen Sarg und sagt dazu »Erde aus Ungarn«, »Erde aus Polen«, »Erde aus Kärnten«, »Slowenische Erde«, »Tschechische Erde«, »Römische Erde«, während er seinem toten Obersten die letzte Ehre erweist. Am Ende tritt der jüdische Militärarzt Dr. Grün an das Grab. Er zögert einen Augenblick, dann wirft er seine Schaufelvoll hinunter und sagt dazu einfach »Erde aus Österreich«.

Ein Theaterpublikum daran zu erinnern, daß die Juden der Monarchie – eine Religionsgemeinschaft, keine Nation – unter dem direkten Schutz des Kaisers gestanden hatten, war nach Schuschniggs Handel mit Hitler nicht mehr möglich in seinem Ständestaat. Franz Joseph, diese fragwürdige Vaterfigur, ein im Grunde engstirniger Mann, der oft falsche Urteile fällte und unrichtige Entscheidungen traf, war dennoch seinen Juden ein echter Vater. Joseph Roth schildert einmal in seinem ›Radetzkymarsch‹, wie der Kaiser bei Manövern in Galizien an der russischen Grenze im Freien eine Abordnung jüdischer Dorfältester mit »kohlschwarzen, feuerroten und silberweißen Bärten« empfängt. Einer von ihnen hebt ihm eine Thorarolle entgegen und murmelt einen Segen »in seiner unverständlichen Sprache«. Der Kaiser dankt ihm, schüttelt ihm die Hand, steigt aufs Pferd und reitet davon. Hinter sich hört er einen seiner Adjutanten dem anderen zurufen: »Ich hab keinen Ton von dem Juden verstanden!« Da wendet der Kaiser sich im Sattel um und sagt zu ihm: »Er hat auch nur zu mir gesprochen, lieber Kaunitz!« und reitet weiter.

Eine gut erfundene Geschichte, aus der zumal die Liebe vor allem der Ostjuden zu einem Kaiser spricht, unter dem sie sich sicher fühlten. Franz Joseph, dem alle nationalistischen Bestrebungen in seinem Reich verhaßt waren, mißfiel auch der Zionismus, der einen Teil seiner loyalsten Untertanen ins ferne Palästina verschicken wollte. Er hätte es lieber gesehen, wenn sie den Weg so vieler alter jüdischer Familien seiner Hauptstadt genommen hätten – vom orthodoxen Glauben und der Leopoldstadt zur Assimilation und Integration und in den Ersten Bezirk. Gern hätte er alle, die es zu etwas gebracht hatten, in den Adelsstand erhoben, wie schon so manchen Zuckerrübenpflanzer in Mähren, Bierbrauer in Schwechat bei Wien oder Textilfabrikanten in der kleinen Stadt Vöslau. Noch einmal fünfzig Jahre ungestörten Friedens – wer weiß, was dann aus Österreichs Juden geworden wäre? In seinem Buch ›The Habsburg Monarchy‹ schrieb der berühmte Chefredakteur der Londoner ›Times‹, Wickham Steed: »Die Wiener Juden wären keinem Antisemitismus mehr ausgesetzt gewesen, hätten sich ihre Reihen nicht jedes Jahr um Tausende von Neuankömmlingen aus Galizien und Ungarn vermehrt.« Das war die reine Wahrheit und allen Betroffenen vollauf bewußt.

Jedoch: auch unter diesen Neuankömmlingen aus den östlichen Teilen der Monarchie, die sich vor und nach dem Krieg in der Hauptstadt niederließen, gab es Menschen, die bereits innerhalb einer Generation Österreichs kulturelles, soziales und politisches Leben zu bereichern vermochten. Vorerst war ihr Beitrag gering, verglichen mit dem der schon lange in Wien ansässigen »Westjuden«. Einigen von ihnen jedoch, wie dem Schriftsteller Joseph Roth, dem Maler Georg Merkel oder der Schauspielerin Elisabeth Bergner, gelang der Aufstieg in den

Ruhm, ohne daß sie zuvor einen langsamen Integrationsprozeß hätten durchmachen müssen. Schließlich waren Städte wie Lemberg und Czernowitz, wiewohl weit von der Hauptstadt entfernt, ebensolche Zentren der österreichischen Zivilisation gewesen wie Laibach oder Triest. Viele, die in ihnen aufgewachsen waren und studiert hatten, standen den Bürgern der Hauptstadt an Bildung und ästhetischem Geschmack durchaus nicht nach.

Es ist müßig, darüber nachzudenken, was geschehen wäre, wenn der dauernde Vorgang der jüdischen Emanzipation nicht ein abruptes Ende gefunden hätte. Hätte Hitler nicht die in den Österreichern stets latenten Vorurteile und ihre Neigung zu rassistischer Intoleranz kristallisiert, dann wäre eine annehmbare Lösung vielleicht gefunden worden. Jenen Juden, die bereit gewesen wären, in aller Ruhe allmählich in der österreichischen Bevölkerung aufzugehen, wäre dies möglich gewesen, während jene anderen, die nach wie vor einer orthodoxen oder ausschließlich jüdischen Gemeinde angehören wollten, die Diaspora beendet hätten und nach Israel gegangen wären. Zwei Beispiele mögen dazu dienen. In seiner Autobiographie hat der gegenwärtige Bürgermeister von Jerusalem Teddy Kollek erklärt, weshalb er um die Mitte der dreißiger Jahre aus Wien ausgewandert war: »Die von mir aus gesehen nächste Generation wäre vielleicht bereits assimiliert oder gleichgültig (gegenüber dem Judaismus) gewesen. Für mich aber war es natürlich, Jude zu sein, Teil des jüdischen Volks und seiner Geschichte – nicht im aggressiven Sinn, aber tief verwurzelt.« So ging er denn nach Palästina und wurde dort zu einem hochgeachteten Administrator, schließlich zu dem möglicherweise besten, sicherlich aber am längsten amtierenden Bürgermeister der Welt. Als er einmal für ein deutsches Magazin einen (ursprünglich von Proust ausgearbeiteten) Fragebogen ausfüllte, gab er als seine Lieblingsblume das Alpenveilchen an. Ein anderer überzeugter Zionist, Friedrich Torberg, beschloß in seinem kalifornischen Exil ein sehnsüchtiges Gedicht über Alt-Aussee mit der bangen Frage: »Aber die Zyklamen – wo?« Sobald sich die Gelegenheit dazu bot, kehrte er nach Wien zurück.

Hier soll nicht der Versuchung nachgegeben werden, all jene Schriftsteller, Künstler, Schauspieler, Musiker, Philosophen und Wissenschaftler aufzuzählen, die 1938 ins Exil oder in den Tod getrieben wurden. Den Lesern dieses Buches sind sie inzwischen vertraut. Als die Ausstellung »Traum und Wirklichkeit«, die das Wien unserer Periode zum Thema hatte, nach Paris übersiedelte, wurde ein ganzer Raum hinzugefügt, um ihren Auszug zu dokumentieren, für den sich im eigenen Land niemand sonderlich interessiert hatte. »Les gens pleuraient«, so beschrieb ein Freund die Reaktion der französischen Besucher. Niemand weint um sie im heutigen Wien. Auch ist man sich in der Stadt, in der so viele Generationen von ihnen lebten, der unendlichen Vielfalt jener einstigen jüdischen Einwohner nicht mehr bewußt. Ganz wie die Hierarchie der Nicht-Juden hatten auch sie ihre soziale Stufenleiter, von den edelsten, feinfühligsten und wertvollsten Menschen bis hinunter zu den schwarzen Schafen, den Wucherern, Gaunern und Verbrechern.

Es wäre mir lieber gewesen, in diesem Bericht über eine große Kulturepoche nicht in jedem einzelnen Fall hinzufügen zu müssen, welche der Männer und Frauen, die sie mitbewirkt hatten, jüdischer Herkunft waren. Sie selbst hätten vorgezogen, ganz einfach als österreichische Dichter, Maler, Komponisten oder Wissenschaftler angesehen zu werden. Das war und ist immer noch ein utopischer Wunsch. Deshalb mag es nötig sein, der kollektiven Erinnerung aufzuhelfen und ausdrücklich hervorzuheben, daß Wiens Glanzzeit einem einzigartigen Augenblick der Geschichte, einer unwiederholbaren Symbiose zu verdanken war. Im Rückblick aus ihr Gewinn zu ziehen, wie die Stadt dies jetzt tut, sollte deren Bürger dazu verpflichten, dem Andenken der vertriebenen oder ermordeten Juden mehr als Lippendienst zu erweisen und die wenigen noch übriggebliebenen dieses Glaubens zu achten, die den Wienern trotz allem so sehr vertrauen, daß ihnen ein Weiterleben in deren Mitte wieder möglich erscheint.

Bibliographie

Adorno, Theodor W.: Quasi una fantasia. Musikalische Schriften II (Suhrkamp Verlag, Frankfurt, 1963)

Adorno, Theodor W.: Alban Berg. Der Meister des kleinen Übergangs. Österreichische Komponisten des XX. Jahrhunderts, Bd. 15 (Verlag Elisabeth Lafite, Wien/ Österreichischer Bundesverlag, Wien, 1968)

Adorno, Theodor W.: Versuch über Wagner (Suhrkamp Verlag, Frankfurt, 1952)

Amann, Klaus, und Berger, Albert (Hrsg.): Österreichische Literatur der dreißiger Jahre (Böhlau, Wien 1985)

Andics, Hellmut: Der Staat, den keiner wollte. Österreich 1918–1938 (Verlag Herder, Wien, 1962)

Aspetsberger, Friedbert, und Stieg, Gerald (Hrsg.): Elias Canetti. Blendung als Lebensform (Athenäum Verlag, Königstein, 1985)

Ayer, A. J. / Kneale, W. C. / Paul, G. A., und Pears, D. F.: The Revolution in Philosophy. Mit einer Einführung von Gilbert Ryle. (Macmillan, London/St. Martin's Press, New York, 1957)

Bahr, Hermann: Wien (Carl Krabbe Verlag, Stuttgart, 1906)

Berg, Erich Alban: Als der Adler noch zwei Köpfe hatte. Ein Florilegium 1808–1918 (Verlag Styria, Graz, 1980)

Berg, Erich Alban (Hrsg.): Alban Berg. Leben und Werk in Daten und Bildern (Insel Taschenbuch 194, Frankfurt, 1976)

Blaukopf, Kurt: Gustav Mahler oder Der Zeitgenosse der Zukunft (Molden Verlag, Wien, 1968)

Broch, Hermann: Hofmannsthal und seine Zeit. Eine Studie. Mit einem Nachwort von Hannah Arendt (R. Piper & Co., München, 1964)

Centro di Cultura di Palazzo Grassi (Hrsg.): Le arti a Vienna dalla secessione alla caduta dell'impero absburgico. Ausstellungskatalog (Edizioni La Biennale/Mazotta Editore, 1984)

Cole, Malcolm S. L. und Barclay, Barbara: Armseelchen: the life and music of Eric Zeisl (Greenwood Press, Westport, Connecticut, 1984)

Corti, Egon Caesar Conte: Elisabeth, »die seltsame Frau« (Verlag Anton Pustet, Salzburg, 1934)

Csokor, Franz Theodor, und Rüther, Leopoldine (Hrsg.): Du silberne Dame du. Briefe von und an Lina Loos (Paul Zsolnay, Wien, 1966)

Elon, Amos: Herzl (Weidenfeld & Nicolson, London, 1976; Schocken, New York, 1986)

Eschbach, Achim (Hrsg.): Bühler-Studien, Bd. I und II (Suhrkamp Verlag, Frankfurt, 1984)

Flesch-Brunningen, Hans: Die letzten Habsburger in Augenzeugenberichten (Karl Rauch Verlag, Düsseldorf, 1967)

Fraenkel, Josef (Hrsg.): The Jews of Austria. Essays on their Life, History and Destruction. Mit einem Beitrag ›Jewish Women in Austrian Culture‹ von Hilde Spiel (Valentine, Mitchell, London, 1967)

Freitag, Eberhard (Hrsg.): Arnold Schönberg in Selbstzeugnissen und Bilddokumenten (Rowohlts Monographien, Reinbek bei Hamburg, 1973)

Freud, Sigmund: Abriß der Psychoanalyse. Das Unbehagen in der Kultur. Mit einer Rede von Thomas Mann als Nachwort (Fischer Bücherei, Frankfurt, 1953)
Friedländer, Otto: Letzter Glanz der Märchenstadt. Das war Wien um 1900 (Gardena Verlag, Wien, 1969)
Fuchs, Albert: Geistige Strömungen in Österreich 1867–1918 (Löcker Verlag, Wien, 1978)
Gal, Hans: Johannes Brahms. Werk und Persönlichkeit (Fischer Bücherei, Frankfurt, 1961)
Grasberger, Franz, und Knessl, Lothar: Hundert Jahre Goldener Saal. Das Haus der Gesellschaft der Musikfreunde am Karlsplatz (Gesellschaft der Musikfreunde, Wien, 1970)
Hackermüller, Rotraut: Einen Handkuß der Gnädigsten/Roda Roda. Bildbiographie (Herold Verlag, Wien, 1986)
Haeussermann, Ernst: Das Wiener Burgtheater (Molden Verlag, Wien, 1975)
Hautmann, Hans, und Kropf, Rudolf: Die österreichische Arbeiterbewegung vom Vormärz bis 1945 (Europa Verlag, Wien, 1974)
Hayman, Ronald (Hrsg.): The German Theatre. A Symposium. Mit einem Aufsatz von ›The Austrian Contribution‹. (Oswald Wolff, London/Barnes & Noble Books, New York, 1975)
Herold, J. Christopher: Mistress to an Age. A Life of Madame de Staël (Hamish Hamilton, London, 1959)
Herre, Franz: Kaiser Franz von Österreich. Sein Leben – seine Zeit (Kiepenheuer & Witsch, Köln, 1978)
Historisches Museum der Stadt Wien (Hrsg.): Wien 1870–1930. Traum und Wirklichkeit. Ausstellungskatalog (Eigenverlag der Museen der Stadt Wien, 1985)
Hofmannsthal, Hugo von: Briefe 1890–1901 (S. Fischer Verlag, Berlin, 1935)
Hofmannsthal, Hugo von: Briefe 1900–1909 (Bermann-Fischer Verlag, Wien, 1937)
Holm, Gustav: Im Dreivierteltakt durch die Welt. Ein Lebensbild des Komponisten Robert Stolz (Ibis-Verlag, Linz, 1948)
Holzer, Rudolf: Villa Wertheimstein. Haus der Genien und Dämonen (Bergland-Verlag, Wien, 1960)
Hubmann, Franz: Das jüdische Familienalbum. Die Welt von gestern in 375 alten Photographien. Text von Janko Mùsùlin (Fritz Molden Verlag, Wien, 1974)
Hubmann, Franz: Das k. u. k. Familienalbum. Die Welt von gestern in alten Photographien. Text von Ernst Trost (Fritz Molden Verlag, Wien, 1971)
Isherwood, Christopher: Prater Violet (Methuen & Co., London, 1946)
Jacob, H. E.: Johann Strauss: Vater und Sohn (Rowohlt Taschenbuch Verlag, Hamburg, 1953)
Jäger-Sunstenau, Hanns: Die geadelten Judenfamilien im vormärzlichen Wien (Unveröffentlichte Dissertation, Wien, 1950)
Jahoda, Marie / Lazarsfeld, Paul F., und Zeisel, Hans: Die Arbeitslosen von Marienthal. Ein soziographischer Versuch (S. Hirzel, Leipzig, 1933)
Janik, Allan, und Toulmin, Stephen: Wittgenstein's Vienna (Simon and Schuster, New York, 1973)
Johnston, William M.: The Austrian Mind. An Intellectual and Social History 1848–1938 (University of California Press, Berkeley, 1972)
Jones, Ernest: Sigmund Freud. Life and Work. Vol. I: The young Freud, 1856–1900

(1953); Vol. II: Years of maturity, 1901–1919 (1955); Vol. III: The last phase, 1919–1939 (1957) (The Hogarth Press, London)
Kadrnoska, Franz (Hrsg.): Aufbruch und Untergang österreichischer Kultur zwischen 1919 und 1938 (Europa Verlag, Wien, 1981)
Kallir, Jane: Arnold Schoenberg's Vienna. Ausstellungskatalog (Galerie St. Etienne, New York, 1984)
Kampits, Peter: Ludwig Wittgenstein. Wege und Umwege zu seinem Denken (Styria Verlag, Graz, 1985)
Kann, Robert A.: Theodor Gomperz. Ein Gelehrtenleben im Bürgertum der Franz-Joseph-Zeit (Verlag der österreichischen Akademie der Wissenschaften, Wien, 1974)
Kaut, Josef: Festspiele in Salzburg (Residenz Verlag, Salzburg, 1965)
Karlweis, Marta: Jakob Wassermann. Bild, Kampf und Werk. Mit einem Vorwort von Thomas Mann (Querido Verlag, Amsterdam, 1935)
Kaus, Gina: Und was für ein Leben... (Albrecht Knaus Verlag, Hamburg, 1979)
Kokoschka, Oskar: Mein Leben (Bruckmann, München, 1971)
Kokoschka, Oskar: Die Wahrheit ist unteilbar (Museum des 20. Jahrhunderts, Wien, 1966)
Kollek, Teddy, und Kollek, Amos: For Jerusalem. A life (Weidenfeld & Nicolson, London, 1978)
Kosler, Hans Christian: Peter Altenberg. Leben und Werk in Texten und Bildern (Matthes & Seitz Verlag, München, 1981)
Kraus, Karl: Peter Altenberg. Rede, gehalten am Grab von Peter Altenberg (Verlag Richard Lányi, Wien, 1919)
Kraus, Karl: Die letzten Tage der Menschheit (dtv, München, 1964)
Krellmann, Hans Peter: Anton von Webern in Selbstzeugnissen und Bilddokumenten (Rowohlts Monographien, Reinbek bei Hamburg, 1975)
Kremser, Eduard (Hrsg.): Wiener Lieder und Tänze, Bd. I (Verlag Gerlach & Wiedling, Wien, 1912)
Kuh, Anton: Der Affe Zarathustras: Karl Kraus. Rede, gehalten am 25. Oktober 1925 im Wiener Konzerthaus (Verlag J. Deibler, Wien, o. J.)
Kühnelt, Harro H.: Österreich – England – Amerika. Verhandlungen zur Literatur-Geschichte. Herausgegeben von Silvia M. Patsch (Verlag Christian Brandstätter, Wien, 1986)
Le Rider, Jacques: Der Fall Otto Weininger. Wurzeln des Antifeminismus und Antisemitismus (Löcker Verlag, Wien, 1985)
Leser, Norbert: Genius Austriacus. Beiträge zur politischen Geschichte und Geistesgeschichte Österreichs (H. Böhlaus Nachf., Wien, 1986)
Lunzer, Heinz: Hofmannsthals politische Tätigkeit in den Jahren 1914–1917 (Verlag Peter D. Lang, Frankfurt am Main, 1981)
Magris, Claudio: Der habsburgische Mythos in der österreichischen Literatur (Otto Müller Verlag, Salzburg, 1966)
Magris, Claudio: Weit von wo. Verlorene Welt des Ostjudentums (Europa Verlag, Wien, 1974)
Mahler, Alma: Gustav Mahler. Erinnerungen und Briefe (Allert de Lange, Amsterdam, 1940) Siehe auch Mahler-Werfel, Alma.
Mahler, Gustav: Briefe. Herausgegeben und zusammengestellt von Herta Blaukopf (Paul Zsolnay Verlag, Wien, 1982)

Mahler-Werfel, Alma: Mein Leben (S. Fischer Verlag, Frankfurt, 1960)
Margutti, Albert Freiherr von: Vom alten Kaiser. Persönliche Erinnerungen an Franz Joseph I. (Leonhardt-Verlag, Leipzig, 1921)
Mendelssohn, Peter de: S. Fischer und sein Verlag (S. Fischer Verlag, Frankfurt, 1970)
Meysels, Lucian O.: In meinem Salon in Österreich. Berta Zuckerkandl und ihre Zeit (Harold Verlag, Wien, 1984)
Mozart, W. A.: Letters. Herausgegeben von Eric Blom (Penguin Books, Harmondsworth, 1956)
Museum moderner Kunst, Wien (Hrsg.): Otto Wagner. Möbel und Innenräume. Mit Beiträgen von Paul Asenbaum, Peter Haiko, Herbert Lachmayer und Reiner Zettl (Residenz Verlag, Salzburg/Wien, 1984)
Musil, Robert: Theater. Kritisches und Theoretisches. Herausgegeben von Marie-Louise Roth (Rowohlt Verlag, Reinbek bei Hamburg, 1965)
Nebehay, Christian M.: Egon Schiele 1890–1918. Leben, Briefe, Gedichte (Residenz Verlag, Wien, 1970)
Nebehay, Christian M.: Gustav Klimt. Sein Leben nach zeitgenössischen Berichten und Quellen (dtv, München, 1979)
Nebehay, Christian M.: Gustav Klimt/Dokumentation (Verlag der Galerie Christian M. Nebehay, Wien, 1969)
Nebehay, Christian M.: Wien Speziell. Architektur und Malerei um 1900 (Verlag Christian Brandstätter, Wien, 1983)
Neumann, Robert: Ein leichtes Leben. Bericht über mich selbst und Zeitgenossen (Kurt Desch Verlag, Wien, 1963)
Neumann, Robert: Die Macht (Paul Zsolnay Verlag, Wien, 1932)
Nikitsch-Boulles, Paul: Vor dem Sturm. Erinnerungen an Erzherzog Thronfolger Franz Ferdinand (Verlag für Kulturpolitik, Berlin, 1925)
Oakeshott, Walter: Egon Wellesz (Oxford University Press, Oxford, 1975)
Pabst, Michael: Wiener Grafik um 1900 (Verlag Silke Schreiber, München, 1984)
Pfabigan, Alfred (Hrsg.): Ornament und Askese im Zeitgeist des Wien der Jahrhundertwende (Verlag Christian Brandstätter, Wien, 1985)
Popper, Karl: Ausgangspunkte. Meine intellektuelle Entwicklung (Verlag Hoffmann und Campe, Hamburg, 1979)
Powell, Nicholas: The Sacred Spring. The Arts in Vienna 1898–1918 (Studio Vista, London, 1974)
Prawy, Marcel: Die Wiener Oper (Verlag Fritz Molden, Wien, 1969)
Reich, Willi: Arnold Schoenberg oder Der Konservative Revolutionär (Molden Verlag, Wien, 1968)
Rozenblit, Marsha L.: The Jews of Vienna, 1867–1915. Assimilation and Identity (State University of New York Press, Albany, 1983)
Salten, Felix: Das österreichische Antlitz (S. Fischer Verlag, Berlin, 1910)
Schärliess, Volker: Alban Berg in Selbstzeugnissen und Bilddokumenten (Rowohlts Monographien, Reinbek bei Hamburg, 1975)
Schlick, Moritz: Gesammelte Aufsätze 1926–1936. Mit einer Einführung von Friedrich Waismann (Gerold, Wien, 1938)
Schnitzler-Institut, Wien (Hrsg.): Arthur Schnitzler (1862–1931). Materialien zur Ausstellung der Wiener Festwochen 1981. Ausstellungskatalog 1981

Schollum, Robert: Egon Wellesz. Eine Studie (Verlag der Österreichischen Musikzeitschrift, Elisabeth Lafite/Österreichischer Bundesverlag, Wien, 1963)
Schönberg, Barbara Zeisl: The Art of Peter Altenberg. Bedside Chronicles of a Dying World (Unveröffentliche Dissertation, UCLA, Los Angeles, 1984)
Schönzeler, Hans-Hubert: Bruckner (Musikwissenschaftlicher Verlag, Wien, 1974)
Schorske, Carl E.: Fin-de-siècle Vienna. Politics and Culture (Alfred A. Knopf, New York; Weidenfeld & Nicolson, London, 1980)
Schreiber, Wolfgang (Hrsg.): Gustav Mahler in Selbstzeugnissen und Bilddokumenten (Rowohlt Verlag, Reinbek bei Hamburg, 1971)
Schweiger, Werner J.: Wiener Werkstätte. Kunst und Handwerk 1903–1932 (Edition Christian Brandstätter, Wien, 1982)
Sotriffer, Kristian (Hrsg.): Das größere Österreich. Geistiges und soziales Leben von 1880 bis zur Gegenwart (Edition Tusch, Wien, 1982)
Spiel, Hilde: Fanny von Arnstein oder Die Emanzipation. Ein Frauenleben an der Zeitenwende 1758–1818 (S. Fischer Verlag, Frankfurt, 1962)
Spiel, Hilde: In meinem Garten schlendernd. Essays (Nymphenburger Verlagshandlung, München, 1981)
Spiel, Hilde: Welt im Widerschein. Essays (Verlag C. H. Beck, München, 1960)
Spiel, Hilde (Hrsg.): Wien. Spektrum einer Stadt. Mit Beiträgen der Autorin, F. Achleitner, F. Heer, Hans Weigel u. a. (Biederstein Verlag, München, 1971)
Spiel, Hilde (Hrsg.): Die zeitgenössische Literatur Österreichs. Mit einer Einführung der Autorin (Kindler Verlag, München, 1976)
Staatsamt für Äußeres in Wien (Hrsg.): Diplomatische Aktenstücke zur Vorgeschichte des Krieges 1914. Part I, 28. Juni bis 23. Juli 1914 (National-Verlag, Berlin, 1922)
Staël, Germaine de: De l'Allemagne (Ernst Flamarion, Paris, o. J.)
Steed, Wickham: The Habsburg Monarchy (Constable, London, 1913)
Stefan, Paul: Frau Doktor. Ein Bildnis aus dem unbekannten Wien (Drei Masken Verlag A. G., München, 1922)
Stefan, Paul: Gustav Mahler. Eine Studie über Persönlichkeit und Werk (R. Piper, München, 1912)
Stuckenschmidt, H. H.: Die Musik eines halben Jahrhunderts 1925–1975. Essay und Kritik (R. Piper Verlag, München, 1976)
Stuckenschmidt, H. H.: Neue Musik, Bd. 2 (Suhrkamp Verlag, Frankfurt, 1951)
Stuckenschmidt, H. H.: Schönberg. Leben, Umwelt, Werk (Atlantis Verlag, Zürich, 1979)
Stuckenschmidt, H. H.: Schöpfer klassischer Musik. Bildnisse und Revisionen (Siedler Verlag, Berlin, 1984)
Stuckenschmidt, H. H.: Schöpfer der neuen Musik. Porträts und Studien (Suhrkamp Verlag, Frankfurt, 1958)
Szeps, Berta (Zuckerkandl): Ich erlebte fünfzig Jahre Weltgeschichte (Bermann-Fischer Verlag, Stockholm, 1939)
Tietze, Hans: Die Juden Wiens. Geschichte – Wirtschaft – Kultur (E. P. Tal Verlag, Wien, 1933)
Tietze, Hans: Wien. Kultur/Kunst/Geschichte (Verlag Dr. Hans Epstein, Wien, 1931)
Trebitsch, Siegfried: Chronik eines Lebens (Artemis Verlag, Zürich, 1931)

Tschuppik, Karl: Von Franz Joseph zu Adolf Hitler. Herausgegeben und mit einem Vorwort versehen von Klaus Amann (Böhlau Verlag, Wien, 1982)
Vajda, Stefan: Felix Austria. Eine Geschichte Österreichs (Verlag Carl Ueberreuter, Wien, 1980)
Wagner, Renate, und Vacha, Brigitte: Wiener Schnitzler-Aufführungen, 1891–1970 (Prestel-Verlag, München, 1971)
Waismann, Friedrich: Logik, Sprache, Philosophie. Mit einer Einführung von Moritz Schlick (Philipp Reclam jun., Stuttgart, 1976)
Waissenberger, Robert (Hrsg.): Wien 1870–1930: Traum und Wirklichkeit (Historisches Museum der Stadt Wien/Residenz Verlag, Salzburg/Wien, 1984)
Weigel, Hans: Karl Kraus oder Die Macht der Ohnmacht (Molden Verlag, Wien, 1968)
Weininger, Richard: Exciting Years. Herausgegeben von Rodney Campbell (Exposition Press, Hicksville, N. Y., 1978)
Wellesz, Egon: Arnold Schoenberg (Galliard Ltd., London/Galaxy Music Corporation, New York, 1971)
Wellesz, Egon und Emmy: Egon Wellesz. Leben und Werk. Herausgegeben von Franz Endler (Paul Zsolnay Verlag, Wien, 1981)
Weys, Rudolf: Wien bleibt Wien: und das geschieht ihm ganz recht. Cabaret album, 1930–1945 (Europa Verlag, Wien, 1974)
Wiesmann, Sigrid (Hrsg.): Gustav Mahler in Wien. Mit Beiträgen von Pierre Boulez, Friedrich C. Heller, Hilde Spiel u. a. (Thames and Hudson, London, 1976)
Zeisel, Hans: Austrian Socialism 1928 and 1978. The first Paul F. Lazarsfeld lecture (Centre for Research on the Acts of Man, Philadelphia, 1978)
Zeller, Bernhard (Hrsg.): Jugend in Wien. Literatur um 1900. Ausstellungskatalog (Schiller-National-Museum, Marbach, 1974)
Zuckerkandl, Bertha [sic]: Österreich intim. Erinnerungen 1892–1942. Herausgegeben von Reinhard Federmann (Verlag Ullstein/Verlag Propyläen, Berlin, 1970) Siehe auch Szeps, Berta
Zweig, Stefan: Aufsätze und Dokumente 1881/1981. Herausgegeben von Heinz Lunzer und Gerhard Renner (Dokumentationsstelle für neuere österreichische Literatur, Wien, 1981)
Zweig, Stefan: Die Welt von Gestern. Erinnerungen eines Europäers (Bermann-Fischer Verlag, Stockholm, 1944)

Register

Kursiv gesetzte Ziffern beziehen sich auf Abbildungen.

Bildnachweis

Archiv Franz Hubmann, Wien: Seite 12, 16 (oben links), 17, 29 (oben), 52 (oben), 58 (oben u. unten), 59, 74 (oben), 75 (unten), 90 (oben rechts u. unten), 91 (unten), 111, 145 (alle Photos), 154 (alle Photos), 164 (unten rechts: Von-der-Heydt-Museum, Wuppertal), 200 (oben), 201 (oben), 208 (oben rechts u. unten), 229 (alle Photos).

Bildarchiv der Österreichischen Nationalbibliothek, Wien: Seite 16 (oben rechts u. unten), 41 (links oben u. unten), 69, 90 (oben links), 91 (oben), 126, 164 (oben links u. rechts, unten links), 186 (unten), 200/201 (unten links u. rechts), 208 (oben links).

Historisches Museum der Stadt Wien: Seite 52 (unten links u. rechts), 68 (oben), 74 (unten), 188 (oben).

Hubmann/Nechansky, Wien: Seite 41 (oben rechts).

Hilde Spiel: Seite 75 (oben), 216 (unten).

Deutsche Geschichte der neuesten Zeit

vom 19. Jahrhundert bis zur Gegenwart

Originalausgaben, herausgegeben von Martin Broszat, Wolfgang Benz und Hermann Graml in Verbindung mit dem Institut für Zeitgeschichte, München

Peter Burg:
Der Wiener Kongreß
Der Deutsche Bund im europäischen Staatensystem
dtv 4501

Wolfgang Hardtwig:
Vormärz
Der monarchische Staat und das Bürgertum
dtv 4502

Hagen Schulze:
Der Weg zum Nationalstaat
Soziale Kräfte und nationale Bewegung
dtv 4503

Michael Stürmer:
Die Reichsgründung
Deutscher Nationalstaat und europäisches Gleichgewicht im Zeitalter Bismarcks
dtv 4504

Wilfried Loth:
Das Kaiserreich
Liberalismus, Feudalismus, Militärstaat
dtv 4505 (i. Vorb.)

Richard H. Tilly:
Vom Zollverein zum Industriestaat
Die wirtschaftlich-soziale Entwicklung Deutschlands 1834 bis 1914
dtv 4506

Helga Grebing:
Arbeiterbewegung
Sozialer Protest und kollektive Interessenvertretung bis 1914
dtv 4507

Hermann Glaser:
Bildungsbürgertum und Nationalismus
Politik und Kultur im Wilhelminischen Deutschland
dtv 4508

Michael Fröhlich:
Imperialismus
Deutsche Kolonial- und Weltpolitik 1880 – 1914
dtv 4509

Gunther Mai:
Das Ende des Kaiserreichs
Politik und Kriegführung im Ersten Weltkrieg
dtv 4510

Klaus Schönhoven:
Reformismus und Radikalismus
Gespaltene Arbeiterbewegung im Weimarer Sozialstaat
dtv 4511

Horst Möller:
Weimar
Die unvollendete Demokratie
dtv 4512

Peter Krüger:
Versailles
Deutsche Außenpolitik zwischen Revisionismus und Friedenssicherung
dtv 4513

Corona Hepp:
Avantgarde
Moderne Kunst, Kulturkritik und Reformbewegungen nach der Jahrhundertwende
dtv 4514

Taschenbücher zum Dritten Reich

SACHBUCH

Robert Antelme:
Das Menschengeschlecht
Als Deportierter in Deutschland
dtv 11279

Alicia Appleman:
Alicia
Überleben, um Zeugnis zu geben
dtv 30350

Lothar-Günther Buchheim:
Mein Paris
Eine Stadt im Krieg
Mit 127 Fotos
dtv 11354

Inge Deutschkron:
Ich trug den gelben Stern. dtv 30000

Helen Epstein:
Die Kinder des Holocaust
Gespräche mit Söhnen und Töchtern von Überlebenden
dtv 11276

Gundolf S. Freyermuth:
Reise in die Verlorengegangenheit
Auf den Spuren deutscher Emigranten (1933 – 1940)
dtv 30345

Joe J. Heydecker:
Das Warschauer Getto
Fotodokumente eines deutschen Soldaten aus dem Jahr 1941
Vorwort v. Heinrich Böll
dtv 10247

Lea Rosh / Eberhard Jäckel:
»Der Tod ist ein Meister aus Deutschland«
Deportation und Ermordung der Juden, Kollaboration und Verweigerung in Europa
dtv 30306

Helga Schubert:
Judasfrauen
Zehn Fallgeschichten weiblicher Denunziation im Dritten Reich
dtv 11523

Krystyna Zywulska:
Tanz, Mädchen...
Vom Warschauer Getto nach Auschwitz
Ein Überlebensbericht
dtv 10983

WISSENSCHAFT

Anatomie des SS-Staates
Band I: Hans Buchheim:
Die SS – das Herrschaftsinstrument
Befehl und Gehorsam
Band II: Martin Broszat:
Konzentrationslager
Hans-Adolf Jacobson:
Kommisarbefehl
Helmut Krausnick:
Judenverfolgung
dtv 2915 und 2916

Hitlers Machtergreifung 1933
Dokumente vom Machtantritt Hitlers 30. Januar 1933 bis zur Besiegelung des Einparteienstaates 14. Juli 1933
Herausgegeben von Josef und Ruth Becker
dtv 2938

Rudolf Höß:
Kommandant in Auschwitz
Autobiographische Aufzeichnungen
dtv 2908

Ian Kershaw:
Hitlers Macht
Das Profil der NS-Herrschaft
dtv 4582

Legenden, Lügen Vorurteile
Ein Wörterbuch zur Zeitgeschichte
Herausgegeben von Wolfgang Benz
dtv 3295

Kurt Meier:
Kreuz und Hakenkreuz
Die evangelische Kirche im Dritten Reich
dtv 4590

Alfred Grosser im dtv

Foto: Isolde Ohlbaum

Geschichte Deutschlands seit 1945

»Nach wie vor der einzige, bemerkenswerte und im Rahmen der Möglichkeiten gelungene Versuch, die deutsche Nachkriegsgeschichte im Zusammenhang, und zwar für die beiden Nachbarvölker Deutschland und Frankreich zugleich, darzustellen.«
(Frankfurter Allgemeine Zeitung)
dtv 1007

Mit Deutschen streiten
Aufforderungen zur Wachsamkeit

Alfred Grosser erweist sich in diesen Reden und Aufsätzen aus den Jahren 1946 bis 1987 erneut als der kritische Beobachter, dessen Unbestechlichkeit und ermunternde Anteilnahme am Schicksal der deutschen Demokratie seinen öffentlichen Einfluß begründet haben.
dtv 11525

Verbrechen und Erinnerung
der Genozid
im Gedächtnis der Völker

Alfred Grossers leidenschaftliches Plädoyer für das beständige Erinnern an die Ermordung ganzer Völker oder Menschengruppen, für ein Gedächtnis in Verantwortlichkeit und bewußter Haftung, das nicht nur ethische Pflicht ist, sondern zu einer kreativen Kraft werden könnte, damit sich Klage und Trauer in politisches Handeln und Engagement verwandeln.
dtv 30366